佐々木弘通 Hiromichi Sasaki
宍戸常寿 George Shishido

編著

# 現代社会と憲法学

弘文堂

# は し が き

　近年、日本社会において、憲法への関心が高まっている。
　それは短いタイム・スパンで見れば、2012年12月の総選挙で再度の政権交代が起きて、かねてから改憲を悲願としてきた安倍晋三氏が二度目の政権を発足させたことに由来する面が大きい。自民党は、まだ野党だった同年4月に、自民党「日本国憲法改正草案」を公にしている。そして発足当初の安倍政権は一時、現行の厳しい憲法改正手続をより容易なものに改める趣旨の96条改正だけを、先に行う姿勢を示した。その後安倍政権は、2014年7月の閣議決定で、9条の政府解釈を変更して、従来は「できない」としていた集団的自衛権の行使を、一定範囲で「できる」ものとし、先月（2015年9月）、この9条解釈変更に立脚したいわゆる安全保障関連法案を、国会で可決成立させた。こうした動きはその都度、それに対抗する「憲法を守れ」という運動を、社会に広く呼び起こすことになった。
　だが、この短いタイム・スパンにおいて顕著な「憲法を守れ」という運動は、長いタイム・スパンにおける――戦後70年にわたる――、「憲法を生かす」営みの蓄積の上に存在するものである。「憲法を守る」ことと「憲法を生かす」ことは、一つのコインの表裏であり、そしてその両者に内在するのが、「憲法的に物事を考える」ことである。
　ゆえに、憲法的知識を一通り持っていると自認する人々（国会議員、ジャーナリスト、市民）が、その次に学びたいと望むのは、現実の様々な政治的・経済的・社会的な諸問題について、その一つひとつを「憲法的に考える」とはどのように考えることなのか、という点であろう。本書は、正にこういう要望に応えることを目指した憲法読本である。
　本書では、現在の日本社会が直面する今日的・現代的な諸問題をできるだけ幅広く拾い上げて、憲法的なテーマ構成により17項目を設けた。執筆に当たったのは、主に現在30代から40代の、若手・中堅の憲法研究者である。編集方針としては、担当するテーマについて各人が自由に憲法的観点

から論じることにした。ただ読本としての性質上、読みやすい記述を心がけ、出典等の注記を行う場合にも最小限を文中に記すに留めた。各項目の最後には、読者がさらに考察を進めるための参考文献欄を設けた。本書には、今まで憲法的観点からほとんど論じられてこなかった新しい問題を、憲法的に考えようとする項目がある一方で、無味乾燥な教科書的記述ではなかなかぴんとこない基本的な憲法的思考を、現実の問題に即してわかりやすく述べようとする項目がある。憲法学説の最前線を現実の問題状況と架橋しながら、その意義づけを行ってみせる項目がある一方で、現実の問題に取り組む憲法学説の現状を不十分だと批判し、代替的な憲法的思考を対置してみせる項目がある。こうした多様性は、執筆者の個性による面とともに、担当テーマによる面もあろう。読者には、各項目でそれぞれにオリジナルな憲法的考察が息づく様を楽しんでいただくと同時に、そこに憲法研究者の層の厚さをも感じ取っていただけると幸いである。

　言うまでもなく、一つひとつの問題には様々なアプローチがあり、憲法的なアプローチはその一つにすぎない。だが他方で、憲法が「この国のかたち」の基本枠組みを定める法である以上、ある問題に他のどんなアプローチから接近するのであれ、憲法的アプローチをも同時に弁え、相互の対話を図りながら、その問題に取り組む実践へと踏み出すことが望まれる。本書が、「憲法的なものの考え方」に関心を持つ、一人でも多くの読者の手にとっていただけることを、編者として切に願っている。

　弘文堂の高岡俊英さんには、本書の企画に始まり各項目の原稿の点検に至るまで、周到なご配慮をいただいた。厚く御礼を申し上げる。

　　2015年10月

編著者しるす

# CONTENTS

## 1 ジャーナリズム　宍戸常寿 … 1
1　はじめに … 1
2　ジャーナリズムと法 … 2
3　インターネットの発展とジャーナリズムの動揺 … 5
4　インターネット上の情報流通とマスメディアの役割 … 8
5　報道倫理の見直し・改善の契機としてのインターネット … 10
6　いくつかの法的問題 … 13
7　結びにかえて——表現の自由の担い手としての覚悟 … 14

## 2 インターネット　辻雄一郎 … 17
1　ネット世界を規律するプロバイダ責任制限法とは … 17
2　ネットワークの功罪とは … 21
3　ネットいじめの規制方法とは … 23
4　ビッグデータとは何か … 27
5　米NSA情報収集活動とは何か … 29
6　ネット選挙で何が変わったか … 32

## 3 国民・住民の直接的意見表明
　　　　　　　　　　　　　　　　二本柳高信 … 36
1　はじめに … 36
2　表現の自由 … 37
3　集会・デモ行進の機能と意義 … 40
4　意見表明に対する規制の二類型 … 41
5　集会・デモ行進に対する規制 … 43
6　統治機構論における国民・住民の直接的意見表明 … 47
7　地方自治における住民の直接的意見表明 … 50
8　おわりに … 51

## 4 教育制度の憲法論——2006年教育基本法の下での
　　　　　教育制度改革に関する考察　中川律 … 53
1　はじめに … 53
2　戦前の国家主義教育法制 … 54
3　1947年教育基本法法制 … 56
4　2006年教育基本法法制 … 63
5　おわりに … 71

## 5 現代「家族」の問題と憲法学　田代亜紀 … 73
1 はじめに … 73
2 公私二分論批判からの問題提起 … 74
3 訴訟の場で問われる「家族」のかたち … 77
4 憲法が前提とする家族像 … 85
5 おわりに … 87

## 6 雇用・社会保障　遠藤美奈 … 89
1 はじめに──就業における雇用の「支配」… 89
2 「働く」ことと「働いて食べてゆく」こと … 90
3 「働いて食べてゆく」ことをめぐる憲法構造 … 92
4 稼働と給付 … 95
5 最低生活保障プログラムの憲法的評価 … 99
6 「人が働いて食べてゆくこと」をめぐる責任 … 102

## 7 周辺化された人々と人権　岡田健一郎 … 105
1 はじめに … 105
2 暴力団 … 106
3 女性労働者 … 114

## 8 刑事手続と「国民」　山崎友也 … 121
1 はじめに … 121
2 刑事手続における「国民」と「専門家」… 122
3 「国民」はなぜ刑事手続に参加すべきなのか … 125
4 憲法36条と「国民」… 130
5 おわりに … 133

## 9 政権交代と与野党の役割　上田健介 … 135
1 はじめに … 135
2 権力の創出と与党の意義 … 135
3 与党と政府との関係の変容 … 139
4 権力の統制と与野党の課題 … 144
5 おわりに … 150

## 10 財　政　片桐直人 … 151
1　はじめに … 151
2　日本国憲法と財政議会中心主義 … 152
3　財政制度改革と憲法 … 156
4　財政赤字と憲法 … 161
5　むすびにかえて … 169

## 11 民主的実験としての地方分権──現代社会における統治機構の新たな展望　木下昌彦 … 171
1　はじめに … 171
2　地方制度の動態的展開 … 172
3　民主的実験主義の理論 … 176
4　民主的実験主義の実現と地方制度の諸課題 … 187
5　おわりに … 192

## 12 裁判所と内閣の憲法解釈　大林啓吾 … 194
1　はじめに … 194
2　憲法解釈の主体 … 195
3　内閣法制局の憲法解釈 … 199
4　憲法解釈の変更 … 202
5　憲法解釈の衝突 … 204
6　おわりに … 208

## 13 安全保障の岐路──負の遺産からの卒業課題を考える　志田陽子 … 211
1　はじめに──2015年5月の安保法制案 … 211
2　日本国憲法の基本構図 … 212
3　国際情勢に揺れた日本の安全保障 … 213
4　新たな緊張と2014年以後 … 217
5　日本が取り組むべき卒業課題 … 225
6　おわりに … 229

## 14 「仁義なき戦い」の憲法学──東アジアで考える　立憲民主政・権威主義・ナショナリズム　松平徳仁 … 232
1　はじめに──仁義と憲法 … 232

- 2 立憲主義における普遍性と差異 … *233*
- 3 立憲主義・アジア・中国 … *236*
- 4 一国民主主義としての立憲民主政 … *241*
- 5 ナショナリズム、グローバリゼーションと憲法 … *244*
- 6 結びにかえて――東アジアにおける「日本の衝撃」の意義 … *249*

## 15 国家・国民・外国人　柳井健一 … *252*

- 1 はじめに――「日本人」と「日本国民」 … *252*
- 2 国家と国民 … *253*
- 3 外国人の人権 … *254*
- 4 国民の／外国人の参政権 … *257*
- 5 「国民であること」の意味と重要性 … *262*
- 6 むすび … *265*

## 16 復興と憲法学――公私の再考　巻美矢紀 … *268*

- 1 はじめに … *268*
- 2 憲法学における「復興」の位置づけ … *269*
- 3 被災者に対する公的給付金の合憲性――公私のせめぎ合い … *273*
- 4 復興の主体と手続 … *275*
- 5 福島第一原発事故――公私のせめぎ合い … *281*
- 6 むすびにかえて … *286*

## 17 日本の立憲主義と憲法第 9 条　佐々木弘通 … *287*

- 1 はじめに … *287*
- 2 9 条の規定文言 … *288*
- 3 9 条の制憲者意思（制憲時の理解、原意） … *289*
- 4 1954年以降の政府の 9 条解釈 … *292*
- 5 従来の政府解釈は憲法「解釈」として可能か … *295*
- 6 日本の立憲主義と非武装平和主義 … *296*
- 7 非武装平和主義の現実性と、9 条の現実的課題 … *298*
- 8 9 条についての立憲主義の立体的構造 … *300*
- 9 おわりに … *301*

# 1 ジャーナリズム

宍戸　常寿

## 1．はじめに

　憲法が、民主主義の基本秩序に関わろうとする限り、ジャーナリズムのあり方も一定の範囲でその射程に収めざるを得ない。ジャーナリズムを論じる際には様々な切り口が考えられ、フリージャーナリストの自由も軽視してはならないことはもちろんだが、本稿では、インターネット時代におけるマスメディアについて考えてみることとしたい。このテーマについては、ある裁判例が、示唆を与えてくれる。

　これは、2012年10月の読売新聞記事「ネット中傷救済なし」について、不法行為を理由に、詐欺等の罪を犯した元受刑者が新聞社を訴えた事件である。しかしこの事件は、マスメディアが前科を暴いたというものではなかった。問題の記事は、ネット中傷の被害の問題を論じた、いわば「忘れられる権利」の問題を先駆的に取り上げた記事であり、その一例として、前科情報がネット上に掲載されて困っている原告に取材しその談話を載せた、というものであった。もちろん記事は取材対象者を匿名で扱い、原告本人も掲載直後は記事に納得し問題視していなかったが、この記事がオンラインで配信された後、事態は一変する。この匿名の取材対象者が原告であることが、記事に掲載されていた年齢や犯罪の内容・時期からネット上で特定され、匿名掲示板にその氏名等が投稿されたのである。そのことにより生じた損害賠償の責任を原告が新聞社に求めたというのが、この事件である。

　司法はどう答えたか。東京地判平成25・11・21判例集未登載は、原告の

請求を棄却した。東京地裁は、匿名人物に関する記事がオンラインで配信されたからといって、一般人が当該人物を特定するのは不可能であること、原告本人も取材時・掲載直後は納得していたことを、その理由に挙げた。結果的にネット上の検索によって匿名の人物が特定されてしまったとしてもそれ故に記事が違法になるものではない、マスメディアが人物を匿名で扱う記事を掲載する際に通常要請される以上の配慮義務を負うものではない、というわけである。その意味では、東京地裁判決は、マスメディアの報道の自由に配慮したものといえる。

しかし、真の問題はむしろここから始まるのではないだろうか。取材対象者を匿名で扱いさえすれば人格権侵害の問題が防げたというインターネット以前の時代と、ネット上に過去の情報が蓄積されて検索サービスも発達した現在との間で、マスメディアが負う注意義務は不変のままで構わないのだろうか。この問いには、法的に同一の水準で構わないのかどうかという側面と、仮に法的に同一のままであるとしてもジャーナリズムあるいは報道倫理の問題としてこのままで良いのかどうかという側面が、相互に関連しつつ含まれている。

法的な問題はひとまず措くとしよう、倫理的な問題としても、記者の注意義務を高めることはジャーナリズムに不可能を強いるものではないか。ネット上では、読者が検索サービスを利用すれば取材対象者はいずれにせよ特定されてしまうのであり、そのように特定されてしまったとしても、マスメディアは報道倫理上も責任を負うものではないというのは、一見筋が通っているように見える。しかし、このように考えることは、マスメディアあるいは報道・取材の自由を救っているように見えてその実、より根底的に報道・取材の自由の特権的な地位を掘り崩す危険があるのではないか。本稿では、こうした問題意識を手がかりに、若干の整理と検討を試みる。

## 2．ジャーナリズムと法

(1) ジャーナリズムの「公共性」

「ジャーナリズム」とは何か、その定義は明確ではなく、また論者により視角により様々な捉え方が可能だが、取材した事実を広く社会に対し、客観的あるいは公正に報道する、すなわち客観報道・公正報道がジャーナリズムの核心である点について異論は少ないだろう。このようなジャーナリズムに支えられたマスメディアの活動は、記者あるいは報道機関の自由な表現活動という側面を超えて、民主主義社会をより活気あるものとし、議会制民主主義を支える要因である、公共的な事柄について社会の構成員が議論しながら新しい問題を発見し、意思を形成していく触媒となる、という意味での公共的な活動を担っている。「新聞の公共性」「放送の公共性」等がしばしば語られるが、その本質が当該業界・企業それ自体の存在ではなく、かかる公共的活動の作用・機能にあることは、当然のことである（宍戸常寿「情報化社会と放送の公共性の変容」放送メディア研究5号（2008年）161頁以下）。

(2) マスメディアの法理

以下で見るとおり、法秩序及び憲法におけるジャーナリズムの規律に関する枠組みは、かかる法の外でのジャーナリズムの公共的価値を前提にした上で、形成されてきたものといえる。

たとえば名誉毀損（刑法230条、民法709条）については、公益を図る目的で公共の利害に関する事実に係り摘示した事実が真実であるとの証明がなされた場合には、法的責任が成立しないとされている（刑法230条の2参照）。判例はこの規定の趣旨を展開し、確実な根拠に基づき真実と誤信するに相当の理由があった場合には法的責任を負わないという「相当性の法理」を確立させたが（最判昭和41・6・23民集20巻5号1118頁、最大判昭和44・6・25刑集23巻7号975頁）、確実な根拠に基づき誤信するに相当の理由があるかどうかは、報道機関としてしっかりした裏づけ取材を行ったかどうかに事実上収斂している。このことは、相当性の法理がジャーナリズムの公共的価値を前提にしていることを示すものである。

また、最高裁判例の上では必ずしも明確ではないが、多くの下級審裁判例では、公人の私的な行状の報道がプライバシー侵害ではないかが問題になるときに、社会公共の正当な関心事に当たるかどうかという観点から、不法行為の成否が評価される（大阪高判平成12・2・29判時1710号121頁）。これもまた、ジャーナリズムの公共的価値が前提にされているといえよう。
　次に、公権力との関係においても、博多駅フィルム事件決定（最大決昭和44・11・26刑集23巻11号1490頁）は報道の自由が憲法上保障されるだけでなく取材の自由も十分な尊重に値することを認め、NHK記者事件決定（最決平成18・10・3民集60巻8号2647頁）は民事訴訟における取材源秘匿を承認した。外務省秘密電文漏洩事件決定（最決昭和53・5・31刑集32巻3号457頁）は、正当な取材活動が刑法上の正当業務行為として、国家公務員法上の秘密漏示の教唆の違法性が阻却される場合があることを説示し、2013年に成立した特定秘密保護法の22条も、この決定の考え方を明確に採用している。
　個人情報保護法は、報道を「不特定かつ多数の者に対して客観的事実を事実として知らせること（これに基づいて意見又は見解を述べることを含む。）」と定義した上で、放送機関、新聞社、通信社その他の報道機関（報道を業として行う個人を含む）が報道の用に供する目的で個人情報を取り扱う場合には、同法上の義務規定の適用を受けないとの適用除外条項を置くとともに、個人情報取扱事業者が報道機関に対して個人情報を提供する行為について、主務大臣の権限行使を制限する規定を置いている（50条・35条〔2015年改正の全面施行後は76条・43条〕）。
　マスメディアの中でも放送については、放送法により、総務大臣の認定ないし免許を要する（93条）という公的な規律の枠内にもありながらも、放送番組の内容については原則として公権力が介入できないよう、番組編集の自律（3条）が明文で掲げられている。

(3) 二元的な表現の自由
　以上を通観していえば、法秩序および憲法の全体を通じて、報道・取材の自由への一定の配慮が確認できる。そもそも表現の自由とは、個人が等しく普遍的に享有する人権の一つであり、自分が言いたいことを言い、言いたくないことは言わない、恣意あるいは任意の自由のはずである。他方、

マスメディアの表現の自由は個人一般の表現の自由とは性格を異にし、むしろ、その公共的価値に奉仕することが期待されている。表現の送り手と受け手が分離していた20世紀後半の言論空間やメディア環境において、一方的な情報の受け手である国民の「知る権利」を質量ともに豊かに充足するために、個人一般が享有するのとは異なる報道・取材の自由や法的な別異取扱いが、マスメディアに認められてきたものといえる。

曽我部真裕は、このようなマスメディアの法理を、「プロの法」と「アマの法」の区別という形で表現している。一般の個人が有する表現の自由がアマチュアの法であるのに対して、マスメディアの特別な取り扱いを認める法理は、マスメディアが客観報道、公正報道といったジャーナリズムの規範に従って公共的な役割を果たしていることに着目し、その範囲において一般の個人よりも特権的な扱いを認める、つまりプロフェッショナルであることに着目した法理だったというのである（曽我部真裕「情報漏洩社会のメディアと法」Journalism 2011年4月号44頁以下）。

## 3．インターネットの発展とジャーナリズムの動揺

### (1) メディア環境の変容

問題は、このような「プロの法」と「アマの法」を区別する前提が、インターネットの発展に代表される情報化社会の進展によっていかなる変容を被りつつあるか、という点にある。ごく直感的で月並みな議論であるが、本稿が注目したいのは、次の2点である。

第1に、情報の受け手であった読者・視聴者の態度が能動化しており、自ら情報の内容と媒体を取捨選択する環境がネットによって整備・拡充されている。たとえば、かつての新聞購読者は――図書館に行けば別として――購読する新聞紙を切り替えるか、複数の新聞紙を購読するかという大きな形での選択の自由しか、手にしていなかった。これに対して現在のネット利用者は一つひとつの記事レベルで取捨選択することが可能であり、そのような能動的な閲覧によって知る権利を充足することが可能になっている。

こうした個々の読者・視聴者レベルの現象を、表現の送り手から全体として見た場合には、読者・視聴者層に対する従来の想定が通用しなくなっていること、読者・視聴者が多様化し断片化していることを意味する。同じ問題はかつてテレビのタイムシフト視聴とCMの関係という形で提起されていたが、ネット上での見逃し視聴等の普及を想像すれば、こうした状況がはるかに進行していることは明らかだろう。
　個人の情報受領とは逆向きのベクトルとして、オンライン上で個人を含むさまざまな主体が、世界規模のネットワークシステムに向かって直接に表現・情報を発信できることが、もう一つのメディア環境の変容の特徴である。ネット上で閲覧したデジタル記事をそのままコピー・アンド・ペーストすることは極めて容易である。従来の報道では、記者が一次稿を草した後、それが印刷され読者の目に触れるまでの間に、デスクを含め何段階もの修正過程が加わる。このことはテレビ番組の制作・編集にはより強く当てはまり、なればこそ最近のいくつかの事例では、その過程での単純なチェックミスが問題視されている。しかしネット上の表現・情報については、発信が完結するまでの間が非常に短いのが通常であり、利用者の大半は他者の介在を意識しないが故に、すぐに後悔するような内容の表現・情報を発信してしまう場合も多い。そうであるからこそ、多種多様で膨大な量の表現・情報がネット上にあふれている、ともいえる。

(2)　ジャーナリズムへの批判

　このようなメディア環境の変容は、ジャーナリズムの公共的価値およびそれを前提にしてきたマスメディアの法理との関係でどのような帰結をもたらすだろうか。
　新しいメディア環境は、これまで日本のマスメディアが前提にしてきたメディア環境とは異質であり、従来の新聞・放送・雑誌といったビジネスモデルが適応しない側面がある。おそらく、米国と比べて日本のマスメディアの対応の遅れは確かに否みがたい事実だろう。しかし、これはマスメディアが健全な維持成長を続ける限り、いずれは時の経過の中で——新規参入や異業種による買収等も経ながらも——解消されるはずの問題であるにすぎない。

むしろ、より本質的な問題は、マスメディア自身が標榜し社会一般から理解を得られてきたはずのジャーナリズムの建前とその現実との乖離に対する批判の高まりである。「マスゴミ」というネットスラングは、それを端的に象徴している。既に様々な背景・要因が指摘されているが、筆者の見るところでは、日本のマスメディアはジャーナリストの集合体というよりは、自他ともに認める「一流」企業・就職先であり、意志決定の組織・手続においてリスクを回避しこれまで正当な活動とされてきた行動態度の範囲を守りがちであるという事情も、大きいのではないか。その結果、前述のようなメディア環境の変容において、客観報道・公正報道を標榜しつつも、実は取材・報道が不十分・不精確であるというような批判が、まさに従来のやり方ではカバーできない場面を中心にネット上で指摘される、という構造が潜んでいるように思われるのである。

　より根底的には、マスメディアの側がこれまでと同様に真面目に客観報道・公正報道に取り組んでいるつもりだとしても、情報化社会における意見・情報の多様化・多元化に追いついていない、十分に自らの多様性を拡大できていない、という問題もある。ネット利用者の側からそうした事情を見れば、取り上げるべき情報を意図的に隠しているというように映り、それがマスメディアにとってはイデオローギッシュで不当な批判と思われるような形で跳ね返ってきているのでないだろうか。

(3)　均質な表現の自由へ？

　さらに、曽我部の「プロの法」と「アマの法」の対比でいえば、社会に対して影響力のある形で表現・情報を発信できる人は「プロ」に限られていたが、その影響力の大きさに相応して、マスメディアに特別の権利と責任を考えてきたという法の前提もまた、揺らいでいる。現に、一日に多数のアクセスのあるブロガー、多数のフォロワーを有するツィッター利用者等は、マスメディアに優るとも劣らず、ネット上での世論形成に影響力を行使している。そうであるならば、従来の「プロの法」と「アマの法」という二元的な表現の自由の考え方はもはや妥当性を失っているのではないか。

　もっとも真の論点は、かかる認識が表現の自由の保障にとってどのよう

な規範的帰結をもたらすべきかという問いである。たとえば、ネットジャーナリスト、あるいは一般の個人にも一定の手続・作法を踏む限りで取材の自由あるいは取材源秘匿権を認めるという、特別の権利と責任を拡大するのか。逆に、マスメディアも一般の個人以上の表現の自由を享有すべきではなく、そして一般の個人について取材行為を観念できない以上、マスメディアにも特別の取材の自由や取材源秘匿を認めなくても構わないという方向に向かうのか。

　この問題への態度は、表現の自由に対する社会的な認識がどちらに向かうかによって、大きく左右される。筆者自身は、表現の自由の均質的な考え方は従来のマスメディアの法理から見ると切り下げの方向に、全体的には国民の知る権利を縮減する方向に向かうのではないかと考えており、その意味では、二元的な「プロの法」と「アマの法」という従来の考え方は維持されるべきもの、と考えている。しかしそれは、従来の考え方を手つかずのまま維持するということではなく、メディア環境の変容によってマスメディアやジャーナリズムのあり方が変わるからこそ、法理にも一定程度修正されるべきものと考えている。以下ではこの点を詳しく述べてみたい。

## 4．インターネット上の情報流通とマスメディアの役割

### (1) 新たなメディア環境の問題点

　現在のインターネット空間については、既にさまざまな特徴が指摘されている。まずネット上の情報が玉石混淆であり、明らかに誤った情報が一時的に席巻する場合があり得る。しかもネット上の情報は二次コピー・三次コピー等を経て、瞬時に世界中に情報が拡散される。

　さらに、表現活動の公共的価値は自らが言いたいことを言うというのではなく、私たちが生きている社会を公共的なものとして活力あるものとする、民主主義を機能させるところにある。そうした公共的な目的からネット上で表現・情報を発信する利用者はもちろん多いが、むしろそのような公共的な責務を負わず、肩の荷を下ろした形で普通の利用者が自分の言い

たいことを言える媒体でもある——逆説的に、まさしく自由な利用の中から、公共的価値を有する表現が生まれる場合もある——ことにも、インターネットの優れた特徴を認めることもできよう。

　こうした新しいメディア環境において私たちが現在の民主主義社会を維持していこうとするならば、マスメディアが従来と同じくジャーナリズムの規範遵守を通じて公共的な表現・情報発信を担うことが少なくとも当面の間は期待され、また要求されると考えるべきではないか。

　しかしマスメディアは、従来のような一元的な情報収集・発信主体という役割にとどまることはできない。一般の利用者にとってインターネットが第一次的な情報源であり、新聞・放送と同等あるいはそれ以上の情報源となっていることはもはや否定できない。そのことを正面から見定めて、マスメディアの役割を考え直す必要がある。

⑵　変わるマスメディアの役割

　このように考える場合の出発点は、マスメディアが表現・情報の「プロ」である、という基本的な前提である。この前提が揺らぐのであれば、「プロの法」と「アマの法」の区別は不要であり、均質的な表現の自由の考え方で十分だろう。

　マスメディアが表現・情報を取り扱う「プロ」であるべきだとすれば、先に見たようなメディア環境において期待される役割は、まずは、インターネット上で急速なスピードで生成され拡散していく様々な情報の真否を見極めることだろう。次に、様々な表現・情報の価値を評価し、公共空間における意義、他の表現・情報との関係を整理し、そして一般の利用者に代わって、あるいはその判断を補完する形で、広く社会が共有すべきものか、専門的な事柄であるのか、表に出てこない方がよい性質のものかを取捨選択するといった作業が、期待される。

　他方、ネット上の表現・情報は、いわば「お祭り」が終わるまで一方向に向かって流れていく傾向がある。その流れに抗し、みんながいま熱中しているのとは違う観点・情報もあるのではないかという流れをつくり出すことは、一般の利用者には難しいところである。マスメディアが表現・情報の「プロ」であろうとするならば、このような積極的な役割こそ、マス

メディアに期待すべきもののように思われる。

　現在、インターネット上でさまざまな事実が拡散しているが、その多くは冒頭に挙げた東京地裁の事件からもわかるように、マスメディアが新聞等と同時にオンラインで発信した表現・情報が源になっており、それを多くの利用者が転載し、意見を言ったり情報を付加したりという形で展開されることも多い。リアルワールドとネット空間の間の情報の流れについて独占的にゲートキーパーとしての役割を担っていた時代と比較すると、マスメディアの地位は著しく低下したように感じられるかも知れない。しかし、ネット上では誰もが表現・情報を発信できるという更地から考え直してみれば、ネット上の表現・情報の起点としてのマスメディアは、現在もなお重要な役割を担っているのではないか。

(3)　ジャーナリズムの条件としてのネットリテラシー

　このように考えるならば、従来の客観報道・公正報道の遵守は当然のこととして、インターネットにおいても表現・情報の「プロ」であること、少なくとも一般の利用者と同程度以上にネットを利用できることが、今後のジャーナリストの条件だろう。

　ネットとマスメディアの関係については、記者によるSNSへの不用意な投稿が「炎上する」、あるいはネット上の虚偽の情報をもとにした記事が問題になる例が、しばしば注目される（マスコミ倫理懇談会全国協議会『ネット時代の報道倫理を考える』(2014年)）。そこで、マスメディア側では記者のSNS利用を制限する発想に傾きがちだが、そもそも「だまされない」「炎上しない」ということ自体、マスメディアがネットの外にいるという前提からの企業防衛的発想から脱け出せていないのではないか。

　ネットリテラシーは、個々の記者以上に、マスメディアの組織全体に対しても要求される能力である。新聞を印刷する、番組を制作する片手間にネットも利用するというのではなく、業務の中心的部分としてネットを「ふだん使い」していることは、もはや不可避であろう。

## 5．報道倫理の見直し・改善の契機としてのインターネット

(1) 説明責任の確保

　インターネットの発展は、従来のジャーナリズムの見直し、より積極的に言えば改善・改良の契機をも内包している。たとえば現在のメディア環境では、利用者がニュースポータルサイトの助けも借りて、首相の言動、国会での討論、企業の不祥事等の社会的な事象について、複数のマスメディアの記事を比較することが常態化している。少なくともリテラシーの高い利用者がそうであることを前提にすれば、「プロ」としてのマスメディアの報道倫理は、これまでよりも高い水準が求められるし、そのように転換することがより望ましいのではないか。

　特に重要なのは説明責任の確保である。従来日本のマスメディアには、情報あるいは引用元を明示しない慣行があったが、現在では一般の利用者がネットで調べようと試みれば簡単に分かってしまう。むしろ正々堂々と、取材元の発表ないし他社の報道に依拠したことをはっきり明示した上で、どのような表現・情報を追加したかのレベルで競争するのが筋ではないか。

　また、マスメディアが自らの取材・報道の方針を明示し、しかもコンプライアンスや外在的に押しつけられるものとしてではなく、一人ひとりの記者が意識的に我がものとして行動することも重要となる。取材における記者と取材先の間のトラブルがネット上に書き込まれ告発されることも、もはや日常的に見られるようになっている。事後的な対応・説明等の負担がますます重くなっている状況への処方箋としても、あらかじめマスメディアとしての具体的なポリシーを取材先や社会に対して明示しておくことが有益であるだろう。ポリシーは一元的な内容である必要はないが、わが社は全体としての法的責任は社が負うが、記者一人ひとりがそれぞれの責任で取材・報道しているので記者との信頼関係いかんによって取材への応否を決めてほしいとするのか、逆に、わが社は一体として取材・報道しており社の名前を信頼して取材に応じてほしいとするのか、いずれにしてもはっきり明示する必要がある。

　さらに、およそ報道が速報性を重視する限り、結果的には真実に反して

いたということも当然生じる。しかし、確実性を重視するあまり報道が時宜を失するのも望ましくないという価値判断があるからこそ、結果的に真実に反していたとしても報道の時点において真実であると思われた事実について報道の法的責任を免除するのが、相当性の法理の発想である。そうであれば、訴訟を提起される以前に、なぜマスメディアが報道の時点では正しいと考えたのか、あるいはなぜこの論点について報道しなかったのか、その理由を後に十分に説明できるだけの体制を整えていることが望ましい。紙面編集や報道番組制作の現場は土壇場でぎりぎりの判断が求められることは明らかだが、そうであるからこそ、誰がどのような理由でどのような判断をしたのかを一定程度説明できることが、「プロ」としての信頼を得ていく上で重要なのではないか。

(2) **表現・情報発信の主体性の確保**

報道倫理の見直し、改善として第2に考える必要があるのは、「プロ」としての表現・情報発信の主体性の確保である。読者・視聴者が求めているからという理由だけで報道するのでは既存の表現・情報の流れを加速させるのに荷担するにとどまり、「プロ」としての特別な報道倫理によるものでもなく、従って特別の権利と責任を法的に認める必要もない。読者・視聴者の関心に応えるべきことは当然であるが、それはあくまで主体的な判断の結果としてあるべきである。「みんなが求めた以上、仕方なく提供せざるを得なかった」という類いの言い訳は、後の批判も免れないだろう。

次に、マスメディアの活動にとっての環境整備、あるいは「賢い」読者・視聴者を育てるということにもつながるが、速報性と確実性がある程度トレードオフの関係にあることの承認、あるいは取材・報道の意義について社会的理解を得ることが、今後のマスメディアにとっては不可欠だろう。こうした承認・理解は、以前は当然のように社会から調達できたのかも知れないが、現在のメディア環境においては、日々獲得し維持することが求められているように思われる。

例えば、最近の選挙報道においては、取材過程が取材対象者によってネット上で逆公開されてしまうという問題が顕在化している（宍戸常寿「ネット選挙運動の解禁と放送局」日本民間放送連盟・研究所編『スマート化する放送』（三

省堂、2014年）154頁以下）。密着取材の対象であることは有力候補者の証しであるから、候補者陣営が有権者にアピールしたいのは当然であり、ネット選挙運動の解禁により記者の取材を撮影して SNS に掲載することが増えているようである。この事例では、報道までは取材されているという事実それ自体も公開しないでほしいという希望が、取材対象者に理解されることが重要になる。今後は、そもそも取材に協力してもらえるかどうか自体も、対象者や社会全体がどれほど取材・報道の意義を認識し理解しているかに、ますます依存することになるだろう。

## 6．いくつかの法的問題

### (1) 事件報道のあり方

　ネット時代のマスメディアの法理のあり方については様々な論点があるが、本稿では2点をとりあげるにとどめる。

　事件報道は裁判員制度の導入によって大きな変容を迫られている。また冒頭に挙げた東京地裁の事例のように、ひとたび実名報道がされると一定の期間が経過して服役し社会に復帰した後も、ネット上からその情報が前科として掘り出されるという問題が起きる。これが「忘れられる権利」の代表的な場面であるが（宍戸常寿＝門口正人＝山口いつ子「〔座談会〕インターネットにおける表現の自由とプライバシー」ジュリスト1484号（2015年）ⅱ頁以下）、翻ってマスメディアの掲げる実名報道原則に対する批判も強まっている。実名報道原則が拠って立つ価値は何か、その価値との関係で痴漢等の微罪についてまでも実名報道すべきなのだろうか。また実名報道したとしても、それはあくまで逮捕時における真実の報道にすぎない以上、後に無罪になった、あるいは不起訴処分になったのであれば、少なくとも実名報道した者の責任として、続報を掲載すべきでないだろうか。

　このような問題提起に対するマスメディア側からの反論として想定されるのは、逮捕時にはニュースバリューが高いが故に実名で報道するが、不起訴処分等はそうではないから報道しない、この選択は報道の自由の問題だ、というものだろう。しかしそれは、結局のところ先述したとおり、視

聴者・読者の関心に応えたという以上のものではない上に、マスメディアが実名を報道したことの少なくとも倫理上の責任を免除するものではないのではないか。メディア環境の変化とジャーナリズムの関係について、従来当然であったことが自明視されるべきではなく、一つひとつの丁寧な見直しが必要ではあることの例として真剣に検討されるべき課題だろう（宍戸常寿「デジタル時代の事件報道に関する法的問題」東京大学法科大学院ローレビュー6号（2011年）207頁以下）。

(2) 情報流通に関する一般法への配慮

マスメディアの法理に関する第2の論点は、情報流通に関する一般法への配慮である。民事・刑事法の枠組みだけを顧慮すれば足りた時代とは異なり、現代の情報化社会においては、情報の取扱いそれ自体を規律するさまざまな法律ができている。その最たるものであり、取材の自由と正面から衝突関係にあることがゆえに大きく話題になったのが、特定秘密保護法である。しかし逆説的に言えば、取材の自由との緊張関係が明白な同法については、マスメディアは——早いか遅いかの問題はあるが（宍戸常寿「特定秘密保護法案の核心」世界2013年12月号（2013年）81頁以下）——反対の声を上げるので、民主主義社会が健全に機能し報道の自由が確保されている限り、実は心配の必要は大きくない。

むしろ問題なのは、一見すると取材の自由・報道の自由との関係が見えにくい、情報の取扱いを規律する法案が、マスメディアの賛成も経て成立した後に、その法律が取材・報道の制約に当たることにようやく気づく、という場合である。筆者が具体的に念頭に置いているのは、真犯人を名乗る人物が犯行声明を送信した際に使ったサーバーに記者が取材のためにアクセスしたところ、不正アクセス禁止法違反で捜査の対象となり起訴猶予処分で決着した、という事件である（亀井源太郎「ある不正アクセス禁止法違反被疑事件に思う」新聞研究746号（2013年）38頁以下）。確かに、不正アクセス禁止法は、報道・取材の自由を直接の対象とする法律ではない。しかし、一般のインターネット利用者にとってやむを得ないとしても、表現・情報の「プロ」であることを自認して、特別の権利と責任をマスメディアが負うつもりなのであれば、「気づかなかった」では自らの立場が根柢から揺ら

ぐのではないか。情報の取扱いの規律について、常に報道・取材との関係を吟味し、必要な場合には社会構成員の表現の自由全体を代表して警鐘を鳴らす役割もまた、マスメディアには課せられているのではないか。

## 7．結びにかえて──表現の自由の担い手としての覚悟

　以上述べてきたことから明らかなように、マスメディアが表現・情報の「プロ」として特別の表現の自由を享受できるどうかは、独り憲法の保障によるのではなく、マスメディアに携わる者が社会における表現の自由を、独占的でないにしても一般の個人より一歩先に進んで担っているのだ、という覚悟と矜持を持ち続けているかどうかに依存する、というのが筆者の考えである。

　省みれば、インターネット上の表現・情報の流通過程には、多種多様な主体が関与している。特に検索エンジンやニュースポータルサイトの存在は、マスメディアにとって常に意識せざるを得ない存在だろう。こうしたネット事業者も現在、利用者の表現の自由を底支えするインフラの一つとなっている。情報を取材・加工し、一つの記事に編集し、販売店を通じて、あるいは放送波に載せて家庭に届けるという、国民の知る権利に奉仕するプロセスの全てを独占的に管理していた時代に比べれば、マスメディアはもはや一元的な情報の送り手ではない。表現・情報を個人に発信する間に、インフラ・ポータルサイト・プラットフォーム等々の事業者が関与する中、マスメディアの役割は総体的に低下しているように見える。

　しかし発想を逆転させれば、コンテンツを制作し発信するということは、この表現・情報の流通過程における圧倒的な強みである。そして、同じコンテンツを発信する他のマスメディア、あるいは、多様なネット事業者は、一面において競争の関係にあるが、それと同時にエンドユーザーである消費者、国民の知る権利を充足するためのパートナーでもある。それぞれが国民の知る権利の充足という観点から、どういう形での接点を持っているのか、それぞれがどのような役割を負い、どこから先はパートナーとして、どこから先はライバルとして競争するのかの見極め・見定めは、ネット事

業者のビジネスにおいては、日常事に属する。マスメディアもそうした関心をもって行動することが、新しいメディア環境において表現活動、表現の自由を担う主たる存在であるという位置を確保することになるのではないだろうか。

　　＊本稿は、日本記者クラブにおける記者ゼミ「ネット時代のマスメディア」における講演「ネット・法・倫理」（2015年3月24日）の速記録に加筆したものである。

**参考文献**
飯島滋明編『憲法から考える実名犯罪報道』〔現代人文社・2013〕
奥平康弘『なぜ「表現の自由」か』〔東京大学出版会・1988〕
駒村圭吾・鈴木秀美編『表現の自由Ⅰ・Ⅱ』〔尚学社・2011〕
長谷部恭男『テレビの憲法理論』〔弘文堂・1992〕
松井茂記『マス・メディア法入門（第5版）』〔日本評論社・2013〕
山田健太『法とジャーナリズム（第3版）』〔学陽書房・2014〕

# 2　インターネット

辻　雄一郎

## 1．ネット世界を規律するプロバイダ責任制限法とは

　インターネットの登場前は巨大な地上波放送局、新聞社、雑誌社といったマスメディアが思想の自由市場を支配してきた。一般の市民の情報発信の手段は限られていた。

　インターネットの登場で普通の個人が不特定多数に、一瞬で、大量に、安価に、国境を越えて情報を発信、受信することができるようになった。他方で、トイレの落書きのような無責任な情報も流布することになった。いったん投稿された情報はすぐに複製され、半永久的に流通し、削除することは難しく、誰によって投稿されたのか、を特定することは難しい。

　そこで、プロバイダ責任制限法が制定された。受信者（被害者）はプライバシーや名誉毀損の権利侵害だと私人であるインターネットサービスプロバイダ等に申し立てる。プロバイダ等は当該情報が権利侵害に該当するかどうか、をまず判断する。権利侵害が明らかであれば当該情報を削除できる。

　しかし、権利侵害に該当するのかどうか、放置すべきかどうか、の判断に迷う場合もある。削除しない場合に受信者から、削除した場合に発信者から責任を追及される場合がある。

　そこで、発信者に対してプロバイダ等は削除に同意するかどうか、を照会することができる。7日の猶予期間を経過しても発信者から申出がない場合は、プロバイダ等は当該情報を削除できる。プロバイダ等の責任は免除される。最終的に当事者間で判断できない場合は、裁判所が判断するこ

とになる。

　このプロバイダ等には、ネット接続サービスを提供する民間の企業、大学、そして電子掲示板やサーバーの管理者が該当する。

　次に、一般の個人が自由に情報を発信できるようになってきたことで生じる無責任な情報発信を検討する。

(1)　バカッターとは

　「バカッター」とは、ツイッターで犯罪行為あるいは犯罪には至らない迷惑行為を自ら投稿する行為をいう。バカなツイッターを略して「バカッター」と呼ばれている。バカッターは投稿後に炎上する。「炎上」とは、最初に親密な関係だけに投稿された情報が、不特定多数に流布して、閲覧され、批判される。場合によっては、投稿者の身元が明らかになり、不特定多数の批判が投稿者に届いたりする状態をいう。

　大学生がUSJ（ユニバーサルスタジオジャパン）で迷惑行為を行い、サービスを停止させた行為を自ら投稿した事案、ラーメン店でアルバイトの学生が調理前の食材をくわえた写真を投稿した事案、列車内で裸になった写真を投稿した事案など枚挙にいとまがない。バカッターには次のような特徴がある。

　第一に、自分の氏名や撮影場所を示していない。

　第二に、投稿した時点では少なくとも何か問題になると意識していない場合が多い。

　第三に、自分にとって親しい友人だけに投稿している。

　しかし、親しい友人の輪は個人によって異なる。不特定多数に伝播する可能性は高い。いったん流布すると深刻で長期的な損害が発生する。場合によっては、投稿した本人の名前、住所、家族構成までがネット上で公開される場合もある。

(2)　一般人のネット投稿に名誉毀損が成立するための要件とは

　思想の自由市場が成立しやすいインターネット上の言論には言論を対抗させて名誉の回復を図るべきだというモアスピーチ（more speech 対抗言論）の理論が働きやすいとされる。

　最決平成22（2010）年3月15日刑集64巻2号1頁は、一般人の行った批

判的な投稿について名誉毀損を認めている。本件では、一般のインターネット利用者がラーメンチェーン店に対して、フランチャイズ化はまったくの出鱈目で、宗教系団体と関係があるとネット上に掲載した。

　名誉毀損は特定個人の社会的評価が低下した場合に成立する。しかし、公共の利害に関する事柄であり、公益を図る目的があり、真実性の立証があれば、名誉毀損は成立しない。かりに真実であると誤信した場合であっても、確実な資料・根拠があり、誤信したことに相当の理由があれば名誉毀損は成立しない。(夕刊和歌山時事事件　最大判昭和44 (1969) 年6月25日刑集23巻7号975頁)

　本件では、発信するための確実な資料・根拠が足りないと最高裁は判断した。これまでジャーナリストと呼ばれる人々は、社会の見取り図を提供し、社会の木鐸としての地位が期待されてきた。

　しかし、憲法上、情報発信はジャーナリストの特権として一般人に比べて優遇されているわけではない。地上波放送局や巨大な新聞社の広告収入はネットのターゲット広告に奪われ、ジャーナリストの発信力や取材力は低下している。

　取材する権利は憲法上、情報収集の前提として保護されると理解されている。ただし外務省漏えい事件 (最決昭和53 (1978) 年5月31日刑集32巻3号457頁) は取材行為が「人格の尊厳を蹂躙」しないように求めている。

　スマートフォンの利用者が増えるにつれて、相対的に一般人の発信力も向上してきた。発信者の責任を厳格化する方策のほかにも、一般の人々の情報発信について法意識の向上を求めることも一つの方策かもしれない。

　(3)　動物病院事件の教訓

　社会的に影響力の高い人や公職者はマスメディアに自分の意見を流しやすいため、批判を受ける立場にあり、名誉毀損の成立範囲は一般人に比べると狭いといわれる。ネット上では、発信者と受信者が対等な立場に立つ以上、思想の自由市場におけるモアスピーチが妥当しやすいのかもしれない。競合する言論の中では真実を発見しやすいのかもしれない。はたしてそうだろうか。

　動物病院判決 (東京高判平成14 (2002) 年12月25日判例時報1816号52頁) では批

判の標的となった動物病医に対する名誉毀損の成立が争われたが、次のような点も考慮に入れなければならない。

　第一に、情報格差の問題がある。必ずしもすべての人がネットを自由自在に利用できるわけではない。高齢者になればなるほどパソコンやネットに触れていないこともある。また、仕事をしていれば、常時、コンピュータの前にはりつくほどの余裕もないのに、知らない間に勝手に標的にされ、批判の対象にされてしまうこともある。

　批判の対象となった個人には応答するだけのパソコンの利用能力が求められる。パソコンを触ったこともない人に対して、常時、電子掲示板の前で投稿を待つという負担を課すことが可能だろうか。相手に対して逐一応答する義務をモアスピーチは求めているだろうか。十分な時間と資力があれば、圧倒的な量のメッセージを電子掲示板に投稿できるだろうが、標的となった個人の能力には限界があるかもしれない。

　相手に対して訴状を送達する場合でも、何よりもまず発信者を特定する必要がある。多くの場合は匿名で投稿されており、現行法のプロバイダ責任制限法を使ってもインターネットサービスプロバイダ、サーバーの管理者を経由して、原告は相手の情報を入手する費用を負う。

　また、戦略的訴訟が考えられる。訴訟を提起することによって、相手方に訴訟係属の費用を負わせて、時間と資力を奪うという戦略である。真実の発見よりも訴訟当事者の資力と訴訟戦略が訴訟の勝敗を決定する要因となる。

　第二に、スクリーン上のコミュニケーションには限界がある。多くの電子掲示板では「炎上」が発生している。掲示板は議論が交錯し、投稿者は相手の反論に憤激して、一見すると「荒れて」いる。しかし、投稿者自体は掲示板上の表現ほどに実際には怒っていない場合もある。相手に理解してほしいという気持ちで表現が過激になる傾向がある。

　次に、インターネット上のネットワークづくりを検討する。

## 2．ネットワークの功罪とは

(1) 人的集合体の自由としての価値

　会社と家を往復するだけで、趣味もなく、会社以外の人間に接触する機会がない独身の男女は、ネットで、自分の望むパートナーの条件を入力して、ふさわしい相手を発見することができる。最初の出産からしばらくの間、子育てする女性は社会から孤立する傾向がある。同じような悩みをもつ人たちで子育ての話題を共有して、悩みを解消する場合もある。コスプレのように、ソーシャルメディアを利用して同じ趣味をもつ相手を発見して、オフラインで趣味を楽しむ人も増えてきている。

　個人が事業を始める際に自分の企画をネット上で公開して、賛同する人から資金を集め、事業が成功すれば、投資された金額に利子をつけて返済するというクラウドファンディング（crowd funding）も話題になっている。例えば、バラク・オバマはネットでの選挙活動を通じて、選挙になじみのない若者から支持され、少額の政治献金を集めた。

　人は、自分一人では実現できなくても、同じような考えをもつ人と集合して、単独ではできなかったことが実現できるようになる。社会には会社、組合、サークル、同窓会や政治活動委員会といった人的集合体が存在しており、21条は結社の自由を認めている。

(2) 集団極化、「私だけの新聞」は法的規制にまで至るか

　人は自分たちと類似する見解をもつ人に親和性を感じる傾向がある。自分と異なる見解に違和感や嫌悪感を抱いて、できる限り接触したくないと考える傾向がある。

　カス・サンスティンは「私だけの新聞（デイリーミー）」を懸念する。従来の紙媒体の新聞は、社会一般にまたがる多様な話題を掲載して、読者に届けていた。読者は自分の関心をもたない話題にも触れてきた。現在、ネットが加速し、紙媒体の新聞の購読者数が減少し、タブレット、スマートフォン、パソコンで、自分の関心をもつ新聞記事だけを読むようになってきた。たしかにソーシャルネットワーク、ツイッターやブログを投稿する人の約38パーセントが同じ趣味や嗜好をもつ人を探すために利用している

といわれる。

　人々はアプリを通じて、自分だけの関心にそった記事だけを自動的に収集して閲覧することができるようになった。この「私だけの新聞」についてサンスティンは否定的に評価する。個人は、集団の中で議論すると、議論前にもっていた見解に引きずられる傾向がある。例えば、妊娠中絶に反対する人が妊娠中絶の施術を実施する診療所の場所や医師の名前をニュルンベルグファイルと称して公開していることが争われたことがあった（*Planned Parenthood v. American Coalition of Life Activist, 290 F. 3d 1058 (2009)*)。

　彼はサイバースペース上の表現の自由を「市民の熟議」という視点から考えるべきだと主張している。彼は自主規制を原則にしながらも、経済的に言論を助成したり、ネット上で意思疎通する人ができるだけ異なる見解に触れるようにリンクを設定したりすべきだ、と主張する。ホームページの作成者は、自分と対立する見解のページのハイパーリンクを義務付けるべきであるという。リンクの義務付けは表現の自由の価値に一致する、と彼は主張する。

　しかし、対立するリンクの強制は実効化が疑わしいかもしれない。リンクをつけても読者はリンク先の見解を閲覧するかどうか疑わしい。リンクを閲覧すれば熟議は進むかどうかも明らかではない。見解の対立は、対立それ自体の判断が主観的であることを免れない。また、どこに見解の対極を設定するかで変動する。中立な立場も両極をどこに設定するか、で変動する。リンクを強制しても、道徳的な義務の程度にとどまるのかもしれない。

　個人の行動を特定の方向に向けることが法の役割であるならば、①事前に教育を通じた啓発や予防的ルールで深刻な損害を防止し、②事後的に、紛争を通じて法を発見することができるだろう。

(3)　ほかの人的集合体を犠牲にするという特性とは

　人的集合体には弊害も存在する。特定の利益を達成するために人的集合体が結成される。この集合体は、他に存在している人的集合体の利益を無視したり、犠牲にしたりして、集合体自身の利益の追求だけを排他的に求

めてしまう傾向がある。フェデラリスト・ペーパーズでジェームス・マディソンは派閥の弊害を懸念して、どのように抑制すべきか、を説いている。団体の決定を構成員に対して強制する場合もある。

　南九州税理士会事件（最判平成8（1996）年3月19日民集50巻3号615頁）では、公的な利益を団体の目的とした強制加入団体が構成員に対して強制的に徴収する決議は団体の目的の範囲外であり無効であると判断している。結成された団体は、対外的には単独の場合よりも大きな影響力を行使できる。他方、団体が内部の構成員自然人を制約する場合も考慮に入れておかなければならない。

　ネット上だけで結成される団体は、お互いの顔を合わせていないことが多く、意思疎通が不十分なために紛争が発生しやすい場合もある。ターゲット広告は、個人の嗜好向けに設定されるので、個々の嗜好はさらに強化される。

　団体の内部で構成員の紛争が発生した場合、かつて紛争は司法審査の対象にならない、という考えもあった。共産党袴田事件（最判昭和63（1988）年12月20日民集155号405頁）では、少なくとも適正な手続に沿って判断されたかどうか、は裁判所の審理の対象になると判断している。

## 3．ネットいじめの規制方法とは

### (1) 学校でのネットいじめの事案

　ネットいじめ（cyber bullying）とは、「携帯電話やパソコンを通じて、インターネット上のウェブサイトの掲示版などに、特定の子どもの悪口や誹謗・中傷を書き込んだり、メールを送ったりするなどの方法により、いじめを行うもの」と定義される。

　ネットいじめにはどのような問題があるだろうか。

　LINEの既読スルーが問題になっている。既読スルーとは、相手方に送ったメッセージを相手方が読んだ場合に、発信者側に「既読」と表示される。既読表示になりながら、相手方が何もメッセージを送ってこない（スルーする）ことをいう。

「グループ外し」とは、LINEで標的となる人物以外の複数でグループを作成し、グループで標的となる人物の誹謗中傷を行うことをいう。標的をグループから退会させる場合もあるが、いったんグループに入っていても、標的となる人物以外の人たちで新たに別のグループを結成する場合もある。大阪維新の会の議員が中学生相手に、メッセージを送っていたところ既読スルーされ、中学生を恫喝した（ただでは済まない、徹底的にやる）のではないか、が問題となった。当初は、維新の会の府議団は、もっとも厳しい「除団」処分としていたが、その後、離団命令となった。

総務省の対応マニュアルは、小学校6年生の女子児童が電子掲示板に同級生の書いた悪口を発見し、校内で同級生をカッターナイフで切りつけ失血死させた事件を紹介している。

対応マニュアルは、誹謗中傷が、永続的に続くこと、被害者と加害者の立場が容易に入れ替わること、当事者以外の第三者にもアクセスされる危険があることを指摘している。

保護者や教師などが子どもの携帯電話等の利用あるいは掲示板の利用状況を把握することはきわめて難しく、「ネット上のいじめ」は大きな社会問題となっている。

(2) どのように対応すればよいだろうか

第一に、教員や被害を受けた子どもの保護者は、その内容を確認する必要がある。投稿内容を確認し、掲示板のアドレスを記録する。投稿を紙に出力して印刷するか、携帯電話の場合はデジタルカメラで撮影する。

第二に、速やかに掲示板等の管理者に削除依頼を行う。しかし、掲示板の管理人の連絡先が不明な場合も多い。

第三に、第二の場合で削除されない場合には、掲示板のサービスを提供しているインターネットサービスプロバイダに削除を依頼する。

これらの削除の流れを保護者や子どもにあらかじめ説明して周知しておくことが望ましいであろう。学校ではスクールカウンセラーが中心となって、複数の教員で対応することがよいだろう。教育委員会はそれぞれの地域に応じた対応を構築することが必要である。また、悪質な場合は学校と警察、法務局が連携することも考えられる。

加害者側の子どもは、気軽に投稿してしまう傾向があり、また加害者自身が心の病（過去に自分が被害者になったなど）を抱えていることもあるため、慎重な対応が必要となる。
　家庭や学校では次のように子どもたちに指導することが考えられる。
　第一に、掲示板の誹謗中傷の投稿はいじめであり、絶対に許されることではないこと。
　第二に、匿名性は絶対ではなく、責任を伴うこと。
　第三に、節度をもって利用すること。
　家庭でも子どもに対して、自宅内では居間で使うこと、食事中や懇談中、深夜には使用しないこと、一定の金額以上は使わないこと、学校での使用については、学校のルールに従うこと、他人を傷つけるような使い方をしないこと、といった教育が必要となる。
　すべての携帯端末にフィルタリングを法律で義務付けてアクセスを制限する方法は、憲法上、成年者の情報受領権を侵害する可能性がある。岐阜県青少年保護育成条例事件（最判平成元(1989)年9月19日刑集43巻8号785頁）では自動販売機への収納を禁止する条例の合憲性が扱われた。
　保護者の選択によって未成年者の携帯端末の利用を個別に制約することが望ましい。政府がネット上の情報を監視することは21条の検閲に違反する。投稿された情報の判断は政府ではなく、個人で判断しなければならない。投稿した情報の責任と義務は発信者が負う。
　未成年者を守る手段は法律だけには限らない。教育委員会や学校はNGOや外部の情報教育アドバイザーに任意でネットパトロールに参加してもらう。地域ボランティアやPTAが監視するなどの方策が考えられる。

(3)　リベンジポルノ

　恋愛関係が解消されたあとに、元恋人が交際相手の裸の写真などをネット上で不特定多数の閲覧可能な状態な場所に提供することをいう。元恋人に対し復讐（リベンジ）する目的で投稿される。
　リベンジポルノ対策法（私事性的画像記録の提供被害防止法）が2014年に成立した。なぜリベンジポルノ法が必要とされたのだろうか。
　リベンジポルノ法が存在しない場合であっても、わいせつ図画の頒布、

名誉毀損、侮辱罪が成立する。標的となった被害者の年齢によっては児童ポルノ禁止法が適用される。民事責任も発生する。

しかし、ネット上にいったん拡散した情報は半永久的にどこかに保存され、被害が長期化し、深刻となる可能性が高い。被害者の側は当初は撮影に同意していても恋愛関係が解消された後に、流布させないでほしいと相手に改めて伝える必要はあるだろうか。恋愛関係解消後は、「流布させない」という黙示の同意があったとすべきだろうか。恋愛関係が解消された時点（電話がつながらない、いつのまにか自然に会わなくなった）を、当事者同士でも判断するのは難しいかもしれない。名誉毀損に該当しても社会的評価の低下を被害者が立証することは難しく、泣き寝入りすることがあった。撮影された画像がわいせつに該当しない場合、刑法上で取り締まることは難しかった。

対策法の「私事性的画像記録」とは、性交または性交類似行為に係る人の姿態、他人が人の性器等を触る行為等、衣服の全部または一部を着けない人の姿態であって、ことさらに人の性的な部位が露出、強調されているもの等のいずれかを撮影した画像に係る電子情報をいう。これらのいずれかを撮影した画像にかかる有体物を「私事性的画像記録物」と呼ぶ。この定義は児童ポルノ禁止法を参考にしているがリベンジポルノ対策法には年齢要件は存在しない。

公表行為と公表目的提供行為が処罰の対象となる。公表行為（第三者が撮影対象者を特定することができる方法で、私事性的画像記録（物）を不特定または多数の者に提供し、または公然と陳列する行為）については3年以下の懲役または50万円以下の罰金が科せられる。

公表目的行為（公表行為をさせる目的で、私事性的画像記録（物）を提供する行為）は、1年以下の懲役または30万円以下の罰金が科せられる。

対策法にはプロバイダ責任制限法の特則が整備され、猶予期間の7日間を2日に短縮した。被害者が死亡した場合は、一定の範囲の遺族が申出ることができる。リベンジポルノの規制対象は明確であり、過度に広範にならないように慎重に設定する必要がある。

## 4．ビッグデータとは何か

(1) ビッグデータの可能性

　ビッグデータは、多量に生成・収集等されるデータを各種のサービスに提供するために活用されている。例えば、各利用者のサービス（購買履歴、歩数、移動距離、写真、地図検索など）履歴を統合して整理することで企業は競争力を高めている。今後、一層の付加価値が創造されると期待されている。例えば、車のワイパーの稼働状況を収集、整理統合してゲリラ豪雨を感知したり、自動車の無人運転を可能にしたり、遠隔治療したりすることが可能になる。

　従来の情報通信技術では十分に処理できないビッグデータを収集、蓄積、処理、分析することが可能になった。ビッグデータはクラウドに保存されることが多い。クラウドは「雲（cloud）」の意味である。実際に目の前にあるスマートフォンやタブレットではなく、別の場所のサーバーに情報が記録されている。

　ビッグデータの把握、収集、蓄積、処理、分析にあたっては、個人に関する情報が含まれている。そのため個人が識別されないように、他の情報と連結可能にならないように匿名化する必要がある。

　2015年3月段階の個人情報保護法は対応しきれていない。世界的にはアメリカの追跡拒否型とヨーロッパ型の忘れられる権利型の二つの潮流があるとされる。しかし、これらの潮流は独立して存在しているのではなく、どちらのルールも個人の選択というオプト（opt）を基準に考えており、両者の区分は相対化している。

　現在、日本では、個人情報保護法の制定当時に想定されなかった点について改正が検討されている。指紋データや顔認識データなどを特定個人を識別できる情報として含めたり、総務省の外局に、個人情報保護委員会を創設し、企業に対する立ち入り検査を可能としたり、匿名化した情報の第三者提供に本人の同意を不要とするために個人情報委員会への届出とウェブでの公表を義務付ける、個人情報データベース提供罪を創設するなどが検討されている。

2015年3月にYahoo Japanは、権利侵害が明白な場合に、検索結果を表示しない自主的な要綱を発表している。インターネットの専門家が関与したルールを作成すべきではないか、ともいわれている。たしかにグーグル社などが関与することで専門的な知識を反映したルールを設定することが期待できるであろう。

　しかし、利害関係人だけで策定されるルールは、「国会単独立法の原則」に抵触する可能性もあり得る。41条によれば、主権者国民の代表者だけが法律を制定できるのであって、国会以外の他の機関の関与を許していない。国会を組織、運営する国会議員が法律を審議し、制定する。あくまで専門家の意見は審議会や委員会で参考となる意見に過ぎないのかもしれない。

### (2) オープンデータの可能性は

　オープンデータとは総務省によれば、機械判読に適したデータ形式で、二次利用が可能な利用ルールで公開されたデータをいう。情報を収集、入力、整理、検索可能にすることで、眠っている情報を「使いやすく」変換する。電子行政オープンデータ戦略（平成24（2012）年7月高度情報通信根ネットワーク社会推進戦略本部）によれば、オープンデータを通じて透明性や信頼性が向上し、国民参加、官民協働の推進が図られ、経済の活性化や行政の効率化に資するといわれている。オープンデータのメリットを考えてみる。

　第一に、近い将来を予測できるようになる。

　第二に、一つのデータを公開し、様々な分野の専門家が分析に参加して、知を集約させることが容易になる。

　第三に、これまで入手していた知り合いなどの人の噂という主観性が入らない客観的なデータが入手できるようになる。

　また、紙媒体の費用を削減し、サービスを向上させたり、公的機関にわざわざ出向くといったりした手間がなくなる。

　日本では、東日本大震災をきっかけにオープンデータの有用性が強く意識された。震災に限らず、自治体の有する情報を再利用できないか、という動きもある。例えば、避難所、駐車場、バス停、バリアフリー、消火栓、公共トイレ、図書館の自習席の利用状況、の地域情報を公開して、地元の活性化、経済の再生に役立てる試みがある。

ただし世界的にみると日本は先進国の中ではいまだ多くの課題を抱えている。

(3) オープンデータにはどのような課題があるか

第一に、どのような検索条件にするのかで、オープンデータの価値は左右される。政府が無料で公開するデータにひと手間をくわえて、利用可能性を高める必要があるだろう。

第二に、複数の公開されたデータを結合することで、良くも悪くも思いもかけない結果がもたらされる可能性もある。したがって、二次利用のルール作成の方法についてルールを設定しておいたほうがよいだろう。少なくとも第三者がデータを改変して利用するという二次利用についてデータ所有者が同意していることが必要であろう。

第三に、生身の人間の仕事の機会を奪うのではないか、と懸念される。

検索条件に反映しにくい人的要素（その地域の歴史、評判、雰囲気など）は、主観的な要素も混じらざるを得ない。また、定期的な更新作業は当然必要である。どのように、人が使いやすく加工するか、という作業は人でしかできないだろう。かえって新たな雇用の必要性が発生するかもしれない。情報格差を解消するために市民講座などを通じて情報活用の有用性を説明することも求められるだろう。

(4) 電子行政オープンデータの取り組みのために

電子行政オープンデータ推進のためのロードマップの概要（平成25年）によれば、二次利用を促進する利用ルールを整備し、機械判読に適したデータ形式での公開を拡大する。データの横断的検索や自動的提供等の機能を備えた「データカタログ」（ポータルサイト）を整備する。平成25年度上期に試行版を立ち上げて平成26年度に本運用開始である。また、公開データを拡大する、普及・啓発、評価を行うことが検討されている。

## 5．米NSA情報収集活動とは何か

(1) スノーデンは何をしたのか

2013年6月に当時29歳のエドワード・スノーデン氏がアメリカのNSA

(国家安全保障局 National Security Agency) による大規模な通信傍受活動を暴露したことが話題になった。ガーディアンとワシントンポストの報道によれば、アメリカと同盟関係にある政府の38の大使館や国連代表部の通信をNSAが傍受していたという。通信機器に盗聴器が仕掛けられていたという。これまでアメリカはテロ対策のために情報収集を正当化してきたが、アメリカと協力関係にある政府も標的としているため強く批判された。NSAはスノーデンには暴露する以外の他の選択肢があったはずだ、と非難している。

　NSA、CIA (中央情報局 Central Intelligence Agency) とは何だろうか。もともとNSAは1952年に設立され、国外のラジオの諜報活動を担当していた。第二次世界大戦中はドイツ軍の暗号解読に貢献してきた。国防総省の下位にある機関である。

　ちなみにFBI (連邦捜査局 Federal Bureau of Investigation) とCIAとはどこが違うのだろうか。FBIはセオドア・ルーズベルト大統領の時代にその起源を発し、初代長官エドガー・フーバーによって大きく成長した。FBIは司法省の管轄に置かれている。連邦制をとるアメリカでは刑事の管轄は原則として州にゆだねられている。しかし、複数の州にまたがる犯罪や連邦刑事法にかかわる場合は、FBIが働くことが期待されている。

　CIAとFBIの大きな違いは捜査権限の有無である。CIAに捜査権限はない。CIAは大統領の直轄機関の独立行政機関である。ルーズベルト大統領の指示で設立されたCOI (情報調査局 Coordinator of Information) が第二次世界大戦中にOSS (戦略局 Office of Strategic Services) となり、国家安全保障法 (National Security Act of 1947) にもとづき、現在のCIAとなった。当初は、FBIと管轄権が重複していた。

(2) 政府による情報監視とは

　スノーデンが明らかにしたPRISM (プリズム) 計画ではマイクロソフト、グーグル、ヤフー、フェイスブック、アップル、などのウェブサービスを対象にしてNSAが電子メール、文書、写真、通話履歴などの情報を極秘に収集していたとされる。ワシントンポストの入手した資料で明らかになった。NSAは直接これらのサービスを提供するサーバーにアクセスして

情報を収集していたとされる。この報道に対して、標的になったとされる各サービス事業者は情報提供についての関与を強く否定してきた。

1978年のニクソン大統領のスキャンダルを契機に制定された外国諜報監視法（Foreign Intelligence Surveillance Act, FISA）は、9.11テロ以降に度々、改正された。政府は次の二つの条件のもとで一年間を限度に対象者の通信を傍受することができる。第一に、対象者がアメリカ国外にいる非アメリカ人であること。第二に、傍受の対象者が、諜報活動をしていると合理的に信じる根拠を示すことである。ただし、アメリカ国内にいる者は国籍を問わず、対象にはならない。外国諜報活動監視裁判所（Foreign Intelligence Surveillance Court）は政府の申立てにもとづき、非公開で、政府の傍受活動を審査している。通常の刑事手続きとの大きな違いは、許可要件の程度が低く、その範囲が広範であること、また、過去の犯罪ではなく将来、危険が発生するかもしれないということである。

他方、連邦愛国者法（U. S. Patriot Act）によってNSAはすべてのアメリカ人についての通信記録情報を裁判所の許可を得て収集、記録することができる。NSAは、国際的なテロから防衛し、秘密に諜報活動を行うために必要であることを示すことを条件に、図書館の貸出記録、ネット上の購入履歴などを図書館や企業に提出させることができる。本規定は更新されない限り、2015年に失効する予定である。

(3) 監督機関の改革とは

NSAによれば、当局の通信傍受活動は立法、行政、司法に認められたものだという。テロリスト、人身売買、麻薬密売、高度な兵器や核兵器の開発や流通、国家による近隣諸国に対する攻撃の可能性が存在している。スノーデンによって、NSAの情報が第三国や敵対する組織（テロリスト）に暴露された場合、通信傍受対象者は捜査可能な範囲から逃れてしまい、自国に迫りくる脅威が分からなくなる。また、同盟関係にある国家や海外の危険な地域にいる諜報員の危険が増加するという。

NSAは議会委員会と外国諜報活動監視裁判所に監督されている。スノーデンの暴露以降、オバマ大統領は当該裁判所の運用姿勢を厳しく指摘され、改革せよ、という圧力を受けている。連邦議会上院情報委員会（the

Senate intelligence committee) は、NSA の権限について強く非難している。また、オバマ大統領は、携帯型情報端末の情報収集を制限する改革を実施することを宣言した。

(4) 日本にどのような関係があるのか

私たちが利用するサービスの中にはアメリカのサーバーを経由しているサービスも存在している。したがって、私たちの通話記録がアメリカの政府によって収集、記録されている可能性は当然、考えられる。

## 6．ネット選挙で何が変わったか

2013年4月19日、ネット選挙を解禁する改正公職選挙法が成立した。改正以前は、公職選挙法上、ネット上の選挙活動は禁止されていた。自民党、公明党、日本維新の会の三党が改正案を提出し、2013年7月の参議院選挙から選挙期間中もネット上の情報更新が可能になった。

(1) 改正前と改正後の違いで何が変わったのか

改正前は、どのような行為が禁止されていたのか。

第一に、ツイッターで文字や写真の投稿は文書図画の頒布に該当するという理由で更新することができなかった。

第二に、告示や公示前に候補者が有権者に「私は街頭演説で頑張っています」であるとか、有権者が知人に「○○さん（特定候補者）はいい人だよ」と電子メールで訴えることはできた。しかし、有権者も候補者も、見ず知らずの不特定多数に特定候補者を電子メールで推薦することはできなかった。

公職選挙法が改正されたことで、政党、候補者や一般有権者がホームページ、ブログやフェイスブック、ツイッターなどで投票を訴えることが可能になった。電子メールについては政党と候補者だけが可能になる。電子メールは相手方が事前に同意した場合に限って認められる。受信者が問い合わせできる連絡先を表示するよう義務付けられる。広告は政党が自分の政党ホームページに誘導するバナー広告に限って認められる。

民主党やみんなの党は、一般有権者が電子メールで「○○さんはいい人

よ」と不特定多数に訴える行為も解禁すべきだと提案していた。しかし、誹謗中傷やなりすましを懸念して候補者や候補者に限定すべきだという意見があった。一般有権者が不特定多数にメールする行為はできないという自民党・公明党・日本維新の会（当時）の提案が進められた。もっとも次の国政選挙で電子メールの解禁について見直しが図られる予定である。

(2) **公示と告示の意味は**

公示や告示とは何だろうか。

7条4号にもとづき、内閣の助言と承認で天皇が選挙期日を公示する。公示とは、選挙について一般の公衆が知り得る状態におくことをいう。例えば公職選挙法31条3項・4項によれば衆議院解散後28日以内に公示される。告示とは、選挙の事務を管理する選挙管理委員会が選挙期日を一般の公衆が知り得る状態に置くことをいう。

公職選挙法は選挙に関するルールを定めており、公示と告示以降に「選挙活動」というゲームのルールを決めている。

(3) **公職選挙法の目的は何か**

この公職選挙法の目的は何だろうか？

最判昭和56（1981）年7月21日刑集35巻5号568頁伊藤正巳補足意見は、選挙というゲームのルールを決めていると理解することができる。例えば、バスケットボールではボールを足で蹴ってはいけない、ボールを抱えたまま3歩以上走ってはいけないというルールを前提にして、どのようにゴールシュートを決めるか、を選手たちは競っている。

選挙というゲームでは47条にもとづき選手（候補者）全員が従うべきルールとして、41条の国会に広い裁量が認められている。この選挙活動の制限は、表現の自由（21条）で制限される。選挙というゲームを始める前に一律に選挙活動を禁止することは内容規制に該当しないか、という意見もある。有権者が選挙に関して必要な情報に触れるという選挙の意義に照らせば、日本は過剰規制ではないか、とも考えられる。

公職選挙法は選挙運動の方法を規制している。選挙期間中に配布できるビラやハガキを文書図画として扱い、写真の種類も詳細に制限しており、「べからず集」と揶揄されてきた。戸別訪問を禁止する公職選挙法138条1

項の合憲性を支持した最高裁判決は、①有権者が買収される、②候補者が利益を誘導する温床となる、③有権者の平穏な生活が侵害されるといった「選挙の公正」を確保しなければならないと説明した。これらの根拠では戸別訪問の自由を制約するのに不十分だという意見もある。

(4) 豊かな者が選挙を支配するか

豊かな資金をもつ候補者が選挙に資金を注ぎ込み、有利に選挙をすすめることを防止するのが公職選挙法の目的である。

別の争点で扱われる「宴のあと」事件とも関係している。本作品では、候補者の妻が企業、労働組合など組織と一体となって、特定の候補者を当選させるために選挙活動を行う様子が描写されている。「カネと選挙」は長らく議論されていながら、まだ完全に解決されていない問題の一つである。

インターネットでは比較的低いコストで情報を発信することが可能になり、有権者と政党・候補者の対話が進むことが期待された。2012年12月の衆議院選挙の投票率は戦後最低だった。ネット選挙が導入された後の2013年参議院選挙でもネット選挙の効果は小さかった。

(5) 現実の世界とネットの世界の違いは

政党や候補者がインターネットサービスプロバイダに名誉を毀損する情報の削除を求める場合は、プロバイダ責任制限法の特則が設けられた。ネットでの選挙活動の解禁にあたり、選挙期間内で対応するために猶予期間が7日から2日に短縮された。

プロバイダは、選挙運動期間中の文書図画に該当するかどうかの一次的判断権を負う。必ずしも候補者や政党の申立があっても必ずしも削除されるとは限らない。

(6) 今後、検討すべき課題は

ただ、いくつかの問題が残されている。

第一に、サーバーが海外に設置されている場合や検索エンジンにキャッシュが残っている場合は改正法であっても対応は難しい。

第二に、同じ内容であっても電子メールでは認められないが、ツイッターであれば認められる。

第三に、公職選挙法で解禁された行為を、投票資格を有しない高校生などが行うと1年以下の禁錮または30万円以下の罰金に該当する。


**参考文献**

「インターネット上の名誉毀損と表現の自由」高橋和之・松井茂記・鈴木秀美編『インターネットと法（第4版）』〔有斐閣・2010〕64頁以下

総務省報告書『次世代ICT社会の実現がもたらす可能性に関する調査研究』（平成23（2011）年3月）

総務省「ネット上のいじめに関する対応マニュアル・事例集（学校・教員向け）【概要】」（平成20（2008）年11月）

総務省「第1部　特集　ICTが導く震災復興・日本再生の道筋」『情報通信白書（平成24（2012）年）』総務省ホームページ

# 3 国民・住民の直接的意見表明

二本柳高信

## 1．はじめに

　アメリカ合衆国の黒人差別に対する公民権運動や、最近では「アラブの春」、タイでの政変等で目にされてきたように、国民・住民が集会やデモ行進という形で政治に関する自らの意見を表明することは、世界的に見て、決して珍しいことではない。そのような意見表明は日本でも以前からあったが、とりわけ近年、東日本大震災・福島第一原子力発電所の事故を受けた原発政策に関するデモや安保政策の転換に反対するデモ等が活発になされ、改めて、集会・デモ行進等への関心が高まってきているといえよう。

　このような政治に関する国民・住民の意見表明の形態としては、勿論、選挙が存在しているが、これは政策決定者たる国会議員・地方議会議員や地方自治体の首長の選出に関する意見表明であり、その意味で「間接的」と形容することもできるのに対して、前述の意見表明は、政策それ自体に対する意見表明であるという点で、「直接的意見表明」と呼ぶことができる。

　本稿は、これら、国民・住民の直接的意見表明が、憲法上どのように評価される（位置づけられる）のかを論じる。なお、以下では、不特定多数への意見表明に対象を限定する。

　そもそも憲法とは、その原語である constitution（英・仏）、Verfassung（独）が示すように、公権力・政府の構造に関するルールであり、公的な政策決定方法に関するルールであるとも言い換えることができよう。そうしてみると、国民・住民の直接的意見表明が公的な政策決定において

どのように位置づけられるのかは、憲法の主たる関心事の一つのはずである。

なお、本稿では、紙幅の都合上、裁判を通じた意見表明は基本的に取り扱わないが、原発の運転差し止めを求める訴えなど、国や地方自治体の政策に影響を及ぼす（ことを目的としている）訴訟は、本稿の主題にとって関係がないものでは決してないことを付言しておく。

本稿の構成は次の通りである。まず、政治について国民がそれぞれ異なる意見をもち、それを表明することについて、憲法学の基本的な態度を紹介する（→ 2.）。その上で、国政に対する国民の直接的意見表明の方法として、まず思い浮かべられるであろうデモ行進や集会について、その機能・意義に触れた後（→ 3.）、それらに対する規制が、憲法学においてどのように説明されてきているかを整理する（→ 4．5.）。続けて、それらの意見表明が国の政策決定との関連で憲法学においてどう位置づけられてきたかを検討する（→ 6.）。あわせて、簡単にだが、地方自治における住民の直接的意見表明について論じる（→ 7.）。

## 2．表現の自由

(1) 「思っていることを世間に発表する」自由？

NHK放送文化研究所が1973年以降、5年おきに行ってきている「日本人の意識調査」には、リストの中から、「憲法によって、義務ではなく、国民の権利ときめられている」と思うものを選ぶという設問があり、そのリスト中に「思っていることを世間に発表する」という選択肢がある。いささか驚くべきことに、この選択肢を選んでいる回答者の割合は、初回の調査から一貫して5割を切っており、しかも、年々低下傾向にあって、2013年度の調査では36％にまで落ち込んでいる（NHK放送文化研究所『現代日本人の意識構造（第8版）』〔NHK出版・2015〕）。

この訊き方には曖昧なところがあるので、この結果から「日本人のほぼ3人に2人が『表現の自由』は憲法で保障されていないと考えている」という結論を導くのは早計かもしれない。しかし、「表現の自由」について

憲法学が考えているところと一般的な感覚との間に相当の乖離がある疑いは否めないであろう。そこで、まず、「表現の自由」の意義について、簡単にではあるが確認しておきたい。

(2) 「表現の自由」の意義

国・地方自治体のとるべき政策について、国民・住民が何らかの意見を持つことは至極当然のことであり、また、特定の意見を持つこと自体を公権力が禁じることが許されるとは——その禁止の対象が不合理であったり社会にとって危険である（と規制する側が考える）意見に限るものであったとしても——憲法学では、およそ考えられていない。憲法19条の保障する「思想及び良心の自由」は、内心にとどまる限り、絶対的に保障される。現在のテクノロジーでは、他人が頭の中で何を考えているかを知ることは不可能であるということはあるが、たとえ知ることができたとしても、およそ何かを「考えている」ことだけを理由として法的な不利益を課すことは、原理的に許されないと考えられているのである。

そして、その意見を何らかの形で外部に表明することも、民主政においては、特段の事情のない限り、これまた当然是認されるべきことであると考えられている。最高裁は、「北方ジャーナル」事件（最大判昭和61（1986）年6月11日民集40巻4号872頁）で次のように述べている。

> 主権が国民に属する民主制国家は、その構成員である国民がおよそ一切の主義主張等を表明するとともにこれらの情報を相互に受領することができ、その中から自由な意思をもって自己が正当と信ずるものを採用することにより多数意見が形成され、かかる過程を通じて国政が決定されることをその存立の基礎としているのであるから、表現の自由、とりわけ、公共的事項に関する表現の自由は、特に重要な憲法上の権利として尊重されなければならないものであり、憲法21条1項の規定は、その核心においてかかる趣旨を含むものと解される。

加えて、憲法は21条2項で、検閲の禁止を規定している。検閲禁止規定は、職業選択の自由などを保障する22条にはみられない規定であり、表現の自由の特徴の現れの一つであるといえる。

検閲禁止規定について最高裁は、21条2項にいう「検閲」を狭く定義したうえでではあるが、検閲は絶対的に——即ち、例外なく——禁止されるとしている（税関検査事件・最大判昭和59（1984）年12月12日民集38巻12号1308頁）。さらに、最高裁は、すでになされた表現に対する規制ではなくそもそも表現をさせない（人の目に触れさせない）というタイプの規制（事前抑制）が問題となっている場合には、「検閲」の前記定義には該当しなくとも、当該規制の合憲性は容易に認められるものではないと判示している（「北方ジャーナル」事件）。

　経済活動に関しては、憲法は「職業選択の自由」を保障しているが（22条1項）、資格制度や営業の許可制など、非常に多くの事前抑制が現になされている。そして、これら、経済活動の領域での広汎な事前抑制については、違憲であるという見解はほとんど耳にしない。それに対して、表現活動の事前抑制、すなわち、発表前に国や地方自治体といった公権力が内容をチェックしてその適否について判断することに対しては、前述のように、裁判所は厳しい姿勢を見せている。この違いは、受け手の自律的な判断の可否ということで説明できるように思われる。

　例えば、薬であれば、それの副作用等は自然科学の世界の因果法則で決まっているものであり、受け手（服用した人）が自分でどうにかできることではない。したがって、自然科学的な知識のある機関が薬を販売するまえにチェックして、販売の是非を判断することは許されるし、消費者保護のためにはむしろ求められるといえる。

　それに対して、表現物であれば、その内容の是非を受け手（読み手）が自律的に判断できるはずである。例えば、暴力を賞賛する小説を読んだからといって、暴力をふるうべきかは、読み手が自律的に判断できることである。そして、暴力を振るうことにしたならばその責任を読み手自身が問われる（他方、薬の副作用で意識が混濁して暴れたのならば、話は違ってくる）。

　以上は、憲法が保障する基本的人権の保障の中核には、個人の自律の尊重が含まれているという理解から導かれる。そして自律の尊重は、憲法13条が「すべて国民は、個人として尊重される」（傍点、筆者）としていることにも見て取ることができる。個人の自律の尊重は、また、民主主義の正

当化理由として、挙げられるところでもある。

## 3．集会・デモ行進の機能と意義

　政治に関する国民・住民の直接的意見表明には、新聞・雑誌を通じてや、最近ではインターネットを用いるなど、様々なやり方があるが、何らかの影響力を実質的に持ちうるのは、多人数においてなされるそれであろう。そこで、以下では、憲法学において従来から議論されてきた集会と集団行動（デモ行進）とをとりあげる。

　⑴　**集会の自由**

　集会の自由は、表現の自由と並んで、憲法21条１項において明文で保障されているが、その意義について、最高裁は成田新法事件（最大判平成４（1992）年７月１日刑集46巻５号437頁）で次のように判示している（強調は引用者による）。

> 　現代民主主義社会においては、集会は、国民が様々な意見や情報等に接することにより自己の思想や人格を形成、発展させ、また、相互に意見や情報等を伝達、交流する場として必要であり、さらに、対外的に意見を表明するための有効な手段であるから、憲法21条１項の保障する集会の自由は、民主主義社会における・重・要・な・基・本・的・人・権・の・一・つとして・特・に尊重されなければならないものである。

　集会のこのような役割は、立憲主義の歴史において大きな出来事であった、イギリスからのアメリカ独立期にみられたところである。アメリカ合衆国憲法は「言論または出版の自由」の保障と「人民が平穏に集会する権利」の保障とを、修正１条において並べて規定しているが、それは、このような歴史的背景に由来すると考えることができよう。この点、日本国憲法も言論の自由と集会・結社の自由を21条１項で並べていることは興味深い（もっとも、ヨーロッパ諸国の憲法ではこのような結びつきはみられなず、日本国憲法において両者が同じ条項で規定されていることも、両者の特別な関係を示すものではないという意見もある）。

(2) 集団行動の自由

 デモ行進といった集団行動は、集会それ自体とは区別できるものの、憲法21条1項によって保障されていることに異論はない。最高裁は、東京都公安条例事件判決（最大判昭和35（1960）年7月20日刑集14巻9号1243頁）において次のように述べている。

> およそ集団行動は、学生、生徒等の遠足、修学旅行等および、冠婚葬祭等の行事をのぞいては、通常一般大衆に訴えんとする、政治、経済、労働、世界観等に関する何等かの思想、主張、感情等の表現を内包するものである。この点において集団行動には、表現の自由として憲法によつて保障さるべき要素が存在することはもちろんである。

 学説においては、集団行動を「動く集会」と捉えて、集団行動の自由は集会の自由に含まれるとする見解も有力である。

## 4．意見表明に対する規制の二類型

 表現の自由が保障されているとはいえ、およそ「表現活動」と評しうるものであるならば一切の規制を免れるとは考えられておらず、種々の規制があり得るし、現に存在している。それらの規制が表現の自由を侵害し憲法に違反するものでないかを判断する際に、学説は、問題となっている規制の態様——それはその規制の目的に対応したものであるはずだし、そうでなければならない——に着目して、二種類に大別し、それぞれ異なる基準でもってその合憲性を判断すべきだとしている。すなわち、表現内容を理由とする規制（「表現内容規制」と呼ばれる）と、表現内容を理由としない規制（「表現内容中立規制」と呼ばれる）である。

(1) 表現内容規制

 表現内容を理由とする規制については、その表現が政府にとって都合が悪いがゆえに政府は規制しようとしているのではないかという恐れが強いことなどを根拠に、憲法学説は、その合憲性を裁判所は厳しく審査すべきだとしている。

例えば、政府が原発を存続させる政策をとっているときに、原発廃止論を唱えることを禁止する法律が制定されたとしよう。この立法に際して、この禁止は何らかの公益に資するのだという説明があったとしても、本当のところは、政府（の政策）に対する批判を封じ込めて次の選挙で自らを有利にするため、つまり、政府（そのときの政権担当者）の自己利益のための規制である疑いが濃厚である（勿論、政府が原発廃止政策をとったときに原発存続論を唱えることを規制するのも、同様である）。そうであれば、そのような立法の合憲性が訴訟で争われたときには、裁判所が厳しく審査すべきというのは当然のことである。

　もっとも、表現内容を理由とするあらゆる規制が許されない（違憲である）とは、判例上は、されてこなかった。現行法上の表現内容規制の例としては、名誉毀損罪（刑法230条）やわいせつ物頒布罪（刑法175条）、せん動罪（破壊活動防止法38条等）を挙げることができる。学説もまた、それらの規制はおよそ違憲であるとまではしていないが、しかし、適用範囲が広すぎないか等、議論を重ねてきている。

　なお、これらの規制の合憲性を判断する際のポイントの一つとして、それが受け手の自律的判断を否定するものでないかどうかという点を挙げることができるように思われる。2．で論じたように、表現物と通常の商品との相異点の一つは、受け手が自律的に取捨選択できるかどうかということであった。そして、個人の自律の尊重を人権保障の基本原理と捉えるならば、表現物に対する規制は、それが受け手の自律的判断力を否定するものであれば、違憲の疑いが濃厚であるといえよう。逆にいえば、表現内容を理由とする規制であっても、受け手の自律的判断力を否定するものでなければ、合憲とする余地が大きくなりうる。プライバシーを侵害する表現に対する規制は、その種の規制の例として挙げることができるかもしれない。また、各人に自律的な判断力が存在するという前提を欠く場合にも、表現内容を理由とする規制の合憲性が認められる余地が大きくなることがあろう（例えば、未成年者の保護を目的とした規制）。近年、ヘイト・スピーチの規制が日本でも問題となっているが、その合憲性はこのような観点から（も）検討されるべきように思われる。

(2) 表現内容中立規制

表現活動に対する規制には、他方、表現の内容そのものを理由としないものがある。例えば、電柱へのビラ貼りの禁止や病院や学校の近くでの拡声器の使用の禁止などである。この種の規制は、ビラがどういうメッセージを載せているのかや、拡声器を用いてどのような演説がなされるかということには一切着目しない。言い換えると、規制の目的は、表現の内容（メッセージ、演説）が「間違った」情報でもって受け手へ悪影響をもたらすことの防止ではないということになる。そうではなくて、ビラが貼られることによる景観の悪化や、拡声器による騒音被害といった、いわば物理的な害悪の発生を防ぐことを目的としていると考えられる。

学説では、このような規制を、規制対象の表現内容を理由としない（規制は中立的である）という意味で「表現内容中立規制」と呼び、このような規制については裁判所が合憲性を厳しく審査すべきでないとするものが多い。その理由としては、害悪の発生が（ある程度）客観的に判断できること、また、規制された「時・所・方法」以外での意見表明は禁じられていないこと、よって、政府の自己利益のための規制であるという疑いが薄いことなどが挙げられている。また、受け手の自律的判断力を否定するものではないという点も挙げることができよう。

## 5．集会・デモ行進に対する規制

本稿の主題である「国民・住民の直接的意見表明」に対して、表現内容規制はおよそ存在せず、議論の必要はない、ということは決してない。とはいえ、表現内容規制は前述のように、いわば劇薬であり、そう簡単には持ち出しにくい。むしろ、今日では、「表現内容中立規制」について裁判で争われる例が目につくように思われる。そこで以下では、集会・デモ行進に対する表現内容中立規制について、判例と学説をみていく。

(1) 集会に対する規制

これに関する古典的な判例が、皇居前広場事件（最大判昭和28（1953）年12月23日民集7巻13号1561頁）である。ここで争われたのは、メーデーの集会の

ために皇居前広場の使用を労働団体が申請したところ、管理者の厚生大臣が不許可としたことであった。

　最高裁は、不許可処分を合法としたが、それはあくまでも、当該不許可処分が、許可したならば「公園の管理保存に著しい支障を蒙るのみならず、長時間に亘り一般国民の公園としての本来の利用が全く阻害されることになる等を理由としてなされた」と認められるからであった。しかしながら、「厚生大臣が管理権の行使として本件不許可処分をした場合でも、管理権に名を籍り、実質上表現の自由又は団体行動権を制限するの目的に出でた場合は勿論、……違憲の問題が生じうる」し、かかる目的がなかったとしても、「管理権の適正な行使を誤り、ために実質上これらの基本的人権を侵害したと認められうるに至つた場合」にも、違憲の問題が生じうるとされたのである。

　より最近の、地方自治体が設置した会館の使用不許可が争われた、泉佐野市民会館事件（最判平成7（1995）年3月7日民集49巻3号687号）でも、基本的なスタンスは維持されている。この事件では、「関西新空港反対全国総決起集会」開催のための市民会館の使用不許可が、集会の目的や実質上の主催者の団体の性格そのものを理由とするものでないということから、是認された。使用不許可は、あくまでも、本件集会が本件会館で開かれたならば、本件会館内又はその付近の路上等においてグループ間で暴力の行使を伴う衝突が起こるなどの事態が生じ、その結果、グループの構成員だけでなく、本件会館の職員、通行人、付近住民等の生命、身体又は財産が侵害されるという事態を生ずることが、具体的に明らかに予見されることを理由としていることから、合法とされたのである。

　もっとも、「主催者が集会を平穏に行おうとしているのに、その集会の目的や主催者の思想、信条に反対する他のグループ等がこれを実力で阻止し、妨害しようとして紛争を起こすおそれがあることを理由に公の施設の利用を拒むことは、憲法21条の趣旨に反する」ことを最高裁は認めている。ただし、本件については、実質上の主催者自身が「他のグループの集会を攻撃して妨害し、更には人身に危害を加える事件も引き起こしていた」ことなどから、他のグループによる実力による妨害を主催者が「警察に依頼

するなどしてあらかじめ防止することは不可能に近かったといわなければならず、平穏な集会を行おうとしている者に対して一方的に実力による妨害がされる場合と同一に論ずることはできない」として、不許可が認められるという結論を導いている。

(2) デモ行進に対する規制

　公道を使用するデモ行進については、市民会館の使用などと比べて、それによる影響が大きいことから、規制の必要性が大きくなるとも考えられる。

　もっともその場合でも、規制は、道路交通への影響等を理由とし、そしてそれに適合する態様のものでなくてはならないはずであり、デモ行進が伝えようとしているメッセージや主催者の主義・主張を理由としたものであってはならないはずである。この点に関しては、各地の地方公共団体で、集会やデモ行進等の届出制・許可制を定めるいわゆる公安条例が制定されていることが議論されてきた。この種の規制は、集会やデモ行進等それ自体を公共の秩序にとって潜在的に危険なものとして捉えており、表現の自由を不当に制限するものとならないかが、問題とされてきたのである。

　この懸念は、集会やデモ行進は、そのすべてではないにしても、多くの場合、時の政権担当者に対して批判的なメッセージを主張するものであるという事実によって強められる。

(3) 規制二分論に対する疑問

　このように、表現内容を理由としていない（とされる）規制であっても、実質的には、特定の表現を狙い撃ちにするものであることも考えられる。

　例えば、2014年8月に、官邸や国会周辺でのデモ規制が、ヘイト・スピーチの規制とあわせて、当時の政権与党によって検討されたとの報道がなされている。表現内容規制である後者と異なり、前者は拡声器の使用による騒音等を理由とした表現内容中立規制にみえる。しかしながら、それによって規制されるのは、事実上、政権と異なる意見のデモ行進にほぼ限られるであろう。

　そこで学説には、そもそも表現活動に対する規制を、表現内容規制と表現内容中立規制に二分して考えることに否定的なものも少なくない。また、

表現内容中立的な規制法律（ルール）それ自体は憲法に違反しないとしても、法律の適用の場面で、特定の意見を狙い撃ちにした運用がなされないか、注意する必要もあるだろう。

(4) パブリック・フォーラム論

ところで、政府に批判的な表現活動に対して、その表現内容を理由として規制をすることは許されないとしても、そもそも、「表現の自由とは、表現活動に対して公権力が妨害しないことの保障にとどまり、公道や公共施設を利用させることを求める権利までは保障されていない」と考えられるかもしれない。

これに対して、憲法学説では、表現の自由とは単に表現を邪魔されない自由（消極的自由）に尽きるものではなく、道路や市民会館などの施設（パブリック・フォーラム）の利用を要求する権利も含まれるとの理解が一般的である。このような考えは、駅構内でのビラ配布が住居侵入罪等に問われた事件（最大判昭和59（1984）年12月18日刑集38巻12号3086頁）での伊藤正己裁判官の補足意見にも以下のように示されているところである。

> ある主張や意見を社会に伝達する自由を保障する場合に、その表現の場を確保することが重要な意味をもっている。特に表現の自由の行使が行動を伴うときには表現のための物理的な場所が必要となってくる。この場所が提供されないときには、多くの意見は受け手に伝達することができないといってもよい。一般公衆が自由に出入りできる場所は、それぞれその本来の利用目的を備えているが、それは同時に、表現のための場として役立つことが少なくない。道路、公園、広場などは、その例である。これを「パブリック・フォーラム」と呼ぶことができよう。このパブリック・フォーラムが表現の場所として用いられるときには、所有権や、本来の利用目的のための管理権に基づく制約を受けざるをえないとしても、その機能にかんがみ、表現の自由の保障を可能な限り配慮する必要があると考えられる。

## 6. 統治機構論における国民・住民の直接的意見表明

　以上で論じてきたことは、大学での憲法学の講義においては、基本的人権論と呼ばれる領域で論じられているものである。すなわち、公権力によってその行使を妨害されない個人の自由という観点からの議論である。

　基本的人権論と並んで、憲法学には、国家や地方自治体による政策決定を論じる、統治機構論と呼ばれる領域がある。では、統治機構論においては、国民・住民の直接的意見表明はどのように論じられているのか、まずは国政に焦点を絞って、検討する。

(1) 直接的意見表明と選挙

　先に、「主権が国民に属する民主制国家は、その構成員である国民がおよそ一切の主義主張等を表明するとともにこれらの情報を相互に受領することができ、その中から自由な意思をもつて自己が正当と信ずるものを採用することにより多数意見が形成され、かかる過程を通じて国政が決定されることをその存立の基礎としている」という最高裁の見解を紹介した。しかし、この「過程」は、統治機構論においては、ほとんど説明がされてこなかったと言ってよいように思われる。ある憲法学者は、次のように指摘している（毛利透『表現の自由』〔岩波書店・2008〕4頁）。

> ［憲法学での―引用者注］統治機構についての叙述の出発点はあくまで選挙であり、そこで民意が制度的に表明され国家の民主的支配が出発する。ここでは政治活動の自由と選挙とは、論理的には切断されている（参政権と自由権）。それまでの各人各様の自由の行使を前提にしつつも、支配を正当化する民意を表明するのはあくまでも選挙である。

　しかし、そうであれば、国民の直接的な意見表明に、一体どれだけの意味があるのだろうか。一つの答え方は、次の選挙での有権者の投票行動に影響を及ぼす可能性、というものであろう。しかし、直接的な意見表明に及ぶ国民・住民は、往々にして、選挙に対して強い不信感を抱いているようにも見える。そして、その不信感には、法外のことがら（現実の政党のあ

り方）や、選挙が適切に実施されていない（選挙運動への過剰な規制、議員定数不均衡等）という認識に起因するものもあるだろうが、日本国憲法自身に起因するものも存在しているように思われる。

(2) 民意と代表

　不信のそのような原因の一つに、議員の免責特権を挙げることができるように思われる。すなわち、憲法51条は、「両議院の議員は、議院で行つた演説、討論又は表決について、院外で責任を問はれない。」と規定しており、（選挙によって示されたはずの）「民意」を国会で議員が「反映」させなくとも、法的な責任が問われることはない、としているのである。実際、公約違反を理由とする議員に対する損害賠償請求を原理的に認めなかった判決として、愛知万博開催阻止公約違反事件（名古屋地判平成12（2000）年8月7日判例時報1736号106頁）がある。

　もっとも、国会議員の公約違反に対して、何らかの不利益を法的に課すことはできないというのは、何も日本国憲法に限った話しではない。日本国憲法とほぼ同時期の20世紀半ばに制定されたドイツの憲法にも、日本国憲法51条と同様の規定がある（ドイツ連邦共和国基本法46条1項）。そしてこのような規定は、18世紀に制定されたアメリカ合衆国憲法に、すでに、みられるところである（第1編第6条第1項）。このように、議員が議院での投票行動等について法的責任を負わないとされることは、近代憲法のいわば標準装備といえよう。

　このような規定の存在理由は、歴史的には、次のように説明される。すなわち、市民革命以前には、国家とは様々な中間団体によって構成されるものであり、人々が何者かを示すのは何よりもまず、どの団体に所属しているか、どの身分に属するか、であった。そして議会とは、それらの中間団体（の利益）をそれぞれ代表する議員によって構成されるものであった。したがって、議員が議会においてどう振る舞うかをその選出母体たる中間団体が決めることができ、そして議員が選出母体の指図に従うべきなのは当然のことであった。この関係は「命令委任」と呼ばれる。それに対して、市民革命は、様々な中間団体を解体して、均質で平等な国民というものをつくり出し、その結果、議会は全国民を代表する――一部の利益を代表す

るのではない——議員によって構成されるものとされたのである。そうであるならば、議員は全国民の利益を考えて行動すべきなのであって、自らの選出母体（選挙区）の意思を反映させる義務を負わないということになる（命令委任の禁止）。

このように「代表」という観念は、元来、国民の意思と議員の意思とが一致しているかを問題にしないものであった。もっとも、その後、普通選挙の導入などにともない、国民の意思を議員は事実上反映すべきであると考えられるようになり、また、現実問題として、再選を控えた議員は民意をある程度は尊重することを余儀なくされる。このような代表の観念は、「半代表」と呼ばれるが（他方で古典的な代表観念は「純粋代表」と呼ばれる）、しかしなお、41条の「全国民を代表する」という文言は、命令委任の禁止を意味するものと解されているのである。

(3) 多数者支配的民主主義と熟議民主主義

このような「代表」のあり方には、民主主義的でないという批判がありえよう。特に、議会制民主主義を直接民主制の（現実的にやむをえない）代替物と捉える立場からは。だが、もしも、議員が選挙区の有権者の意思に完全に従うべきであるとされるならば、議員は別の意味で「議院で行つた……表決について、……責任を問はれない」ということになるのではないだろうか。なぜなら、議員の行った「表決」はすべて、ただ、有権者がそう意欲したからという以外の理由を持たなくなり、それ以上、自らの行動について説明する余地がありえず、したがって説明する責任が生じえないからである。

それはそれでよいとしても、より根本的な問題がある。すなわち、選挙における有権者の投票には「投票の秘密」が保障されており（15条4項）、有権者が当該候補者に投票した理由、その公約に賛成した理由は、示される必要がなく、現実問題としてもあえて示されることも期待できない。そうであれば、「民意」の反映としてある政策が選択をされても、それが選択された理由は誰にもわからないということになる。

このような民主制も、民主主義の一つの形としてはありえようが、多くの人が望ましいと考えるものではないように思われる。政治的決定は、そ

れに反対する人をも拘束する。多数決は、少数者にも平等に機会を与えるという点で、少数者を尊重するものであり、それゆえ正当化されるとも言われる。しかしこのような民主制の下では、少数の反対者に与えられるのは、投票の機会——往々にしてはじめから勝負のついている——のほかには、「それを国民・住民の多数が欲している」という理由だけなのである。本当にそれだけで、民主主義は正当化できるのだろうか。少なくとも、日本国憲法はそのような民主主義（多数者支配的民主主義と捉えることができよう）を採用していないことを、「全国民の代表」概念（41条）や議員の免責特権（51条）は示しているといえるのではないだろうか。

このように考えると、議会制民主主義における人々の表現活動と実際の政策決定とのあいだのギャップには、むしろ、積極的な意味を見いだすことができる。すなわち、そのギャップの存在こそが、議員に自らの行動を説明する余地を与え、また、説明する責任を負わせるのである。そしてそのことを通じて、政策決定に関する議論が活発化し多角的な検討がなされることによって、政策それ自体の質の向上が期待される。また、反対者に対しても、「それを国民・住民の多数が欲している」という理由以上のものが与えられることで、一定の尊重が払われることになると言えるのではないだろうか。

なお、このような、議論の意義を強調する民主主義論は、熟議民主主義（deliberative democracy）論と呼ばれ、最近、活発に論じられてきているところである。

## 7．地方自治における住民の直接的意見表明

日本国憲法は、地方自治に関しては、92条の「地方自治の本旨」に住民自治が含まれることなどを理由に直接民主主義的な要素を一定程度取り入れることを認めているものと解されており、法律（地方自治法）は、住民に、条例の制定改廃請求権（74条）や議会の解散請求権（76条）、議員や長の解職請求権（80条・81条）などを認めてもいる。

これは、国政においては、国会が「唯一の立法機関」（41条）とされてい

ることなどを理由に、通常の法律制定等において国民が何らかの決定権を持つことが消極的に理解されているのとは、対照的である。このような国政との相違の正当化理由としては、民主主義の学校としての役割を果たしうることや、中央に対する（いわば縦の）権力分立の強化となり得ることなどを挙げられている。

　もっとも、憲法上、「地方公共団体の組織及び運営に関する事項は……法律でこれを定める」（92条）とされていることから、法律上認められている地方議会の権限等を奪うことになるような、法的拘束力ある住民投票制度を条例で定めることは許されないと一般に解されており、各地の地方自治体で制定された住民投票条例は、諮問的なものにとどまっている。しかし、法律によって、法的拘束力ある住民投票制度を設けることは十分可能である。

　法的拘束力がある住民投票さえ実施されれば民主主義的であって十分であるということには、とはいえ、前述の民主主義に関する議論を踏まえれば、ならないだろう（なお、住民投票においても、投票の秘密が保障されるべきと考えられる）。住民投票が、少数者を尊重しない「多数者の専制」に陥らないためには、また、その結論がより適切なものとなるようにするためには、それをめぐる十分な議論が必要なのである。そして、本稿の主題である住民の直接的意見表明は、そのような議論に寄与するものと評価できる。

　この点に関連して、東京都内で初の住民投票の実施にいたった小平市の都道建設に関する住民運動に関わった哲学者が、「『住民参加』や『住民自治』を実現していく上で、おそらく最初に認めなければならない事実とは、対話や議論は自然には生まれたりはしないということである」として、ワークショップにおける「ファシリテーター」の意義を強調していることが注目される（國分功一郎『来たるべき民主主義』〔幻冬舎・2013〕173頁）。

## 8．おわりに

　情報とは、経済学で言うところの「公共財」的性格を有する。すなわち、対価を支払わない利用者を排除するのが不可能ないし困難であり（非排他

性)、また、利用者の増加によって費用がかさむこともない（非競合性）。公共財は市場機構によっては適切な量の供給がなされず、それゆえ、その供給について、公権力による供給など、何らかの介入が正当化されると経済学では説かれている。もっとも、情報は、他の財と比べて公権力自身がその内容を歪める動機を強く持つがゆえに、公権力による供給を信頼しきることはできない。それゆえ、国民・住民による情報の供給──国民・住民の直接的意見表明も、もちろん、それに含まれる──については、特別の配慮が求められる。。

**参考文献**
市川正人『表現の自由の法理』〔日本評論社・2003〕
駒村圭吾・鈴木秀美編『表現の自由Ⅰ・Ⅱ』〔尚学社・2011〕
渡辺康行「みんなで決める政治」樋口陽一編『ホーンブック憲法　改訂版』〔北樹出版・2000〕

# 4 教育制度の憲法論
## ——2006年教育基本法の下での教育制度改革に関する考察

中川　律

## 1．はじめに

　国家は、26条1項が保障する国民の教育を受ける権利を根拠として、教育制度を整備・運営する義務を負い、権限を有する。しかし、国家が教育制度を通じて子どもたちの精神を都合よく形作れるならば、思想・良心の自由や表現の自由などの憲法上の権利保障は無意味であり、民主主義の政治体制は成り立たない。それゆえ、教育内容に関する公権力行使をいかに統制するのかが憲法学・教育法学の課題になってきた。

　この課題に対して、憲法学・教育法学は、主に二つのアプローチを採ってきた。一つは、憲法解釈論で公権力行使を限界づけるアプローチである。子どもの学習権や思想・良心の自由、親の教育の自由、教師の教育の自由などの憲法上の権利に関する議論がこれである。もう一つは、教育制度の憲法論とでも呼びうるアプローチである。教育制度の内部で子どもの思想・良心の自由や教師の教育の自由などが十全に保障されるためには、そもそもそれらが公権力によって侵害されにくい制度設計がなされ、その制度趣旨に即した運用が必要である。憲法学・教育法学は、戦後教育改革期に1947年の教育基本法（以下、1947年教基法）を中心にして法制化された教育制度には、実際に教育内容に関する公権力行使を統制する法的な仕組みが組み込まれているとし、その適切な運用を導く法令解釈を提示するというアプローチをも採ってきた。

　ところが、2006年の教育基本法の大幅な改正（以下、2006年教基法）に続き、その後も現在進行形でさまざまな教育制度改革が矢継ぎ早に進められ、

戦後教育改革期の制度設計が大きく揺さぶられている。そこで本稿は、2006年の教基法改正以降の教育制度の諸改革が、教育制度の憲法論という観点からいかに評価されるべきなのかに関して考察する。

## 2．戦前の国家主義教育法制

2006年教基法下の諸改革を理解するためには、その改革の対象である1947年教基法法制の基本的な制度設計を理解しておく必要がある。その前提として、本節では戦前の教育制度の仕組みを簡単に確認する。1947年教基法法制も、それ以前の教育制度の改革の産物だからである。

(1) 戦前の教育目的・目標

教育の目的・目標がいかに設定されるのかによって、教育内容に関する公権力行使を統制する仕組みのあり方も左右される。戦前には、教育を受けることは、天皇制国家の臣民の義務であった。それゆえ、例えば、1941年の国民学校令では、「国民学校ハ皇国ノ道ニ則リテ初等普通教育ヲ施シ国民ノ基礎的錬成ヲ為スヲ以テ目的トス」（1条）とされ、教育は国家のためにあるものとされた。この教育目的を受け、国民学校令施行規則は、国民学校の教育目標を教育の留意事項という形で列記し（1条1-10号）、1号では「教育ニ関スル勅語ノ旨趣ヲ奉体シテ教育ノ全般ニ亘リ皇国ノ道ヲ修練セシメ特ニ国体ニ対スル信念ヲ深カラシムベシ」と規定した。そして、国民学校令4条で定められた各教科・科目について、その概要が同令施行規則で明示され、例えば、修身、国語、国史、地理の各科目からなる国民科に関しては、「国民科ハ我ガ国ノ道徳、言語、歴史、国土国勢等ニ付テ習得セシメ特ニ国体ノ精華ヲ明ニシテ国民精神ヲ涵養シ皇国ノ使命ヲ自覚セシムルヲ以テ要旨トス」とされた。教育目的・目標により教育内容構成の基本的な方針が規定されていることがわかる。

こうした方針に基づく戦前教育の内容構成の端的な特徴が「学問と教育の分離」であった。「教育は学問的真実にもとづくのではなく、国民道徳の形成の観点から選択され、そのための真実のわい曲もまた当然視された」（堀尾輝久・山住正己『教育理念：戦後日本の教育改革2』〔東大出版会・1976〕

440頁)。戦前教育は、教育勅語が示す国民道徳の涵養を中心的な課題とするがゆえに、国家主義的な価値で教育内容を充たし、この基本的な価値と矛盾する事柄を学校から排除しなければならなかったのである。

(2) 戦前の教育制度

　戦前の教育制度は、こうした教育目的・目標に則した教育の実現のため、教育制度の設計に議会を関与させない勅令主義を採り、さらに中央集権と官僚制の仕組みにより学校現場の教育を統制した。戦前の教育行政制度はたびたび変更されたが、初等中等教育段階の学校に関しては概ね二つの系統からなる国家による統制の仕組みを備えていた。第一は、文部省系統である。戦前には、教育は文部大臣が全責任を負う国の事務とされた。特に教育内容面では、文部大臣は各学校令の目的・目標に合わせて国定教科書を作成し、教則を定める権限をもち、それに沿って全国の学校で教育が実施されるように、文部大臣の指揮命令のもとに、府県知事は、国の官吏として各地方の小学校や中学校を監督するものとされた。第二は、内務省系統である。府県知事は、教育事務に関して文部大臣の指揮命令に服する一方で、身分上は内務大臣を任命権者とし、その一般的な監督に服する官吏であり、府県において実務に当たる属官も内務省系統の出身者が多数を占めた。そして、地方の教育は、内務省の管轄下の一般行政事務と区別されることなく、府県知事やその属官の指揮監督に服するものであった。それゆえ、地方の教育は、内務省の事実上の影響力にも服することになった。戦前のこうした二つの系統からの教育統制は、時に矛盾することもあり、国が一元的に教育を管理する仕組みとしては必ずしも効率的とは言いえなかった。しかし、「皇国民の練成」という教育目的を達成するための国家による統制の仕組みという点では一貫していたと評価できる。すなわち、国は、中央であるべき教育内容を決定し、学校を一般の行政組織の内部に組み込み、行政組織の末端に位置づく学校現場の校長や教師に忠実に国で決めた教育内容を画一的に実施させるという仕組みである。戦前の教育制度は、その教育目的・目標ゆえに、教育内容に関する公権力行使を統制する仕組みの整備という発想を全く欠いていた。

## 3. 1947年教育基本法法制

　1947年教基法法制は、こうした戦前の教育制度において公権力が恣に行使され、教育が国家主義・軍国主義の道具とされたことへの強烈な反省に基づくものである。それゆえ、戦後教育改革期には、教育内容に関する公権力行使を統制する周到な仕組みが採用された。

### (1) 1947年教基法法制の教育目的・目標

　1947年教基法法制の基本的な方向性を規定したのが、戦前の教育目的・目標からの根本的な転換である。戦後には、憲法26条1項で教育を受けることが国民の権利とされ、1947年教基法1条は、「教育は、人格の完成をめざし、平和的な国家及び社会の形成者として、真理と正義を愛し、個人の価値をたつとび、勤労と責任を重んじ、自主的精神に満ちた心身ともに健康な国民の育成を期して行われなければならない」と規定した。これは教育の目的を権利主体たる個人の「人格の完成」に置き、そうした自律的な個人の育成を通じて「平和的な国家及び社会の形成者」としての個人の資質も養われるという考えに基づくものである。これを受け、各学校段階での教育の目的・目標も戦前から根本的に転換された。1947年の制定当時の学校教育法（以下、1947年学教法）では、例えば、小学校の目的が端的に初等普通教育にあるとされ（旧17条）、その目標の一つとして「自主及び自律の精神を養うこと」（旧18条1号）が要請されるようになったのである。

　こうした教育目的・目標の根本的な転換を受け、戦後には教育内容構成の基本的な方針も大きく改められた。すなわち、1947年学教法では、小学校の教科に関する事項を、その目的・目標に基づき監督庁が定めることとされ（旧20条）、監督庁とは「当分の間」文部大臣であるとされた（旧106条）。この点に関し、初期の解説書は、「教科に関する事項は、本質的に教育上の問題であり且つきわめて専門的、技術的な事項であるので、法律をもって定めることなく、専門的能力を擁する行政府の定めるところに委任した」（天城勲『学校教育法逐条解説』〔学陽書房・1954〕82頁）と解説する。教育の目的が個人の「人格の完成」にある以上は、教育内容が相応の学問上・教育上の専門的判断の裏づけを有するものであることは不可欠である。戦

前の「学問と教育の分離」が解消されたのである。

　もっとも、戦後には道徳教育それ自体が否定されたというわけではなかった。むしろ、教育の目的には「平和的な国家及び社会の形成者」として戦後の民主主義社会を支える個人の資質を育成するという側面が含まれ、そうした意味での公民教育が大きな課題とされた。戦後に否定されたのは、「学問と教育の分離」であり、国民道徳の涵養のために、非科学的な神話や忠孝の価値観を優先させ、個人の「人格の完成」を犠牲にすることであった。公民教育は、戦後教育の象徴的な教科である社会科の理念に見られるように、学問的な背景を有する科学的な教育を通じて、あくまで個人の自律的かつ理性的な思考を育成することでしかなされえず、その限りで許容されるものと考えられたのである。

(2)　教権の独立

　こうした教育目的・目標に則した教育の実現のためには、国家に都合の良い国家道徳の涵養のため教育内容が捻じ曲げられることがないようにしなければならない。そのため、戦後の教育制度は、教育内容に関する公権力行使を統制する周到な仕組みを採用し、その中心に教権の独立という理念が位置づけられることなった。

　戦前の教育制度では、学校現場の校長や教師は、「皇国民の錬成」という究極目的と矛盾する限りで、中央集権的かつ官僚制的な仕組みを通じて子どもたちの教育的ニーズに応えるための創意工夫を否定され、画一的な教育を余儀なくされた。戦後教育改革は、こうした戦前の画一的な国家主義教育を打破し、学校・教師の自主性を確立することを目指した。その制度上での具体化として、教育内容・方法の決定に関する学校・教師の権限を独立させることが構想されたのである。

　なぜ、学校・教師の権限の独立が必要だと考えられたのかと言えば、それは戦前の教育が天皇制国家の維持という「国家の論理」を優先し、教育を受ける者、特に子どもの教育的ニーズに応えるという「教育の論理」を否定したからである。これを反省し、戦後教育改革期には、教育の遂行を職務とする専門職である教師・教師集団が、「国家の論理」の進入を防ぎ、ただ「教育の論理」に基づいて創意工夫を凝らし、教育に従事することが

できるように、その職務遂行における独立を保障する仕組みの採用が図られたのである。

教権の独立は、当時の文部大臣田中耕太郎によって第90帝国議会での帝国憲法改正案審議の際にその必要性が繰り返し主張されていた。例えば、田中文部大臣が、憲法に教育に関する一章を設けることを否定しながらも、「併シナガラ教育権ノ獨立ト云フヤウナコト、詰リ教育ガ或ハ行政ナリ、詰リ官僚的ノ干渉ナリ或ハ政黨政派ノ干渉ト云フモノカラ獨立シナケレバナラナイト云フ精神ハ」、当時立案過程にあった「教育根本法」（後の教育基本法案）のなかに現したいと答弁していたことは良く知られている（第90帝国議会衆議院帝国憲法改正委員会議録（速記）第4回1946年7月3日55頁）。もっとも、その必要性は、彼一人に限られず、当時の帝国議会では党派を超えてかなり広範囲の議員たちに認識されていたものである（その一例としては、1946年8月3日の第90帝国議会衆議院本会議に各派共同により提案され、全会一致で可決された「文教再建に関する決議」を挙げることができる）。

(3)　「不当な支配」の禁止

こうした認識に支えられて、教権の独立の理念は、1947年教基法のなかで「不当な支配」の禁止（旧10条、新16条）として具体化されることになった（第92帝国議会衆議院教育基本法案委員会議録（速記）第1回1947年3月14日12頁〔答弁者・政府委員辻田力〕）。

1947年教基法旧10条は、「教育行政」との表題のもとに1項で「教育は、不当な支配に服することなく、国民全体に対し直接に責任を負って行われるべきものである」とし、2項で「教育行政は、この自覚のもとに、教育の目的を遂行するに必要な諸条件の整備確立を目標として行われなければならない」と規定していた。この趣旨を解説して、田中耕太郎は、教基法の制定の翌年に著した『新憲法と文化』〔国立書院・1948〕で、国公立の学校は広義では行政の一環とみなしえないわけでないが、教師は、たとえ公務員としての立場であろうとも、「上級下級の行政官廳の命令系統の中に編入せらるべきものではない」と述べていた（104頁）。すなわち、1項は、「教育は一方不当な行政的權力的支配に服せしめらるべきでな」く、「教育者自身が不羈獨立の精神を以って自主的に遂行せらるべき」ことを示し、

2項は、教育行政は、「教育についての根本的理解の下に、干渉的取締的の立場からではなく、助長的奨励的立場において」「教育目的を遂行するに必要な諸条件の整備確立を目標として行われなければならぬ」ことを規定したのだという (104-105頁)。こうした理解は、当時の文部省内部の研究会である教育法令研究会による解説書『教育基本法の解説』〔国立書院・1947〕にも基本的に共有されていたものである (129-131頁)。

確かに、「不当な支配」の禁止は、当時から政党や組合など外部の勢力による教育への不当な介入を広く禁止するものと理解されていた。しかし、それは特に教育行政による教育内容への介入を警戒し、国公立学校に関して言えば、たとえ行政組織の内部にあるとしても、教育機関である学校と教育行政とを区別し、その双方の関係については一般の行政組織の内部関係とは異なる論理を当てはめ、学校・教師に教育の内容や方法の決定に関して独立した権限を認める特殊な権限配分のあり方を規定するものであったのである。

(4) 学校内部での教師・教師集団と校長との関係

「不当な支配」の禁止を特殊な権限配分を指示する規定と理解するならば、教育内容・方法の決定に関して権限を配分する他の法令の規定も、それと矛盾しないように理解すべきである。実際に、他の法令の規定も、立法過程や当時の文部省関係者の解説書などを参照すると、学校・教師に相当程度独立した権限を認めるものとして理解されていたことがわかる。

まず学校内部の権限配分に関して見ると、戦前の国民学校令は、国民学校には学校長と訓導を必置とし (国民学校令15条1項)、それぞれの権限に関しては、「学校長ハ地方長官ノ命ヲ承ケ校務ヲ掌理シ所属職員ヲ監督ス」(国民学校令16条2項) とし、「訓導ハ学校長ノ命ヲ承ケ児童ノ教育ヲ掌ル」(国民学校令17条2項) としていた。戦前には、教師は教育内容・方法に関しても独立の権限を認められる存在ではなく、上司たる学校長の指揮・監督下で職務を遂行する者でしかなかった。

これに対し、1947年学教法は、小学校には校長、教諭、養護教諭および事務職員を必置とし、校長と教諭の権限に関して、「校長は、校務を掌り、所属職員を監督する」(旧28条3項) とし、「教諭は、児童の教育を掌る」

(旧28条4項)とした。国民学校令と似た規定振りながらも、「学校長ノ命ヲ承ケ」という文言が削除されている。教育法制史の研究成果によれば、学教法案の立案過程において当初は同様の文言が入れられていたが、最終的には削除されて帝国議会に提出されたことが明らかにされている(名古屋大学教育学部教育行政及び制度研究室・技術教育学研究室『学校教育法成立史関係資料』〔1983〕)。教権の独立を狙って「不当な支配」の禁止を規定した当時の状況と併せて考えれば、ここに教師がもはや校長の指揮命令に服することなく独立に教育内容・方法を決定する権限を有する者であることが十分に意識されていたことを読み取ることができるであろう。

　実際に、こうした理解は、文部省関係者による学校教育法の初期の解説にもある程度共有されていた。例えば、安達健二『校長の職務と責任(Ⅰ)』〔第一公報社・1952〕では、1947年学教法旧28条3項の校長の所属職員の「監督」に関して、「専ら教員が当たるべき日々の教育の実施については、教員そのものにできるだけ自主性をもたせることが教育の振興上必要なこととされていることからしても、積極的にこうせよああせよというような指揮はできない」と解説されていた(123頁)。さらに、前掲の天城『学校教育法逐条解説』でも、子どもの人格を対象にする極めて弾力性のある教育という仕事の性質を考えれば、「かかる職務をつかさどる教諭の自主性と自発性は十分に尊重されなければなら」ず、校長の職務権限の行使には事前または事後の指揮監督を含むとしつつも、「教育計画の樹立とその実施という点では教諭に対する関係は、むしろ助言、指導といった関係がその実体と考えられよう」と説明されていた(129頁)。

　また、学校全体での教育課程の編成に関しては、当時からその編成権が学校にあると考えられ、法形式上は校長による「最終的」な決定に服するとされていたが、その決定が「関係教員の研究・立案・討議に基づ」くことが想定されていた(安達・前掲書122頁)。最終的な校長の権限行使に、慣例上、教師集団の意思を集約する職員会議が重要な役割を果たすべきと考えられていたのである。例えば、当時の文部省が教師手引書として示した『新教育指針』〔1946-1947〕は、教師自身が実践を通じて民主的な修養を積む必要があるとして、「学校の経営において、校長や二三の職員のひとり

ぎめで事をはこばないこと、すべての職員がこれに参加して、自由に十分に意見を述べ協議した上で事を決めること、そして全職員がこの共同の決定にしたがひ、各々の受け持つべき責任を進んではたすこと――これが民主的なやり方である」と述べていた（52-53頁）。

(5) 学校と教育行政機関との関係

次に学校とその外部の教育行政機関との関係を見てみよう。戦後の教育行政改革の特徴の一つが、教育の地方自治であった。戦前の中央集権型の教育行政を反省して、戦後には、学校を設置する地方公共団体が学校を管理するものとされ（学教法5条）、その事務は地方公共団体の教育委員会が担うものとされた（旧教育委員会法48条・49条・50条）。さらに、戦前には文部省が各学校の教育課程の編成や教師の教育内容・方法を詳細にわたるまで決定するものとされていたが、戦後は、各学校がその教育課程の編成権を持つものとされた。

この制度の大枠のなかでの教育行政による学校への関与のあり方についてまず法令上の規定を確認すると、1947年学教法は、学校の「教科に関する事項」を「監督廳」が定めるとし（旧20条）、「監督廳」を「当分の間」文部大臣とした（旧106条）。これを受け、1947年当時の学教法施行規則は、各学校の教科名を定め（旧24条等）、「教科課程、教科内容及びその取扱いについては学習指導要領の基準による」（旧25条等）とした。これに従い、文部省は1947年にはじめて「学習指導要領（試案）」を作成したのである。また、1948年の旧教育委員会法は、教育委員会の事務として「教科内容及びその取扱に関すること」を挙げていた（49条3号）。これらの規定から文部省ないし教育委員会が学校の教育課程編成にある程度は関与すると考えられていたことはわかる。しかし、これらの教育行政機関の権限は、学校の教育課程編成権ないし教師の教育内容・方法の決定権を十分に尊重して行使されるものとも想定されていた。

まず、学習指導要領に関しては、1947年版には「（試案）」の文字が示され、戦前の教師用書とは異なり、当初は学校現場を法的に拘束するものとは考えられていなかったことは良く知られている。また、前掲の天城『学校教育法逐条解説』では、学習指導要領の定めのなかには、そのまま守ら

れるべき事項と、教育者の考えにより、実際に即した裁量の認められる事項などが含まれ、「学習指導要領そのものも決して物差しのような内容ではない」とされ、「実施の段階における一定の巾を認める意味で基準によると規定したもの」と解説していた（85頁）。学習指導要領には、学校現場を法的に拘束するところとしないところがあり、たとえ法的に拘束力が認められるとしても、それは学校・教師の一定の裁量を尊重するという意味で相当に限定されたものだとの考えが示されていたと言いうるであろう。

次に、教育委員会の権限に関して見てみると、文部省内の教育法令研究会による旧教育委員会法の逐条解説書『教育委員会　理論と運営』〔時事通信社・1949〕では、まず、新教育とは、「児童生徒を直接対象としている現場の事情によって、構想し実践していかなくてはならない」ものとされ、「教科内容及びその取扱」という教育課程の編成に関しては、文部省の学習指導要領の基準によりつつも、「現場の教師の責任」であるということが確認されていた。教育委員会はと言えば、教育課程の構成などに関して「地方的な一定基準を定めたり、学校間の甚だしい差等を均衡化し、又は有能な研究機能と指導力を発揮して『統括力または行政的権力をもたぬ感激と指導を供與』する」とされ、加えて、「教育内容については、十分現場の創意と工夫を認め、教育行政が限界を超えて徒らな干渉にわたらぬ様十分注意することが必要である」と述べられていた（129-130頁）。教育委員会による学校への関与は、教育課程編成という面では、具体的な指揮命令にわたらず、地方的な大枠の設定を行う他は指導・助言に留まるべきものと考えられていたのである。

(6)　一般行政からの教育行政の独立

最後に触れておくべきは、1947年の教育委員会法によって確立された一般行政からの教育行政の独立である。これは、「不当な支配」の禁止により学校・教師の権限の独立を確保することと並んで、教権の独立を確立するための仕組みとして、一般行政部局から独立した機関である教育委員会に教育行政を委ねるという制度である。

この意義に関しては、前掲の教育法令研究会『教育委員会　理論と運営』では、「教育の自主性を確保すべき要請は、教育行政機関の制度上、

機能上の独立を保障し、したがって、従来の一般行政機関から分離独立した機関の設置になつて来る」と説明されていた（36頁）。行政機関による教育への「不当な支配」の禁止をより十全たるものにするために、学校・教師だけでなく、教育行政それ自体も時の政府の意向の影響を必然的に受ける一般行政部門から独立している必要があると考えられたのである（同書22-23頁）。

## 4. 2006年教育基本法法制

　教育制度の憲法論は、こうした1947年教基法法制で具体化された教育内容に関する公権力行使を統制する仕組みを前提に、そのあるべき運用を提示することで、子どもの思想・良心の自由や教師の教育の自由などを実質的に確保しようとしてきた。それでは、2006年教基法の下で展開されつつある教育制度の諸改革は、教育制度の憲法論からはどのように評価されるべきものなのか。

(1) 2006年教育基本法での教育目標の新設

　2006年の教基法の大幅な改正については法案段階から様々な問題点が指摘されてきた。そのなかでも新設2条で20項目を超える徳目が教育目標として規定されたことには批判的な見解が多い。新設2条には、「公共の精神」に基づき社会に参画する態度や「我が国と郷土を愛する……態度」の育成が挙げられ、これを契機に国家が、愛国心などの具体的な中身として一元的価値観を特定し、それを子どもたちに教え込むことになるのではないかと懸念された。また、教基法改正を受けて、2007年には学校教育法が改正され（以下、2007年学教法）、新設21条でさらに多くの徳目が義務教育の目標として列挙された。

　確かに、2006年教基法2条や2007年学教法21条のように、抽象的な徳目が法文に列挙されたことから直ちに、国家がその内容を具体的に特定し、一元的な道徳的価値観を子どもたちに注入するような仕組みが整えられるとは限らない。しかし、先述のとおり、教育の目的・目標がいかに設定されるのかで、公権力の教育内容への関わり方も変わってくる。2006年教基

法の下では、実際に公権力による教育内容への関与を強める仕組みが整えられつつある。

#### (2) 教育振興基本計画体制の確立

そうした仕組みの一つとしてまず挙げるべきが、2006年教基法で新たに規定された教育振興基本計画の策定である。政府は、「教育の振興に関する施策についての基本的な方針及び構ずべき施策その他の必要な事項」の基本的な計画を定めることが義務づけられ（17条1項）、地方公共団体は、この国の計画を「参酌」し、地方版の教育振興基本計画を定める努力義務を負うものとされた。

国の最新版の第二期教育振興基本計画（2013〜2017年：2013年6月14日閣議決定）の内容を見ると、それが教育内容面も含めて国の施策を学校現場まで浸透させようとするものであることがわかる。例えば、世界トップレベルの学力水準を目指すことが謳われ、成果指標として日本を国際的な学力調査でトップレベルにし、全国学力・学習状況調査で過去の調査と比較して同一問題での正答率を増加させることなどが示されている。そして、そのための基本的な施策として学習指導要領の着実な実施に取り組むとされるという具合である。また、「豊かな心」の育成のための道徳教育の推進なども示されている。

教育振興基本計画体制は、学習指導要領の法的拘束力の主張という従来のハードな手法を補完すべく、国の示す方針や計画を参考に、地方はあくまで自主的に計画を策定、実施するという形式を採用するものであり、従来よりもソフトな手法で教育内容面を含めて教育への国の関与を強めようとするものである。もっとも、多くの地方公共団体は、国の財政的支援を必要としていることから、例えば教育改革を進める特別な地域に指定されて、優先的な財政支援を受けるべく、国の求める「成果」の達成を目指すことに強く誘導される可能性が十分にある。2006年教基法下では、事実上、1947年教基法法制の確立した教権の独立を掘り崩し、国が学校・教師の教育活動を統制することができてしまう新たな仕組みが採用されるようになっている。

(3) 教育内容行政改革

　また、国による教育内容への介入の仕組みという点では、教科書検定制度改革と道徳の教科化にも注視すべきである。これらの改革は法的拘束力を備えたハードな手法であるという点では従来型ではあるが、従来とは異なる新たな原理に基づき国が教育内容へ介入する仕組みを整えるものと言いうる。

　㋐ **教科書検定制度改革**　　教科書検定制度は、文部（科学）大臣が民間の執筆者・出版社の発行する教科書の内容に関して、学習指導要領を実質的な基準として審査するものであり、家永教科書検定訴訟などを通じて、憲法21条や26条、1947年教基法旧10条との関係でその制度自体や具体的な検定処分の合憲・合法性が問われてきた。特に憲法26条や1947年教基法旧10条との関係では、教科書検定制度は、国による教育内容への介入の限界を超えるものではないのかが問われた。最高裁は、第一次家永教科書訴訟最高裁判決（最判平成5（1993）年3月1日民集47巻5号3483頁）において、教科書検定制度が実際に教育内容の正確性、中立・公正性、全国的な一定水準の確保という合理的な制度目的に資するものであるという理由で合憲・合法と判断した。もっとも、最高裁がそう判断できたのは、当時の教科書検定制度の具体的な仕組みとして一定のあり様を前提にできたからだと考えられる。すなわち、最高裁は、当時の文部大臣による検定処分が、教科用図書検定調査審議会（以下、検定審議会）という専門家の諮問機関による学問上・教育上の専門技術的審査に基づいて行われると認識していたからこそ、それが国による恣意的な処分ではなく、上記の合理的な目的に資するものと判断できたのである。

　2006年教基法下の改革により、教科書検定制度は、こうした一定のあり様を前提にできないものに変容しつつある。その原因としては、一つ目に、2006年教基法2条の教育目標を検定の基準として実質化したことが挙げられる。これは、2006年の教基法改正後はじめての学習指導要領（2008年小中学校、2009年高等学校）の改訂を受けて、2009年に文部省が検定の基準として告示する義務教育諸学校用と高等学校用の教科用図書検定基準がそれぞれ改定され、2条の教育目標との適合が教科書の「基本的条件」とされ

たこと、加えて2014年に検定審議会の内規として検定の合否判定方法を定める教科用図書検定審査要綱が改定され、2条の教育目標との不一致が不合格判定要件の一部とされたことによるものである。愛国心や公共の精神などの徳目を検定基準として実質的に用いようとするならば、その教えるべき内容を行政が一元的に特定し、それと照らし合わせて審査するという仕組みにならざるをえないであろう。しかし、学問上・教育上の「正しい」愛国心や公共の精神を見出すことは容易ではなく、たとえ何らかのものを見出せたとしても、歴史的な事実認識や政治的な制度の理解などとは異なり、学問上・教育上の優劣で愛国心や公共の精神の正確性、中立・公正性、全国的な一定水準というものが測れるわけではない。それゆえ、現行の教科書検定制度のあり様は、その本来の目的に資するものとして機能せず、従来の論理では想定できない事態を生じさせている。

　原因の二つ目が、2014年に社会科分野に固有の検定基準が改定されたことによって、政府見解や最高裁判決と異なる記述が教科書にある場合には、政府見解や最高裁判決の内容も加筆することを求める基準が新設されたことである。そうした基準により加筆を求めることは機械的な判断であり、そこにはそもそも学問上・教育上の専門技術的な判断は介在しない。これも同じく従来の論理を逸脱するものであろう。

　(イ)　**道徳の教科化**　　また、道徳の教科化も、同じく従来の論理を逸脱する事態を生じさせている。国語や社会などの各学校で実施されるべき教科名は、学校教育法施行規則で定められてきた。従来はこれに加えて同施行規則で教科とは別に、小中学校の教育課程に道徳の時間が設けられ、その内容の基準に関しても学習指導要領に記載され、各学校で道徳教育が実施されてきた。これに対して、2006年の教基法改正以降には、道徳を教科として位置づけ直そうということが強く主張され、2015年に学教法施行規則が改正され、道徳は、「特別の教科」として規定されることになった。小学校では2018年4月から、中学校では2019年4月から道徳科が本格実施されることになる。

　道徳を教科化することの意味は、国が道徳教育の内容に介入する仕組みを変えるところにある。従来の道徳の時間では、他の教科とは異なり、検

定教科書も用いられず、教師は子どもに対する評価も実施しないという形がとられてきた。これらの点が道徳の教科化によって変わることになった(ただし、数値による評価にはなじまないとされ、「特別の教科」として道徳の評価は記述式で実施されるようである)。

　まず道徳科の教科書の検定について考えると、教科書検定制度改革と同じ問題に突き当たる。道徳の教科化に合わせて改定された中学校学習指導要領の内容を確認すると、そこにはやはり「日本人としての自覚をもって国を愛」することなど、内容を学問上・教育上の専門的判断によって特定することが困難な事柄が含まれる。従来の教科書検定制度では、こうした事柄について教科書の内容を審査することは想定されておらず、国による教育内容介入として正当化できないことは先に述べたとおりである。

　次に道徳科の評価について考えてみる。従来から教師が学校教育で行う子どもへの評価には、教科教育領域で行われる評価と、それ以外の生活指導を中心にした領域で性格や行動などの子どもの社会性を対象に行われる評価（以下、社会性評価）がある。そして、教師の評価権限行使には教育専門的な裁量が認められるが、学問的な基礎を有し評価基準がある程度明確な教科教育領域における評価よりも、社会性評価に関しては教師の裁量権行使にかなりの程度の慎重さが求められる。なぜなら、社会性評価は、子どもの思想・良心の自由などの精神的自由との衝突の契機をより多く含み、さらには親の教育権との調整を多分に要するからである。

　例えば、子どもの思想・良心の自由との関係で、教師には、ある思想を持つこと（あるいは持たないこと）、あるいはある思想を持つこと（あるいは持たないこと）を示す行動をすること（あるいはしないこと）を基準に子どもを評価すること、さらには子どもの思想・良心の内容が推知される方法で評価することが禁止されると考えられる。こうした考慮の必要性は、学問的な基礎を有する評価基準を備えた教科教育領域での評価よりも、そうしたものを備えない社会性評価のほうがより高まる。道徳の教科化は、こうした社会性評価を教科教育領域にまで広げようとするものであり、学問的な基礎を有する評価基準に支えられた従来の教科教育領域での評価の安定性を失わせることになる。教師は、道徳科の評価に際しては常に子どもの思

想・良心の自由や親の教育の自由との衝突を意識した極めて難しい行いを求められることになった。また、実際に道徳科の内容を見ると、先のとおり、そこには「日本人としての自覚をもって国を愛」することなど、それが一旦特定の一元的な評価基準に収斂された場合にはおよそ子どもの思想・良心の自由を侵害することなしに評価することは不可能な内容が含まれている。こうした状況は従来の教科教育の領域での評価では想定外であったと言わざるをえない。

　(ウ)　**教育内容行政改革の特徴**　　以上のように、これらの教育内容行政に関する諸改革に共通の特徴は、学問上・教育上の専門的判断を介することで正当性や安定性を保っていた従来の仕組みにとって想定外の事態を生じさせている点にある。これらの諸改革は、2006年教基法2条で教育目標として規定された愛国心や公共の精神という価値観の中身を、国が一元的に特定し、それを学校現場に反映させることを可能にするものであり、そうした効果が意図されたものだとも言いうる。これは、戦後に教育が個人の権利とされ、その目的を個人の「人格の完成」に置いたことによって否定されたはずの「学問と教育の分離」を再び教育内容編成の基本原理として招き入れ、個人の「人格の完成」を犠牲にしても教えるべき国民道徳があるという考えを示すものかのようである。2006年教基法改正時に教育目標規定が新設されたことに関して懸念されたことが現実化しつつあることは確かである。

　(4)　**学校内部組織の階層化**

　2006年教基法の下では、教権の独立の要である教師の教育内容・方法決定に関する権限の独立と強い緊張関係を生じさせる制度改革も進められている。2007年の学教法改正による複数の教員種別の導入である。戦後教育改革期の教権の独立という理念は、教師が学校内で上意下達の階層化された組織での統制に服することなく、自主的に教育を実施できることを確保しようとするものであった。それゆえ、通常の行政組織や企業組織と異なり、1947年学教法では、学校内部組織では校長を「校務を掌り、所属職員を監督する」職とする他には職同士の階層制は採用されていなかった。特に、「教諭」はすべて対等な存在として独立に「教育」を実施する職であ

った。その後、1974年の学教法改正で「教頭」の職が法律上に規定され、1975年の学教法施行規則改正で教務主任や学年主任などの主任制が導入されたが、「教育」の主たる担い手である「教諭」は法律上各自対等な存在であり続けてきた。

　こうした「教育」を担う者の対等性を大きく揺るがしかねないのが、2007年の学教法改正である。それによって、新たな職として「副校長」、「主幹教諭」、「指導教諭」を置くことができるとされたのである（37条2項）。副校長は、「校長を助け、命を受けて校務をつかさどる」とされ（37条5項）、主幹教諭は、校長、副校長、教頭を助け、「命を受けて校務の一部を整理し、並びに児童の教育をつかさどる」とされ（37条9項）、指導教諭は、「児童の教育をつかさどり、並びに教諭その他の職員に対して、教育指導の改善及び充実のために必要な指導及び助言を行う」とされた（37条10項）。これは、従来と異なり学校の内部組織を高度に階層化するものであり、学校を行政組織や企業組織により近いものに変えるものである。また、主幹教諭と指導教諭という「教育」を主な職務とする職にも階層的な仕組みが新たに採用されたのである。

　確かに、2007年改正を経ても、「教育」を担うという「教諭」の職務内容に変更はなく、「主幹教諭」が校長の命を受けるのは校務の整理に限られ、「指導教諭」が他の教員の教育指導に当たる権限も命令的なものではなく、指導・助言であることからすると、教育内容・方法決定に関する「教諭」の権限の独立は維持されているものと解釈されるべきである。しかし、それにもかからず、各教員が日常的に職務を遂行する環境が高度に階層化されたものになってしまったことを考えると、教育内容・方法の決定も含めて、事実上、学校が全面的に上意下達の論理で運営されることになってしまう可能性は十分にあるだろう。例えば、先般の道徳の教科化にかかわって、2008年の学習指導要領の改訂以来、各学校では、「校長の方針」の下、「道徳教育の推進を主に担当する教師」（道徳教育推進教師と呼ばれる）を中心に全教師が協力して道徳教育を推進するため、全体計画と年間指導計画を作成するものとされている。階層化された学校組織では、校長の意を受けた主幹教諭や指導教諭が「道徳教育推進教師」に当てられ、

その方針や指示に事実上他の教員が従わざるをえないという状況も十分に生じうるであろう。

### (5) 教育委員会制度改革

最後に見ておくべきが、教育委員会制度についてである。教育委員会制度は、教育が行政による「不当な支配」に服することがないように、教育行政それ自体が一般行政から独立して権限を行使できるようにするための仕組みとして採用されたものである。この一般行政からの教育行政の独立という教育委員会制度の核心は、1956年に旧教育委員会法に代えて地方教育行政の組織及び運営に関する法律（以下、地教行法）が制定され、教育委員の公選制の廃止などの大きな制度改革を経ても維持されてきた。

2014年の地教行法改正による教育委員会制度改革は、こうした一般行政からの教育行政の独立という仕組みを危うくする可能性を含むものである。同法の主な改正点は、教育委員会と首長との連携の強化などを狙いとして、首長による教育委員会への関与を強めたところにある。すなわち、第一に、首長は、新たに、国の振興基本計画を参酌して、地方公共団体の教育・学術・文化に関する「総合的な施策の大綱」を「総合教育会議」での「協議」を経て作成する権限が与えられた（1条の3）。第二に、教育長が、従来の教育委員会の代表者である教育委員長と事務局の統括者である教育長の役割を兼ね、その任命も、従来の教育委員の互選から、首長が議会の同意を得て行うことになった（4条・13条）。第三に、首長と教育委員会が教育振興の重点施策などに関して「協議」「調整」する場として「総合教育会議」が設けられ、そこで「調整」が成った事項に関しては、首長と教育委員会は「尊重義務」を負うものとされた（1条の4）。

確かに、法改正後も教育委員会と首長のそれぞれに配分される事務に変更はなく、一般行政からの教育行政の独立という原理は基本的に維持されている。それゆえ、法改正を梃子に首長が自らの政治的な思惑に教育委員会を従わせるようなことは、依然として制度の趣旨に反する。しかし、法改正によって、首長が極めて強い影響力を与え、事実上、教育委員会をその補助機関かのように運用してしまう可能性が高まったことも確かである。実際に、そうした事実上の効果を狙いに、法改正が行われたとも考えられ

る。事実上、国が、2006年教育基本法の定めにより、教育振興基本計画を作成し、首長は、それを参酌して教育施策の「大綱」を作成し、その基本的な方針に基づいて、首長に直接に任命される教育長が教育委員会の運営に強いリーダーシップを発揮することで、国の意向が地方の教育へ首長という一般行政部局を通じて貫徹されるという事態が進行する可能性が十分にある。こうなれば、一般行政からの教育行政の独立という原理は、法律上には存在しても事実上は無きに等しいことになるであろう。

## 5．おわりに

　戦後教育改革期には、戦前からの教育目的・目標の根本的な転換により、教育内容に関する公権力行使を統制する仕組みとして教権の独立という原理を具体化する制度の必要性が明確に意識された。その結果、1947年教基法旧10条が規定する「不当な支配」の禁止を要に、教育内容・方法の決定に関する学校・教師の権限の独立と一般行政からの教育行政の独立という仕組みを備えた制度が確立された。

　ところが、旭川学力テスト事件や家永教科書検定訴訟、さらに近年の「日の丸・君が代」訴訟などの教育に関する戦後の代表的な裁判を見れば明らかなように、文部（科学）省や教育委員会は、教育内容・方法の決定に関する学校・教師の権限の独立を確立したとみるべき法令の諸規定をそうは解釈せず、教育行政に教育内容・方法に大幅に介入する権限を認めるものだと解釈してきた。そうした教育行政の解釈に、憲法学や教育法学は教育制度の憲法論を対抗させ、さらには旭川学力テスト事件最高裁判決（最大判昭和51（1976）年5月11日刑集30巻5号615頁）などにより、教育内容への公権力の介入に対して判例上の一定の歯止めをも獲得してきた。

　本稿の考察によれば、2006年教基法下の諸改革は、こうした従来の対抗関係を一掃することを狙ったものであることは明らかであろう。現在の諸改革では、教育振興基本計画体制という新たな手法が採用され、教科書検定制度や道徳教育の領域ではむしろ戦後教育改革期に徹底的に否定されたはずの論理が復活しつつあり、学校の内部組織や教育委員会制度の面では

学校・教師の権限の独立を支えてきた従来の仕組みが事実上掘り崩されんとしている。2006年の教基法改正で愛国心や公共の精神が教育目標に含まれたことに呼応して、教育内容に関する公権力行使を統制する仕組みが着々と取り払われようとしているのである。この行き着く先は、学校において国家が「正しい」とする教育内容に子どもたちが丸裸で向き合うという世界である。

　こうした状況において、教育制度の憲法論には何ができるかと問えば、それは代わり映えしないものではあるが、依然として教育内容に関する公権力行使を統制する仕組みの重要性を主張することであると思う。幸いなことに、「不当な支配」の禁止や教師の「教育」に関する権限の独立、一般行政からの教育行政の独立という戦後教育改革期に構想された教権の独立の中心的な仕組みは今でも維持されているのである。教育を受けることが権利であるならば、それに相応しい制度のあり方を実現する努力を続ける必要がある。

**参考文献**
兼子仁『教育法（新版）』〔有斐閣・1978〕
日本教育法学会編『教育法の現代的争点』〔法律文化社・2014〕
中川律「教師の教育の自由」法学セミナー712号18頁（2014）
中川律「教科書検定制度に関する考察」日本教育法学会年報44号51頁（2015）

# 5 現代「家族」の問題と憲法学

田代　亜紀

## 1. はじめに

　現在の日本においては、家族をめぐって、少子化、未婚化、高齢化、家族形態の多様化、老々介護、単身者世帯増加など、さまざまな問題が存在しているといわれる。従来の家族像であるいわゆる「近代家族」すなわち、大黒柱として家族を経済的に支える夫と専業主婦として家事労働や育児等を担う妻という性別役割分業が成立している、私的な領域における政治的・経済的単位はたしかに揺らいでいる（千田有紀「近代家族とジェンダー」千田有紀＝中西裕子＝青山薫『ジェンダー論をつかむ』〔有斐閣・2013〕31-38頁）。例えば、生涯未婚率はこの10数年で上昇している。加えて、婚外子が少ない日本においては、未婚化により少子化も進行している（千田有紀「未婚化・少子化社会」千田・前掲『ジェンダー論をつかむ』48-50頁）。他方で、高齢化も進行し、老老介護の問題も生じている。

　もちろん、家族についての条文を擁する日本国憲法にとっても上記の諸問題については無関心ではなく、こうした現代的問題にアプローチしながら家族について論じるものもある（辻村みよ子『ジェンダーと法（第2版）』〔信山社・2010〕166-167頁）。にもかかわらず、憲法学は家族の問題に対して消極的な姿勢だといわれることもある。その理由には、上記の問題の多くは憲法学が尊重すべき個人の自己決定に関わるとの印象や、価値判断が大きく関係するため民意に委ねるべき事柄との印象があるのかもしれない。

　しかしながら、憲法学には、現代社会に存在する家族の具体的な問題に応答する素材を全く欠いているわけではない。憲法学は以前よりこうした

問題の淵源である、従来の家族像が前提とする公私二分論についての学問蓄積をしてきた。すなわち、従来型の家族像の揺らぎを理論的に捉えればそれが前提とする公私二分論の揺らぎといえ、その揺らぎを憲法学がどのように受容するかという点で、上記問題群と憲法学は再び結びつくのではないだろうか。

本稿では、公私二分論とその批判を出発点として、公私二分論をめぐる議論が24条の「家族」像について問題提起している点に着目し、考察を行う。

## 2．公私二分論批判からの問題提起

まず、現代社会における家族の問題と憲法学との関係を考える手がかりとしての公私二分論とその批判を簡単に参照したい。公私二元論は、公的領域と私的領域とを区分したうえで、前者には正義の原理が妥当し、後者は非政治的であり国家が介入するべきでないとする議論であるが、この考えをフェミニズムは家父長制や性別役割分業と連動するジェンダー不平等の淵源であると糾弾した。

国家「と」家族、公「と」私といった二項対立による具体的な効果として、次のようなものがあるといわれる（岡野八代「家族からの出発－新しい社会の構想に向けて」牟田和恵編『家族を超える社会学　新たな生の基盤を求めて』〔新曜社・2009〕44-46頁）。第一に、「母としての徳」や「愛情」といった自発的な献身を要求する社会的な価値観により、女性のケア労働が歯止めなく搾取される危険性が存在し、しかも、このケア労働は女性の自由な選択であるとして社会的に問題化されないことがある。第二に、緊密な関係性のなかで他者のニーズに応える母・妻に要請される態度は、公的領域で同等の他者が集う場における態度にはふさわしくないと考えられてしまう点である。第三に、家族が政治的な制度であるために、「依存の私化」すなわち、他者のケアや支援が必要な者たちへのケアが家族内に強制される。

こうした指摘は現在も少なからず当てはまるところであろう。そうすると、現在、女性の社会進出は個人の自己実現という理由だけではなく、社

会の労働力としても期待され、むしろ推奨されているものの、そのように期待される女性像と残存する女性像・家族像との不一致は明らかである。こうした不一致は女性が家族を持つうえで困難となる事柄であり、同様に、男性も無関係の事柄ではない。この意味でも、公私二分論が現代の家族問題の根底にあるのは否定できないように思われる。

　さて、公私二分論とその批判を憲法学はどのように引き受けるのだろうか。この点、そもそも公私二分論批判と憲法学が理論的に嚙み合わないという指摘（巻美矢紀「公私区分批判はリベラルな立憲主義を超えうるのか」『岩波講座　憲法1　立憲主義の哲学的問題地平』〔岩波書店・2007〕152-154頁）や、公私二分論批判は憲法学が前提にする人間像や個人像に影響を与えうるという指摘（高井裕之「憲法における人間像の予備的一考察―アメリカにおける feminine jurisprudence を手がかりに―（㈠〜㈣）」産大法学23巻4号1-17頁（1990年）、24巻3・4号43-58頁（1992年）、25巻3・4号161-183頁（1992年）、26巻3・4号41-60頁（1993年））など、興味深い議論があるものの、ここでは紙幅の関係から、公私二分論批判の先にある、新たな「家族」形態や「家族」形態の多様性を承認すべきという動きに、憲法学はどのように対応するかという点について考えることにする。

　すなわち、公私二分論や付随する家族規範に問題はあり、批判もされるべきであるが、では家族が否定されるべきかといえばそうではない。そこで、例えば、家族の個々人が「他者から慈しまれることで自らの自尊心や責任感を養う関係」というような家族の肯定的側面を捉えれば、そうした家族のもつ潜在力の実現を保障する社会制度を求めることができる（岡野八代「消極的・積極的自由論の手前で」岡野八代編『自由への問い7　家族―新しい「親密圏」を求めて』〔岩波書店・2010〕55頁）。具体的には、例えば福祉国家が社会全体で家族生活への費用を賄い合うことや、多様な家族のあり方を探求する試みなどが挙げられる（岡野・前掲「家族からの出発―新しい社会の構想に向けて」56頁）。こうした文脈から、多様な家族のあり方や家族のオルタナティブということが前向きに捉えられ、それに対する支えも含めて議論がある（例えば、牟田和恵「ジェンダー家族と生・性・生殖の自由」前掲『自由への問い7　家族―新しい『親密圏』を求めて』191頁、マーサ・A・ファインマン『家族、

積みすぎた方舟―ポスト平等主義のフェミニズム法理論』〔上野千鶴子監訳、学陽書房・2003〕)。

　さて、このような新たな家族への理論動向があるなかで、憲法学も「家族」とはどのような形態を指すのか、または新たな家族形態について考えなければならない。この点について、「家族」が自由で不定形な共同体になりうる可能性は既に予測されており、それを「家族」と呼ぶかどうかは言葉の問題であるという指摘がある（安念潤司「憲法問題としての家族」ジュリスト1022号46頁（1993年））。この指摘によれば、日本国憲法には、家族に対する格別のコミットメントは認められず、家族とは究極的には平等で自由な個人間の結合であるほかはなく、それは当事者の自由な意思によって解消可能なものである。結果として、家族とそれ以外の形態の諸個人の自由意思に基づく結合体との本質的な差異は結局消滅する。

　この「契約的家族観」による指摘については後でも再び触れたいが、ここでは、日本国憲法が前提とする家族概念や家族像について措定する必要や意義があるのかどうか、あるとした場合、それはどのようなものかという問題に着目する（高井裕之「家族をめぐる憲法理論の分析―公序再編論の立場から―」京都産業大学論集24巻4号97-98頁（1994年））。前者については、家族形態についての揺らぎがみられる状況の中で、新しい家族像が訴訟の場においても問われているいま、憲法が家族についてどのように考えているかを探ることは不可欠である。また、上述の公私二分論批判を重く受け止めれば、それを踏まえて24条を捉えることの意義は大きい。この点、24条が封建遺制を払拭すべく両性平等と個人主義を掲げた点で近代型家族を志向するものであったと同時に、夫婦と子を中心とする近代型小家族像をも超越する「超（脱）近代的な」現代型家族をも許容しうる時代先取り的性格をもっており、「近代家族」における女性支配構造をも克服しうる、実質的平等と個人尊重・自律を基調とする現代憲法下の「現代家族」の原理に支えられていたという指摘（辻村・前掲『ジェンダーと法（第2版）』166-167頁）には、大きな意義がある。

　特に論争的なのは、後者だと思われる。すなわち、日本国憲法が前提にしているのはどのような家族像かについては、どこまで具体的な家族像を

措定するか、どのように措定するかも含め、難問である。以下では、関係する訴訟を参照しながらこの点につき考えたい。

## 3．訴訟の場で問われる「家族」のかたち

　現在、訴訟において法律によって「婚姻」すること（法律婚、以下の議論の前提とする）が争点となり、「家族」のかたちが問われている。日本において、家族をめぐる最高裁判決には近年大きな動きがあるし、諸外国における同性婚をめぐる訴訟でも、「家族」とは何かが現在進行形で問われている。本稿では、日本国憲法が前提とする家族像を考察するうえでの一つのヒントとして、アメリカの同性婚訴訟についての議論の一端を見ることにしたい。その後、日本の事例について検討し、「家族」についての憲法解釈、憲法が前提とする「家族」像についての考察を試みたい。

　(1)　アメリカにおける同性婚をめぐる議論

　　(ア)　二つの連邦最高裁判決　　ここでは、近時のアメリカ連邦最高裁判所における同性婚をめぐる訴訟のうち、Hollingworth 判決（Hollingworth v. Perry, 133 S. Ct. 2652（2013））と、Windsor 判決（United States v. Winsor, 133 S. Ct. 2675（2013）．参照、尾島明「同性婚の相手方を配偶者と認めない連邦法の規定と合衆国憲法」法律のひろば2014年2月号64-72頁。根本猛「同性婚をめぐる合衆国最高裁判所の2判決」法政研究18巻3・4号171-194頁（2014年）。白水隆［2014-1］アメリカ法167頁。宍戸常寿「合衆国最高裁の同姓婚判決について」法学教室396号156-162頁（2013年））に着目する。前者においては、婚姻を異性婚に限定するカリフォルニア州憲法修正提案8（以下、Prop8と表記）の合憲性が争われたものの、同性婚について実体的な判断はなされなかった。後者は、配偶者を夫あるいは妻である異性の者とし、婚姻は一対の男女（夫および妻）による法的結合と定義する婚姻防衛法（以下、DOMAと表記）3条の合憲性が争われた事案であるが、連邦最高裁は、DOMAの主要な目的が同性婚をした者を貶めることにあり、不平等を課すものであるとして、合衆国憲法第5修正によって保障されている自由を侵害し、それに含まれる法の平等な保護にも反していると述べた。

本稿との関係で注目すべきは、Hollingworth判決の事案において、カリフォルニア州法では同性カップルも婚姻と同様の権利が与えられるドメスティック・パートナーシップという制度があり、かつProp8はそれを妨げていなかった、すなわちProp8はただ「婚姻」を異性カップルに限っていた点である。したがって、原告らはドメスティック・パートナーシップではなく「婚姻」を求めていたということが分かり、同性カップルに「婚姻」を認めないこと、同性婚の拒絶がどのような意味を持つのかについて考える契機となる。

　この点、Hollingworth判決自体は、実体的な判断を示さなかったが、Winsor判決は、本件事案が州法の下では婚姻状態だが連邦法下では婚姻状態にないことを強いるもので、それは同性カップルを「二級婚姻（second-class marriages）」という不安定な地位に置くことになると述べた。この判断は、州が認めた同性婚のカップルに対しては、連邦法が不利益を与えてはいけないという射程に限定されるものの、同判決がDOMAが同性カップルや同性カップルに養育されている子供たちの「尊厳（dignity）」を損なうこと、それは憲法第5修正の下で最も深刻な問題を提起するとしたことは注目される。

　㈦「婚姻」の意味　　上記のように、両判決の事案からは、公的な「婚姻」や「結婚」のもつ、単なる法的な権利利益の束という意味と、それを超えた当事者にとっての何らかの重要な意味との間に相違が存在することがわかる。ここで、Winsor判決の「二級婚姻」や「尊厳」という言葉を捉えて、最もシンプルに考えれば、同性カップルに法律婚と同様の権利や義務を認めながらも、法律婚とは区別された法的結合を認めるにとどまることは、平等権の侵害であるという帰結が導かれる。確かに、法律によって「婚姻」し「家族」になるということは、それが適わないカップルにとってみれば、単に結婚という制度に則っているかどうかだけでなく、公認からこぼれ落ちているように当事者が感じ、Winsor判決がいう「尊厳（dignity）」の問題のようにも思われるので、一定の共感もできる。

　他方で、仮に婚姻関係に付属する権利義務の不公平が問題になる場合には、憲法が最も忌避しなければならない差別に関わるが、本件はそうでは

ない事案であることから、原告らの主張は、「婚姻」という言葉によって構成されている社会の意味秩序の改革を求めるものであり、憲法の保障射程にはいるのかどうか議論の余地があるとの指摘（駒村圭吾「同性婚論争とアメリカ」新井誠・小谷順子・横大道聡編『地域に学ぶ憲法演習』〔日本評論社・2011〕300-301頁）があり、Winsor判決が述べた「尊厳」についての平等問題は未だ残っているという（浅香吉幹ほか「〈座談会〉合衆国最高裁判所2012-2013年開廷期重要判例概観」[2013-2] アメリカ法223-224頁（駒村圭吾発言））。

　この点につき、ロビン・ウェストは、「結婚」の意味について、次のように述べており、示唆的である（以下につき、Robin L. West, Reaction: *A Marriage Is a Marriage Is a Marriage: The Limits of Perry v. Brown*, 125 HARV. L. REV. F. 47（2013）; Robin L. West, *The Incoherence of Marital Benefits*, 161 U. OF PENN. L. REV. Online 179（2013））。

　ウェストは、Hollingworth判決の原審（Perry v. Brown, 671 F. 3rd. 1052 (9th Cir. 2012)）が、Prop8を違憲だとしたものの、結婚の定義を情緒的な定義にとどめ、結婚の政治的、社会的、道徳的、憲法的意味について述べなかったことを問題視する。なぜなら、結婚の意味づけ次第で、「結婚した（married）」と呼ばれる権利を喪失することについて、損害の存否や内容が変わってくるからである。

　彼女がいう結婚の①政治的意味とは、国家が女性の育児労働を家庭内に押し込め、妻のセクシャリティを夫のそれに従属させ、伝統的な家族に社会保障のセーフティネットの役割を与え、公的社会保障をいわば半分私化するという意味である。次に、②社会的意味とは、国家が異性間の性交渉を結婚内においてなされ（「責任ある生殖」）、婚外子を抑止するとともに、「完全な家族」のもとで子どもが養育されるように誘導することを意味する。また③道徳的意味とは、例えば、生殖の可能性のない性交渉は不道徳であるといわれる場合の意味であり、これにより、子どもをもうける性交渉が結婚の道徳的要となる。同性婚の承認は、結婚の道徳的意味を変化させることになる。最後に④憲法的意味とは、異性カップルと同性カップルとを区別する線引きの合理性の有無の判断にかかわるものである。

　ウェストは、これらの意味が同性婚を否定する正当化根拠となりうるか

を検討している。まず、②の前提は、生殖コントロールの発達により崩れ、また③セックスの道徳的理解も変容している。とすれば、①の半私化された社会保障としての家族制度が残りうるとウェストはいう。確かに、結婚を半私化された社会保障と考えれば、結婚の制度化によって政府による弱者のケアの仕事が緩和される。他方で、結婚のポイントがそこにあるならば、結婚の対象は異性カップルに限定されず、相互のケアやサービスや援助を引き受ける二人かそれ以上の個人たちについても結婚と理解されてよいことになる。

こうした議論は、「婚姻する権利（freedom to marry）」、すなわち連邦最高裁判決において「長らく認められてきた、自由な人々が秩序だった幸福追求をなすうえで不可欠な極めて重要な個人的権利のひとつ」（Loving v. Virginia, 388 U. S. 1,12 (1967)) であり、「基本的自由（fundamental freedom）」とされる権利が今日的な文脈でどのような内実や意義を持つのかについて、突き詰めて考えたものとも理解できる。

　㈦　「婚姻」の公認と「婚姻する権利」　アメリカの同性婚訴訟において、「婚姻」という公認や「婚姻する権利」に対して、どのように憲法上の重みが付与されるべきかが問われているが、両者の関係は必ずしも明確ではない。ここでは、マーサ・ヌスバウムの議論（Martha Nussbaum, *A Right to Marry?: Same-sex Marriage and Constitutional Law,* DISSENT (Summer 2009)）を参照しながら、両者の関係について考察してみたい。

ヌスバウムは、同性婚をめぐる論争は、シビル・ユニオン等の承認が増加していることからすると、婚姻の効果としての権利や義務、利益といった結婚の市民的側面についての議論ではなく、主として結婚の表現的側面をめぐる争いであるという。この表現的側面とは、証人の前で愛情とコミットメントの宣言をすることで、社会がそれに応えて承認し権威を与えることを意味するとされ、前出の婚姻の「公認」効果と同様の議論と理解できる。

この点に着目して彼女の議論を参照すると、連邦最高裁判決は婚姻についての表現的諸利益（expressive benefits）を州が提供しなければならないとはしていないし、国家は表現のゲームをやめて、市民的結合や一私的契

約とする体制に移行することもできるとも指摘する。したがって、同性婚を求める議論において、婚姻として公認されることを求める主張は、連邦最高裁において少なくとも正面からは議論されていないことを指摘しているのである。

　むしろ、本質的なのは、結婚は個人の基本的自由であるから、一部の集団に属する人々からそれを剥奪するには強い理由が必要という点である。そして、「婚姻する権利」をもつのは、生殖能力があるものだけではなく、婚姻の感情的・個人的重要性ゆえにすべての成人が結婚する権利を有するとする。彼女によれば、結婚の内容や意味は多義的であるものの、生殖や育児、性的関係以上のものであり、上記も併せれば、結婚する権利のミニマルな理解として、国家が特定の表現的／市民的利益を「結婚」の名のもとに与えることを選択したならば、それを求める人に差別なく与えられるべきということになる。

　㈡　小括　　以上、同性婚をめぐる議論の一部を概観した。同性カップルと異性カップルの間で、権利義務の束としての「婚姻」の中身に差がない場合でも、同性カップルが自分たちの親密な関係を「婚姻」として公認を求めること、言い換えれば、自分たちを「二級婚姻」として扱ってほしくないということは、「婚姻する権利」を追求する主張であるとともに、彼ら・彼女たちの尊厳を侵害しないでほしいという申立てであるように思われ、後者について平等権の議論としてどのように処理するかが問題となる。

　この点、ヌスバウムの議論は、「婚姻する権利」と平等権について連邦最高裁判決と整合的に説明するもので、理解しやすい。加えて、結婚の意味が生殖や育児に尽きない点や公認されることの意義をも含めうる議論であった。また、ウェストの議論からは、結婚の意味を突き詰めて考えれば、同性婚を異性婚と区別する合理性が疑わしいことが確認でき、結婚を半私化された社会保障だと捉える先には、法律上の「婚姻」や「家族」が伝統的なそれに留まらない理論的可能性をみることができた。

　さて、こうした議論の帰結は同性カップルにも「婚姻」を認めるべきということになろうが、他方で、「婚姻する権利」または平等権についての

議論が上記に尽きるわけではない。例えば、子どもの養育についての議論も必要であろう。この点について、子の権利は家族の定義を拡大するブレーキになるという指摘の一方で、「親になりたい大人の権利（parenthood）」の定義が拡大しうる（parenthood の構成についての民主的選択の余地を残す）との指摘がある（David D. Meyer, *Family Diversity and the Rights of Parenthood,* in WHAT IS PARENTHOOD?（Linda C. McClain and Daniel Cere eds., NYU Press, 2013）124）。そこでは、家族をめぐる「文化闘争」における権利の在り方、その援用が難しい問題であることも示されている。このように、連邦最高裁判決2件が明らかにしたことは限定的であるが、今後、同性婚についての連邦最高裁判断が予定されており（The New York Times, JAN. 16 2015）、より議論の深化が望まれる。

さて、アメリカだけに限られず、日本においても同性婚の是非は問題になる可能性はあり、その意味で上記の議論は参照する意義を認めることができるが、それ以上に、日本における現在の家族の問題状況のなかでは「婚姻」や「家族」をどのように考えるかという点で示唆的であった。そのすべてをまとめるのは難しいと思われるが、幾つかを踏まえて、日本の事例を参照したい。

⑵　日本における「家族」をめぐる近時の訴訟

ここでは、日本において「家族」はどのように訴訟上争われているのかについて概観する。周知のように、近年のこの分野における重要な判決は数多い。例えば、非嫡出子に関しては、国籍法違憲判決（最大判平成20（2008）年6月4日民集62巻6号1367頁）や、非嫡出子法定相続分違憲決定（最大決平成25（2013）年9月4日民集67巻6号1320頁）が出されている。とりわけ後者は、これまで「法律婚の尊重と非嫡出子の保護の調整を図ったもの」（最大決平成7（1995）年7月5日民集49巻7号1789頁）と合理性が認められていた民法900条4号但書を14条1項違反と判断した点が特徴的である。加えて、再婚禁止期間や、夫婦別姓についても、最高裁大法廷の判断が予定されているところである。本稿では、そうした判決の中でも、性別変更者の妻が非配偶者間人工授精で出産した子の嫡出推定についての事件（最判平成25（2013）年12月10日判時2210号27頁）を素材として、「婚姻」の意味に

ついて考えることにしたい。

　本件では、性同一性障害により女性から男性へと取扱いの変更を受けた者（夫）は、夫婦の婚姻中に、妻が第三者の精子により出産した子を嫡出子とすることができるか、すなわち戸籍上、父となることができるかが問われた。最高裁は、性同一性障害者の性別の取扱いの特例に関する法律（以下、特例法とする）4条1項が、性別変更者は民法その他の法令の規定の適用について、特別の定めがない場合には変更後の性別とみなす旨を規定しているとして、本件の性別変更者は「法令の規定の適用について男性とみなされるため、民法の規定に基づき夫として婚姻することができるのみならず、婚姻中にその妻が子を懐胎したときは、同法772条の規定により、当該子は当該夫の子と推定されるというべき」だとした。そして、性別変更者については、「妻との性的関係によって子をもうけることはおよそ想定できないものの、一方でそのような者に婚姻することを認めながら、他方で、その主要な効果である同条による嫡出の推定についての規定の適用を、妻との性的関係の結果もうけた子であり得ないことを理由に認めないとすることは相当でない」とし、戸籍を嫡出子とする訂正が許可された。

　最高裁は、憲法に言及せずに判断を行っており、特例法の趣旨を尊重して民法との調整を図り、妥当な結論を出したと考えられる。他方で、寺田裁判官補足意見は、特例法によって「『血縁関係による子をもうけ得ない一定の範疇の男女に特例を設けてまで婚姻を認めた以上は、血縁関係がないことを理由に嫡出子を持つ可能性を排除するようなことはしない』と解することが相当」と述べており、性同一性障害者をめぐる問題は「我が国の家族観のような本質的な議論にもつながる余地」（白水隆「性別変更をした夫とその妻との間で生まれた子の嫡出推定――憲法学の視点から」新・判例解説Watch18頁（2014年））もある。

　はじめに触れた非嫡出子関連の訴訟では、非嫡出子に対する差別の解消は、「一方で、旧家族制度の解体を超えて平等をさらに一歩進め、また、家族に関するライフ・スタイルの自由の尊重ともかかわる」が、他方で、「婚姻を基本要素とする現行民法の家族制度と緊張関係に立ちうるものであり、したがって、新たに婚姻関係・親子関係をどのように規律するかと

いう問題も視野に入れておかなければならない」（毛利透=小泉良幸=淺野博宣=松本哲治『憲法Ⅱ　人権』〔有斐閣・2013〕90頁）といわれる。つまり、非嫡出子に対する差別は14条の問題であり、また非嫡出子という形で家族形成をするという意味では13条の問題であり、判決はそれらを推し進め、尊重した。その他方で、これまでの「法律婚の尊重」とはニュアンスの異なる、新たな「家族」像が問われている。

　また、同様に、性別変更者の事例について、最高裁は憲法判断をしなかったが、理論的には、家族形成についての自己決定権という意味で13条の尊重の問題であり、または通常の不妊の夫婦などと比較したときに区別の合理性があるのかという意味で14条違反の問題である。他方で、原告の主張が認められたことは、事例が特例法の解釈にとどまるとはいえ、家族像について考えさせられる契機となる。

　以上のそれぞれは事案が異なるものの、24条と13条、14条の関係を問うものとまとめることができる。24条については、13条の個人の尊厳の原理と14条の平等原則とを特に家族生活の諸関係に対して及ぼすものと考えられてきたが、その関係が問題となっている。この点、24条は家族関係についての一定の『公序』を強制する役割と個人の尊厳の徹底が抵触する矛盾的要因を含んでいることが既に指摘されていた（辻村みよ子「憲法24条と夫婦の同権」法律時報65巻12号42頁（1993年））が、まさに今、家族の形成・維持に関わる自己決定権である13条と24条との関係が問題化している。

　さて、性別変更者に関する判決の評釈において、イデオロギーが絡む家族観についての問題は、裁判所は憲法が定める家族観といった概念を持ち出すのではなく、平等権を基礎とした対応が求められるのではないかという指摘がある。すなわち、「我が国における家族観を作り上げている様々な諸制度を前提とし、それらが広く適用されているにもかかわらず特定の範疇に属する個人または集団をそれらから排斥することは、原則、違憲の疑いが強まるのであり、そのような差別的な運用を取り除くことが憲法によって求められているのではないか」（白水・前掲「性別変更をした夫とその妻との間で生まれた子の嫡出推定──憲法学の視点から」18頁）という指摘で、確かに、そのようにして家族のかたちが形成されていくのは妥当であるように

思われ、魅力的な指摘である。他方で、新たな形態の家族についての判断は平等権だけでなしうるのか、24条が前提とする家族像のようなものを考慮する必要はないのか、そもそも憲法は家族について何らかのコミットをしているのかなどの疑問も同時に湧く。このことを本稿の最後に考えたい。

## 4．憲法が前提とする家族像

ここでは、新しい家族形態を認め得るかという観点から、憲法が前提とする家族像について見てみたい。

(1) 限定的方向

憲法が前提とする家族像を限定的に捉える立場として、例えば、標準的「家族」像を設定することで人権を実効的に論じられることから、標準に当てはまらない人が差別感や差別意識を持つことを完全に否定できなくとも、「標準」や「典型」を「基本的には夫婦と未成年の子からなり、その夫婦が対等・平等であるような家族」と設定する立場がある（高井・前掲「家族をめぐる憲法理論の分析―公序再編論の立場から」103頁。同「結婚の自由―非嫡出子の差別、別姓、待婚期間の問題を中心に」ジュリスト1037号177-180頁も参照）。この立場では、同性カップルやシングルマザーなどの新しい形態の「家族」への不利な取り扱いについては、憲法の平等原則に照らして司法審査を要するとする。こうした家族観は、近代国家の婚姻制度が国の規制範囲を確定する意味で、個人の権利と自由を守る法治主義そのものであり、「子どもを安定的に育てる環境」形成に向けた家族の制度や権利の実効化を重視する立場（石川稔ほか「〈座談会〉非嫡出子の法的地位をめぐって」ジュリスト1032号52頁（水野紀子発言）（1993年））に基づいている。

また、別の立場として、24条は夫婦、親子からなる法律上の家族を社会や個人を支える基軸として指定し、それを国家が保護すると理解できることから、法律上の家族の保護は重要な立法目的であり、24条は法律上の家族とそれ以外の人的結合との別扱いを正当化する機能を果たすとの指摘もある（米沢広一「憲法と家族法」ジュリスト1059号8頁（1995年）。併せて参照、米沢広一『子ども・家族・憲法』〔有斐閣・1992〕）。この立場からは24条の存在によ

って、憲法が法律上の家族と多様な人的結合体との全面的な同一扱いを要求しているとまではみなしえず、その意味で24条は14条に基づく平等保護の要請をいわば緩和する機能を持ち、どの程度の同一扱いかについては立法政策に委ねられた部分が少なくないという。また、14条違反を審査する際に差別意識も対象とするかについては、裁判所が差別意識を客観的に認定できるかなどの疑問が示されている。

　(2)　**新たな家族形態を認めうる家族像**（家族モデルについては、参考文献の辻村書を参照)

　　翻って、前述の「契約的家族観」は、憲法が家族像について格別のコミットメントをしていないという前提から、法律婚を法律が「保護」することに疑問を呈し、法律婚のみに特別の地位・特別の保護を与えるべきではなく、強行法規としての家族法は必要最小限の範囲で維持し、民法第4・5編を大幅に削除することを主張する（安念潤司「家族形成と自己決定」『岩波講座　現代の法14自己決定権と法』(1998年) 129-145頁)。すなわち、「人は、intimateな結合関係を、いかなる保護も強制もなく自由に取り結んでよいのであって、裁判所は単にその合意を執行する役割を担うにすぎない」(安念潤司「『人間の尊厳』と家族のあり方ー『契約的家族観』再論」23頁) という。

　　この立場と前提を共有しながら、別の帰結もありうる。すなわち単婚、嫡出家族だけが唯一の正当な婚姻・家族として保護されるべきではないと考えれば、正規の婚姻として認められる結合関係の類型を増加させることが考えられる。はたして、それが新しい家族形態を志向する現在の理論的状況や訴訟での主張の主要な帰結といってよいであろう。これに対する「契約的家族観」からの痛烈な批判は、正規の婚姻に組み入れる結合関係の諸候補を列挙したとして、そのうちのどれを正規化すべきかについて、いかなる基準あるいは根拠が考えられるのかというものである（同25-26頁)。すなわち、ある結合関係を正規の婚姻として新たに組み入れる作業自体は可能であっても、その結合関係を選び取る基準や根拠は考え難いという。この理論的線引きを民意に委ねることは、少数派の自由が多数派の選好に依存することになる。

　　本稿も、この点が新しい家族形態を法律婚に取り入れるか否かに際して

の、本質的かつ困難な問題ではないかと思う。そして、確かに、その理論的線引きが困難であるから、または制度としての線引きが必要であるから、法律婚の家族モデルを限定的にすることの意義も否定しがたい。その場合、上記のように、正規の婚姻の標準形からもれ落ちる形態の当事者が差別されているような意識を持つことについての問題は残る。

　他方で、正規の「婚姻」を阻まれている当事者の多くがいわゆる少数者であろうことを思えば、公認されることの意義を憲法論として強調する必要があるかもしれない。その場合は、ある結合関係を正規婚、法律婚とするかどうかについて、前提として、13条の家族形成権、家族に関する自己決定権で保障される事案であることを確認したうえで、その結合関係に婚姻と同様の権利の束が保障されているか否かを含めて、区別についての合理的な理由があるのかどうかを平等権の範疇で問うことになる。その判断の際には、「婚姻」の意味や「婚姻する権利」、個人の尊厳が考慮要素になり、場合によっては、審査基準を厳格化する働きをするかもしれない。もちろん、「婚姻」の意味として何を挙げるか、どの程度の考慮要素とするか、憲法がどれほど家族の意味づけにコミットするかも含めて考えなければならない。

## 5. おわりに

　上記の議論をまとめれば、24条の内実を明らかにすることであり、13条、14条との関係を問うていくことである。家族についての現代的問題群は、24条について多角的かつ深層にまで問いを突きつけていて、回答は容易ではない。憲法学が、家族の現代的問題を直接に論じないように見えるのはここにも理由があるのかもしれない。その不可避性のみは本稿で確認できたように思われる。

**参考文献**
植野妙実子『憲法二四条　今、家族のあり方を考える』〔明石書店・2005〕
大村敦志『放送大学叢書　家族と法　比較家族法への招待』〔左右社・2014〕

辻村みよ子『憲法とジェンダー――男女共同参画と多文化共生への展望』〔有斐閣・2009〕
二宮周平『家族と法―個人化と多様化の中で』〔岩波新書・2007〕
野崎綾子『正義・家族・法の構造変換―リベラル・フェミニズムの再定位』〔勁草書房・2003〕

　脱稿後、2015年6月26日に、合衆国連邦最高裁判所は、同性婚を認めていない州が、同性カップルに対して婚姻する権利を否定していることなどが合衆国憲法修正14条に違反するか否かが争点となったObergefell v. Hodges判決を下した（576 U. S.＿(2015)）。ケネディ裁判官の執筆した意見に四人の裁判官が同調した多数意見は、婚姻や家族形成をめぐる先例をみれば、修正14条のデュー・プロセス条項は個人の「尊厳（dignity）」や自律に関わる選択であるがゆえに婚姻する権利を保障しており、こうした婚姻が憲法上保障されてきた理由は同性婚についても同様に当てはまるとして、同性カップルが婚姻する権利を行使することを承認した。本稿との関係でいえば、同判決は「婚姻」の意味や「婚姻する権利」を論じており、本文で紹介した議論と親和的であると思われる。今後、「尊厳（dignity）」という観点の憲法上の位置づけについて検討を深めていきたい。

# 6 雇用・社会保障

遠藤　美奈

## 1．はじめに――就業における雇用の「支配」

　日本国憲法は22条1項で職業選択の自由を定めている。通説的な説明によれば、この条文は自己の従事する職業を決定する自由に加え、職業を遂行する自由も保障しているという。職業は自ら事業を営むことによっても遂行されるが、自ら事業を営まず被用労働者として職業を遂行することも可能であり、この場合の職業選択は「使用者の選択」を意味する。大学生の「シューカツ」に代表される就職活動は、実際には職業を選ぶというよりも、自分の労働力を購入してくれる使用者を捜す活動になっている。

　2014（平成26）年現在、就業者に占める雇用人口の割合は88％であり（労働力調査）、就業人口のうち9割近くが誰かに雇われて働いている。職業選択の自由は、圧倒的に「使用者の選択」あるいは「探索」として行使されているのだ。もちろん、「雇われている」人の中には、いつでも好条件で転職できるような高い能力・資質を持ち、使用者に物申せる労働者もいるだろう。しかし多くの場合、労働条件の決定という場面では、使用者が優位に立つ。すべて国民は法の下に平等（14条1項前段）であるはずのこの国にあっても、雇用関係の中で働く限り、その大多数は使用者に従属していると言える。他方で労働者自身が連帯してその地位の向上を図ることも難しくなっており、労働組合の推定組織率は、戦後のピークである1949（昭和24）年の55.8％から、2014（平成26）年は17.5％にまで落ち込んだ（平成26年労働組合基礎調査）。このように労使間に組合が介在しない未組織層は厚みを増している。いわば日本全体を、使用者と被用者からなる権力関係が

89

見えない被膜として覆っている状態がそこにある。

　憲法は27条1項で勤労の権利を、同2項で勤務条件法定主義を定め、被用者を保護しその交渉力を高めようとしている。にもかかわらず雇用をめぐるこの権力関係の被膜の中では、憲法に根拠を持つ労働者保護の諸制度を通じた、非対称な関係の補正は十分に試みられず、被用者の「人」としての生を保護することの必要性と重要性が顧みられていないように思われる。その一方で、被用者を「人未満」とする処遇を当然視する一部の認識とそれに基づく制度改変が進み、労働者保護は産業の発展を妨げる「規制」として解除の一途を辿っているように思われるのである。

　この小論では、以上の問題意識に立ちつつ、「働いて食べてゆくこと」は憲法によってどのように保障されるべきであるのかを考える。市場経済においては「食べてゆく」ことを可能にするのが金銭であることから、賃金と補完的給付としての生活保護制度に着目して考察を進めたい。そのうえで「食べてゆく」ことに尽くされない、「働くこと」の持つ人格的価値についても触れつつ、人が「働いて食べてゆくこと」について公権力と使用者が担うべき責任について考えてみたい。そこでまずは「労働」というものの特性を確認したうえで、「働いて食べてゆくこと」の現状を概観することにしよう。

## 2．「働く」ことと「働いて食べてゆく」こと

### (1) 擬制商品としての労働

　就業における9割近い雇用の「占有率」は、歴史を見れば当たり前の数字ではない。日本国憲法施行から6年後、今から60年余りを遡る1953（昭和28）年の雇用人口は42％に過ぎなかった。憲法27条上の「勤労」は、主として被用労働を想定しているが、言葉のそもそもの意味は賃労働に尽きるものではなく、自ら事業を行ってもよいし、土地の耕作物を自らの生活の用に供する自給自足や生産物の物々交換も否定されてはいないのである。

　だが、市場経済を前提とする現代社会では、労働それ自体が市場における交換の対象になる。のみならず、労働を売買する労働市場は著しく拡大

している。そして「働く人」の多くは、労働の他者への販売を通じて自らのニーズを充足する商品の購入に必要な金銭を得て生活を立てる、というのが、日本を含む現代の社会なのである。

労働は、生産の本源的な要素ではあるが、販売のために生産されたものではない。経済史家のカール・ポラニーは、労働は、土地や貨幣同様、本来的に「商品」ではない「擬制商品」であると述べた。「労働力」という商品は、「たまたまこの独特の商品の所有者となっている人間個人に影響を与えることになしに」取引も使用も保有もできない（カール・ポラニー著〔野口建彦・栖原学訳〕『［新訳］大転換』〔東洋経済新報社・2009〕125-126頁）。だからこそ、市場でのやり取りや使用者による処遇において労働者を保護する必要があるのであり、その必要性は労働市場が拡大している現代において、いっそう高まっているといえるだろう。

⑵ 「働いて食べてゆく」ことの現代的困難

では、市場で労働を金銭と交換するというかたちで、働いてさえいれば生活できるのだろうか。2004（平成16）年の全国消費実態調査特別集計に基づく少し古い試算であるが、勤労者のいる総数2,671万世帯のうち、収入が生活保護基準を下回る世帯は、資産を考慮しないフロー所得のみで見た場合で約143万世帯（5.4％）、資産を考慮した場合で約18万世帯（0.7％）と推定されていた。このうち生活保護を受給していたのは7万世帯であり、残りの世帯に保護は及んでいない（世帯数の割合は、フロー所得のみの場合で4.9％、資産を考慮した場合で28.9％と推定される。厚生労働省「生活保護基準未満の低所得世帯数の推計について」2010〔平成22〕年4月9日）。

2012（平成24）年の数字では、単身世帯を含め世帯主が有業である世帯の23.4％で、年間収入が300万円を下回っている。200万円を下回る世帯は全体の10.8％、さらに100万円を切る世帯は、全体の3.4％を占める（平成24年就業構造基本調査）。同年の貧困線（等価可処分所得の中央値の半分）は122万円（名目値）であり（平成26年国民生活基礎調査）、有業者がいても貧困線を割り込む世帯が存在することになる。「働いても食べてゆけない」状況がそこにはある。

また、就業が圧倒的に雇用に占められている中で、被用労働の「質」も

変化している。全雇用に非正規雇用の占める割合は、1984（昭和59）年2月の15.3％から2014（平成26）年第4四半期には37.9％に達し、4割に迫る勢いである（総務省・労働力調査）。雇用形態別の賃金も非正規は正規の63％と大きな開きがある（正社員・正職員の平均が317万7千円〔41.4歳、勤続13.0年〕、それ以外の働き手は200万3千円〔46.1歳、勤続7.5年〕。平成26年賃金構造基本統計調査）。

低賃金の非正規雇用で生活を支える労働者が相当数存在することも指摘しておく必要があろう。厚生労働省「国民生活基礎調査」（2010〔平成22〕年）を基にしたデータによると、非正規雇用労働者のうち世帯所得が相対的に低く（単身世帯で200万円未満、それ以外は300万円未満）、かつ世帯の主な稼ぎ手となっている者（在学者や60歳以上の高齢者を除く）は約149.2万人であり（役員を除く雇用者の2.9％に相当）、そこから単身者を除いた残りほぼ3分の2の非正規労働者が、自分以外の世帯員を支えているのである（平成25年『労働経済白書』）。

このように「働いて食べてゆく」ことはやすくない。加えて、深刻な悪化を示す子どもの貧困率を見るならば、「働いて食べさせてゆく」ことはもっとたやすくないのである（貧困率は1980〔昭和55〕年の12.0％から2012〔平成24〕年の16.1％へ、子どもの貧困率は10.9％から16.3％へと推移。平成26年国民生活基礎調査）。

ここまで日本社会における労働の現状を数字で見てきた。次にこうした現状を念頭に置きつつ、憲法が「働いて食べてゆく」ことについて何を述べているのかを見てゆこう。

## 3．「働いて食べてゆく」ことをめぐる憲法構造

### (1) 憲法の稼働優先原則

人は生まれて、育てられる中で教育を受け、働いて自立してゆくことが一般に期待される。「健康で文化的な最低限度の生活を営む権利」（25条1項）、「教育を受ける権利」（26条1項）、「勤労の権利」（27条1項）を定める日本国憲法もそのような人の生を前提としているといえる。一方で「勤労の

義務」(27条1項)には、働ける者は自分で働いて生活を維持すべきだという規範的な考え方も含まれると理解される。職業を「人が自己の生計を維持するためにする継続的活動」だと説明した最高裁判決も、働くことを生活維持と結びつけて理解するものといえる(薬事法事件:最大判昭和50〔1975〕年4月30日民集29巻4号572頁)。

稼働による生活維持が原則であるならば、「健康で文化的な最低限度の生活」は勤労によって得られる賃金で維持できるというのが、憲法の一般的に想定するところといえよう。そうなると、日本の社会保障制度が、「労働者が雇用を獲得することによって、通常の生活を維持できるような賃金およびその他の経済的利益を得ることができるという前提」の上に事実として成り立っているのも当然のことといえる。その結果、日本で稼働年齢層に所得保障が必要になる「ほとんど唯一の原因」としては「雇用からの一時的・永続的離脱」しか想定されてこず(以上、笠木絵里「現代の労働者と社会保障制度」日本労働研究雑誌612号42頁〔2011年〕)、労働者の所得保障が「雇用か社会保障か」の二者択一となったことで、ワーキングプアと呼ばれる低賃金労働者への所得保障制度は「皆無といってよい」状況が生まれた(神吉知郁子『最低賃金と最低生活保障の法規制』〔信山社・2011〕91頁)。つまり、求職中・定年後の人々に対する所得保障は年金・雇用の両保険制度が担うが、稼働中の人々の生活をまもるための制度は存在しないのである。障害年金や児童手当・児童扶養手当等による所得補完は、労働者のための制度ではない。そのため、就労の有無にかかわらずすべての国民の最後のセーフティー・ネットである生活保護が、就労者の生活困窮にとっても、やはり最後のセーフティー・ネットであることになる。

(2) 「健康で文化的な最低限度の生活」を実現する法制度

生活保護は、憲法25条1項を直接実現するための制度であり、就労の有無や困窮の原因に関係なく、生活保護法上の要件を満たせば、「無差別平等に」「健康で文化的な生活水準を維持」できる「最低限度の生活」を保障する保護を受けられる(生活保護法2条および3条)。もっとも、憲法は生活保護だけで憲法上の最低生活を保障せよと命じているわけではない。25条1項に定められる権利の実現手段について条文には明示されておらず、

この点は立法に委ねられているのである。堀木訴訟上告審判決が25条を実現する立法措置について、専門技術的・政策的観点から立法府に広い裁量を認めたのは周知のところである（最大判昭和57〔1982〕年7月7日民集36巻7号1235頁）。

憲法25条1項の理念を受けている法律は、労働の領域にも存在する。その筆頭が、制定過程において施行を目前にした日本国憲法との整合が強く意識された労働基準法（1947〔昭和22〕年）であり、同法1条1項は「労働条件は、労働者が人たるに値する生活を営むための必要を充たすべきものでなければならない」と定めている。また、高度成長期の労災事故多発を受けて、労働基準法から労働安全衛生関係の規定を独立させた労働安全衛生法（1972〔昭和47〕年）は、労働基準法と理念を共有するものといえる。同法の目的の一つは「職場における労働者の安全と健康」の確保であり（同法1条）、事業者等には労働者の危険を防止し、健康、風紀および生命の保持のための必要な諸措置をとる義務が課されている（同法第4章）。このように憲法25条1項は、労働をもその射程に収め、しかも所得以外の労働条件や労働環境にまで理念を提供しているのである。

### (3) 最低生活保障プログラムと憲法25条1項の機能

ここで注目されるのが、最低賃金法（1959〔昭和34〕年）の2007年（平成19）改正である。同法9条2項は「地域別最低賃金は、地域における労働者の生計費及び賃金並びに通常の事業の賃金支払能力を考慮して定められなければならない」と定めるが、改正によって同項の後に、「前項の労働者の生計費を考慮するに当たつては、労働者が健康で文化的な最低限度の生活を営むことができるよう、生活保護に係る施策との整合性に配慮するものとする」とする3項が追加されたのである。この規定によって、「少なくとも、国が最低賃金を決定するにあたって、生存権の具体化である生活保護水準を下回ってはならない、という義務が課せられた」（神吉・前掲書61頁）と解されている。最低賃金法9条3項の新設は、最低賃金の最低生活保障機能を確認し、これを確保しようとすることによって、社会保障における諸施策に加えて最低賃金をも憲法25条1項上の権利実現手段として位置付けたものと理解できる。

憲法25条1項に基礎付けられた、所得保障にとどまらない一連の公的な生活保障諸施策を、仮に最低生活保障プログラムと呼ぶならば、最低賃金はその新たな構成要素といえる（最低所得保障のための包括的な制度については、駒村康平編『最低所得保障』〔岩波書店・2010〕における検討を参照）。その結果、現段階での稼働層に対する最低生活保障プログラムは立法によって次のように構成されていることになろう。すなわち、憲法27条1項の「稼働優先原則」によりつつ、まず、広義の労働条件——労災防止による生命・健康の維持を含む——の最低基準を定める諸法令が、①労働から得られる対価によって実現される生活および②稼働時すなわち労働生活そのもの、のいずれにおいても、稼働している労働者に対して憲法25条1項上の最低生活を確保しようとし、稼働によってそのような最低生活が確保できない場合には③生活保護が補完的に作用する、という構成である。ここには所得保障に関する局面と、健康の保持や労働時間以外の生活時間の確保など、所得保障以外の局面が含まれている。

　最低生活保障プログラムにおける憲法25条1項は、憲法上の主観的権利としてだけでなく、社会権の総則的規定として機能している。主観的権利としての機能が給付への実体的権利を生じさせるのに対し、社会権の総則的規定としての機能は、25条1項に他の社会権規定の「解釈準則としての役割」を担わせる（佐藤幸治『憲法〔第3版〕』〔青林書院・1995〕619-620頁）。そのように考えるならば、憲法27条2項の勤労条件法定主義における「法定」の内容は、「健康で文化的な最低限度の生活を営む権利」によって実体的な規律を受けていると考えられる。例えば、家族的・社会的生活が確保できず心身の健康も損なわれるような長時間労働を許す労働時間規制は、法定されていたとしても憲法25条1項の要請を満たしていないと言う余地があろう。

## 4．稼働と給付

### (1) 最低賃金の生活保護基準との整合性

　前記のように25条1項に定められる権利の実現手段については専門技術

的および政策的観点からの立法裁量が認められる。しかしすべての国民に「健康で文化的な最低限度の生活」が実現されることについては裁量の余地は皆無である（棟居快行「生存権の具体的権利性」長谷部恭男編『リーディングズ日本国憲法』〔日本評論社・1995〕161頁）。したがって、最低生活保障プログラムは稼働層が実際に「健康で文化的な最低限度の生活」が営めるように設計され、運用されていなければならないはずである。では現実はどうなのだろうか。まず最低賃金から検討してみたい。

　2007（平成19）年の最低賃金法改正後は、適法に決定しうる最低賃金の実体水準の下限を生活保護基準が画定することとなった。生活保護基準が月額であるのに対し、最低賃金は時給額で定められているために、比較参照するには換算が必要となる。「要保護者の……必要な事情を考慮した最低限度の生活の需要を満たすに十分なものであつて、且つ、これをこえないもの」（生活保護法8条2項）として厚生労働大臣が決定する保護基準は、憲法25条1項上の「健康で文化的な最低限度の生活」の下限かつ上限として設定されるものでもあり、要保護者に限らず同様の状況にあるすべての個人に対し、憲法が許容し保障する最低生活水準である。少なくともこの生活水準が、最低賃金による労働によっても実現されなければならない。そのためには、生活保護水準を構成する諸要素が過不足なく反映される換算方法がとられる必要がある。

　地域別最低賃金は、都道府県労働局に置かれる地方最低賃金審議会の意見を聴いて、同局長が決定する。地方最低賃金審議会は、最低賃金の改定額を審議する際、厚生労働省に置かれる中央最低賃金審議会が示す目安額を参考にしているから、中央最低賃金審議会の依拠する換算方法が極めて重要といえる。

　最低賃金法改正の翌年である2008（平成20）年に、中央最低賃金審査会内の「目安に関する小委員会」で採用された比較の計算式は次の通りであった。

　　最低賃金＝最低賃金額×173.8（1か月の労働時間）×0.864（可処分所得比
　　　　　　率）
　　生活保護＝生活扶助基準（1類費＋2類費＋期末一時扶助費）人口加重平

均＋都道府県の住宅扶助実績値

　以後、中央最低賃金審議会による目安額算出の際には、可処分所得比率を年毎に調整してこの計算式が用いられてきた。しかしこの比較換算方法には、以下に述べるような問題が指摘されている。

(2)　比較換算方法の問題点

　まず、この計算式では、法定の最長労働時間である週40時間労働を1年間通じて続けた場合の1か月あたりの労働時間である、173.8時間を用いて、最低賃金と生活保護の比較が行われている。そこにはお盆や正月の休みも、年次有給休暇も含まれていない。最低賃金法の目的が「賃金の低廉な労働者」の保護であり、仮にそのような労働者の労働時間が相対的に長かったとしても、休暇もなく年間通じて働き続け、家族生活・社会生活がないかのような非人間的労働に従事する労働者像を想定した換算方法は、とられるべきではないのではないか。

　次に、勤労経費が考慮されていないことも問題である。稼働していればそれにふさわしい被服・身の回り品や文房具のほか、新聞代など知識・教養の向上のための経費や人間関係を維持するための職場交際費などが必要となり、それらは生計費の中で適切に考慮されなければならない。稼働する生活保護受給者にも、「勤労に伴って必要となる被服、身の回り品、知識・教養の向上等のための経費、職場交際費等の経常的な経費を控除する」（厚生労働省社会・援護局保護課「生活保護制度における勤労控除等について」2011〔平成23〕年7月12日第4回社会保障審議会生活保護基準部会・資料2）という趣旨の勤労控除が設けられている。保護受給者において最低生活需要の必要十分条件として勤労経費が考慮されているのであれば、非受給者においても考慮されなければ均衡を失し、稼働する保護受給者と稼働する非受給者の別異の取扱いとしては合理性を欠くものとなろう。

　また、住居費として住宅扶助の実績値が用いられていることも問題である。生活保護基準における住宅扶助（家賃、間代、地代等）の一般基準額は1級地および2級地で1万3,000円以内、3級地で8,000円以内と極めて低廉であり、公営住宅等へ入居しない限りは「健康で文化的な最低限度の生活」を実現する住居の確保は不可能である。実際に、借家借間に居住する

保護受給世帯の2割が公営住宅等（自治体の提供する低廉な借上げ住宅等を含む）に入居しており（厚生労働省社会・援護局保護課「住宅扶助について」2013〔平成25〕年11月22日第15回社会保障審議会生活保護基準部会資料から算出）、住宅扶助支給額の実績値は、相当数の公営住宅等低廉な住宅への入居者に対する支給額を含むものである。ところが、公営住宅等への入居は極めて狭き門であり、住宅扶助の実績値は、現実に民間賃貸住宅を利用せざるをえない低賃金労働者の現実の住居費支出を適切に反映した金額であるとは言いがたい。比較参照に際しては、民間賃貸住宅を利用する多くの保護受給者に適用されている特別基準の限度額等を用いるほうが、労働者の生活実態により近いとも考えられる。

　さらに、生活保護は公租公課が免除された金額であるため、最低賃金からも公租公課を除いた可処分所得で比較されているが、その際に用いられた0.864という可処分所得比率は、当時全国最低であった青森・岩手・秋田・沖縄の、前々年度（2006年）改定後の最低賃金610円で月173.8時間働いた場合の税・社会保険料を考慮した数値であると説明されている。特定地域の可処分所得比率を使って算出された目安を、各地方最低賃金審議会が当該都道府県の実際の負担率に修正しないとすれば、それ自体問題であるし、そもそも勤労者世帯の公租公課負担率（＝非消費支出÷実収入）は2007年で16.2％、2008年で17.2％であり（平成20年家計調査報告）、0.864が妥当な数字であるか否かにも疑問が残る。

　最後は、中央最低賃金審議会が比較の際に各都道府県内の生活扶助基準額の人口加重平均を用いている点である。生活扶助基準においては1都道府県内でそれぞれ級地区分が行われ、扶助額に差が設けられている。しかし最低賃金は都道府県内で一律に適用されるものであるから、都道府県のどの場所においても最低賃金が生活保護基準を下回らないという要請を満たすためには、最も扶助額の高い級地の生活扶助基準が参照される必要がある。人口加重平均による比較では、扶助額の高い地域では最低賃金が扶助額を下回る状況が生じうるのであり、結果として設定された最低賃金が最低賃金法9条3項の要請を満たさないことにもなりうる（以上については、2011〔平成23〕年に提起された最低賃金千円義務付け訴訟で原告側が指摘するところで

ある。桜井啓太「最低賃金と生活保護の逆転現象発生のメカニズムとその効果」大原社会問題研究所雑誌663号5-6頁〔2014年〕およびその注(4)で挙げられた文献も参照)。

## 5．最低生活保障プログラムの憲法的評価

### (1) 最低賃金水準の評価

算定方法に上記のような問題を抱えつつ設定されている最低賃金は、憲法的にどのように評価すればよいであろうか。

2015年4月から適用されている生活保護基準（第71次改定後）によれば、東京都（1級地－1）に居住する資産のない19歳単身世帯の生活保護費は137,500円である（＝1類費と2類費の合計82,643円に期末一時扶助費13,890円を12か月で均分した金額と単身世帯の住宅扶助特別基準上限額53,700円を加えたもの）。一方、本稿執筆時点での地域別最低賃金時間額は、693円から907円である(2015〔平成27〕年10月発効、厚労省ウェブサイト)。筆者の試算では、収入から公租公課負担（平成26年度家計調査報告によれば勤労世帯の平均で18.5％だが、ここでは平成26年度の目安における可処分所得比率0.844で計算）と生活保護基準における勤労控除を差し引いた収入認定金額をみると、法定最長労働時間である173.8時間稼働した場合で、137,500円を上回るには時給1,145円が必要であり（勤労控除は30,400円）、平成26年の平均実労働時間である145.1時間（同年度毎月勤労統計調査）で計算した場合には時給1,372円が必要になる。これらの時給に達しなければ、収入認定額は保護基準を下回り、生活保護の受給対象に含まれることになるのである。ちなみに、最低賃金の最高額である907円では、平均実労働時間に過労死ライン80時間を加えた225.1時間稼働したとしても、収入認定額は141,515円にとどまり（勤労控除は30,800円）、保護基準を4,000円ほど超えるレベルにしかならない。健康を害しても医療費を支払う余裕はなく（生活保護では全額公費負担である）、そもそも人間はこのような過重労働を何か月も続けてはゆけない。だとすれば、現在の最低賃金額で得られる稼働所得では、憲法25条1項にいう「健康で文化的な最低限度の生活」が実現されているとはいえないのではないか。

もっとも、最低生活保障プログラムでは、それを構成する複数の制度に

よって相補的に個々人の「健康で文化的な最低限度の生活」が保障されればよく、必ずしも一つの制度がすべてを担うことを想定してはいない。したがって、最低賃金以外の制度で「健康で文化的な最低限度の生活」が実際に維持できれば、最低賃金がその実体的水準において、直ちに憲法25条1項に反するとはいえないことになる。では、稼働収入だけだと生活水準が生活保護基準に達しない低賃金労働者へは、しかるべき最低生活保障給付がなされているのであろうか。

(2) 生活保護制度の運用上の問題点

所得が生活保護基準を割り込めば、後述のように稼働しながらの保護受給も法律上可能であるはずだが、制度の厳格な運用により働く貧困層はそもそも保護の射程から除外され、あるいは生活保護というスティグマを嫌忌して、申請および受給が妨げられていると指摘されている。2．(2)で示した生活保護基準未満の低所得稼働世帯数に対する被保護世帯数の割合の低さは、保護の申請・受給が阻害されていることの傍証といえるだろう。

とりわけ制度の厳格な運用については、生活保護に関する訴訟および審査請求を分析した近年の社会福祉学研究においても、適職が存在しないのに低賃金労働者がさらなる求職活動をしないことや、パート・アルバイト労働者が就労時間の延長または稼働先の追加をしないこと、フルタイム低賃金労働者が稼働能力を「最大限に活用」していないことなどを理由として保護申請が却下され、審査請求で認容裁決を得た事例が明らかにされている（吉永純『生活保護の争点　審査請求、行政運用、制度改革をめぐって』〔高菅出版・2011〕に巻末資料として付された裁決要旨を参照）。このほか稼働中の保護受給者が達成不可能な増収を指示され、その未達成を理由に保護が廃止された事例もある（最判平成26〔2014〕年10月23日裁判所時報1614号4頁）。

生活保護の厳格な運用の法的根拠とされるのは、生活保護による「保護は、生活に困窮する者が、その利用し得る資産、能力その他あらゆるものを、その最低限度の生活の維持のために活用することを要件として行われる」（生活保護法4条）という、いわゆる「補足性の原則」である。ここにいう「能力」には稼働能力が含まれ、稼働層の保護受給は稼働能力の活用が条件となる。

近時の裁判例および行政解釈は、稼働能力を活用しているかどうかの判断を、①稼働能力の有無、②稼働能力活用意思の有無、③稼働能力活用の場の有無の三点に着目して判断しているが、稼働している低所得者の保護受給が認められるか否かは③に関わる。裁判例には、当人に稼働能力およびその活用の意思がありながら具体的な生活環境の中で利用可能な就労の場が存在しないとして、稼働能力活用要件の充足を認めるものがある（東京地判平成23〔2011〕年11月8日賃金と社会保障1553・1554号63頁、やや行論が異なるが同控訴審の東京高判平成24〔2012〕年7月18日賃金と社会保障1570号42頁、大津地判平成24〔2012〕年3月6日賃金と社会保障1567・1568号35頁も参照）。この考え方によるならば、個々人の持てる稼働能力を前提に、それぞれの具体的な生活環境の中で利用可能な就労の場において得られる稼働収入が生活保護基準を下回る場合、保護受給が認められなければ処分は違法になりうるし、憲法に反する生活状況が生まれることになろう。育児・介護・障害・疾病によるほか、非正規雇用であることなどから十分な稼働時間が得られない場合にも、保護は認められなければならないだろう。単位賃金が低廉に過ぎるために、家族的・社会的生活が確保できず心身の健康も損なわれるような長時間労働を強いられるような場合には、人間らしい生活をひとまず取り戻すために生活保護はむしろ積極的に活用されるべきともいえる。しかし現実には、稼働層は上述のように生活保護による生活保障からは遠ざけられているのである。

(3) 最低生活保障プログラムの評価のために

　稼働層を遠ざける生活保護の制度運営が生じている場合、そこでの個別の処分が、稼働能力の不適切な評価に基づくものであるならば、違法と評価されなければならない。しかしそれとは別に、最低生活保障プログラムを総体として評価することも必要であるように思われる。すべての国民に「健康で文化的な最低限度の生活」を実現することについて立法に裁量の余地がないならば、政府の設定した最低生活保障プログラムでは、その構成する諸制度が相補的かつ確実に個々人の「健康で文化的な最低限度の生活」が実現されるよう、制度間の分担および連絡調整メカニズムの組み込みと、その着実な運用が求められるからである。

ある「システム」を部分ではなく全体でとらえようとする見方としては、衆議院議員定数不均衡訴訟における最高裁の判示が参考になる。そこでは、選挙区割および議員定数の配分がもつ性質につき、「複雑、微妙な考慮の下で決定されるのであつて、一旦このようにして決定されたものは、……相互に有機的に関連し、一の部分における変動は他の部分にも波動的に影響を及ぼすべき性質を有するものと認められ、その意味において不可分の一体をなすと考えられる」とされていた（最大判昭和51〔1976〕年4月14日民集30巻3号223頁）。こうした性質は、単位賃金と労働時間と所得の関係のように相互に影響し合う複数の要素を含み、生活保護を基準として相互に参照し合う複数の制度から構成され、それらが相補的に「健康で文化的な最低限度の生活」を保障してゆく最低生活保障プログラムにも通じるところがあるように思われる。プログラムを総体として捉えることによって、各制度が、「健康で文化的な最低限度の生活」を保障しようとする方向性のもとに統合的に、かつ有機的に作用して個々人の最低生活保障を実現することへの規範的要請も明らかにされよう。

　最低生活保障のうち所得保障だけを考えても、生活保護基準の最低賃金への反映が金額抑制的に行われる一方で、稼働層の保護受給が阻害されている最低生活保障プログラムは、制度間の分担・連絡調整が尽くされないまま運用されていることになる。その結果、稼働しながら生活保護基準を下回る生活を余儀なくされる場合を生じさせる最低生活保障プログラムは――先の最高裁判決（前掲・最大判昭和51〔1976〕年4月14日）にならって「全体として違憲の瑕疵を帯びる」といいうるかどうかは別として――、憲法25条1項に照らして問題はないということはできないように思われる。

## 6.「人が働いて食べてゆくこと」をめぐる責任

### (1)「働くこと」の意味

　憲法が構想するのは、働いても働けなくても食べてゆける社会だ。職業を持つのは生計維持のためと前出の薬事法事件最高裁判決は述べたが、この判決は同時に、職業は「各人が自己のもつ個性を全うすべき場として、

個人の人格的価値とも不可分の関連を有する」として、職業そのものに人格的意義を認め、憲法13条によっても保護される憲法的価値を付与している（前掲・最大判昭和50〔1975〕年4月30日）。

　このように高邁な位置付けを与えられた職業も、その遂行＝労働の対価として、食べてゆけない賃金しか支払われなければ、職業と「不可分の関連」を有する「人格的価値」の毀損へとつながるだろう。食べてゆけない最低賃金は、生活が成り立たないというだけの問題ではないのだ。しかし話はそれだけでは終わらない。食べてゆける額以上の賃金が確保されたとしても、同じ労働を提供する労働者でありながら、片方には低い賃金しか支払われないとしたら、同じように「人格的価値」が損なわれるのではないか。なぜなら、「不相当に不平等に取り扱われれば、労働者の有する職業への誇りが失われ、『他者からの承認』の機会を奪われ、労働を通じた人格の発展が妨げられざるを得なくなる」からである（髙橋賢司『労働者派遣法の研究』〔中央経済社・2015〕296頁）。

　その意味で、パートタイム労働法が2014（平成26）年の改正で、職務の内容および人材活用の仕組みが同一であるパート労働者と正社員との差別的取扱いを有期雇用についても禁止し（パートタイム労働法9条、均等処遇）、それ以外のパート労働者については正社員との処遇の相違が不合理であってはならないとする処遇の原則（同法8条、均衡処遇）を明記したことは評価できる。一方で労働者派遣法（2015〔平成27〕年改正後）における均衡処遇が、派遣先労働者の賃金水準との均衡を考慮して賃金を決定するよう配慮する派遣元事業主の義務にとどまり（30条の3）、均衡の考慮のために必要な、同種の業務に従事する派遣先労働者に関する情報提供も、派遣先の配慮義務とされるのみである点（40条5項）は、是正を要しよう。労働契約と労働者派遣契約が派遣会社をはさんで結ばれ、雇用と使用が分離されている点でパート労働と違うというだけでは、派遣労働に均等待遇を導入しない理由を説明するのは難しいのではないだろうか。

(2) 使用者と公権力の責任

　「働くこと」は、本来、働く者自身の実存や幸福に深く関わる人間的活動であって、単に生活の糧を得るためのものではないはずである。被用労

働ではこのことが忘れられがちである上に、生活を支えることすらできないほど労働の価値が切り詰められていることにそもそも問題がある。確かに、非正規労働者の均等処遇にせよ最低賃金制度にせよ労働者の保護は、使用者や派遣元事業主にとっては「営業の自由」の制約である。もっとも、営業の自由のうち労働条件に関する部分の法律による制約は、憲法27条2項が明文で許容するところであり、そこには25条1項の要請による制約も含まれるはずである。

しかし本稿でこれまで見たところによるなら、労働者の処遇に関する「雇う側」の自由が、必要を超えて保護されているように思われる。日本社会を覆う「使用者と被用者からなる権力関係の見えない被膜」の中では、使用者により多くの決定権を与えることが労使双方そして社会の与件になっているのかもしれない。だとすれば、その与件を崩すためにも、働く人から差し出される労働力に人格の毀損を伴わせてはならない、あるいは、働く側の「健康で文化的な最低限度の生活」が損なわれてはならない、ましてやこれらを犠牲にすることで収益が上げられてはならないといった憲法に由来するルールによって、使用者の決定権が制約されることをあらためて確認しておく必要があろう。労働の規制緩和だけでなく、職場の差別・ハラスメントや過労死への対策が議論される際にもここが出発点となるはずである。そして労働条件の最低基準の設定に際しては、被用者の憲法上の権利が雇用において損なわれることのないよう留意し、実際に基準の遵守を確保する措置をとることが公権力には求められる。さらに現実に稼働してもなお、「健康で文化的な最低限度の生活」を営むに足りる収入が得られない場合には、生活保護等による生活保障が確実に行われなければならないのである。

憲法は、人が人として「働いて食べてゆける」ことを要請しているに過ぎない。この慎ましい求めを、労使の権力関係を内面化したかのような社会で実現するには、物ではありえない「人」が用いられていることに由来する責任を、使用者に免れさせない法的構造が作り上げられる必要がある。それは、人を用いる人も人に用いられる人も、同じ人として品位を損なわれないために必要なのである。

# 7 周辺化された人々と人権

岡田健一郎

## 1. はじめに

　本章では「周辺化された人々」という視点から、日本における人権のあり方について考えてみたい。

　本章で取り上げる「周辺（あるいは周縁）」という言葉は従来、学問的に様々な意味で使われてきた。例えば、社会学や文化人類学には「周辺人」「境界人」などと訳される「マージナル・マン（marginal man）」という概念が存在する。これは「互いに異質な二つの社会・文化集団の境界に位置し、その両方の影響を受けながら、いずれにも完全に帰属できない人間」であり「社会的には被差別者、思想においては創造的人間となりうる」などと説明されている（『大辞林（第3版）』〔三省堂・2006〕）。また、政治経済学のイマニュエル・ウォーラーステイン（Immanuel Wallerstein）らが提唱する世界システム論では、世界の諸国家が「中核」「半周辺」「周辺」に区分され、それらの間の格差や従属関係が分析・批判されている（ウォーラーステイン『入門・世界システム分析』〔藤原書店・2006〕78頁以下）。

　このように「周辺」という言葉は色々な意味で使われているが、本章では「周辺化」という言葉を「人が自らの特定の属性を理由として、政治的・経済的権力の中心から隔たった位置に固定化されること」という緩やかな意味で用いたいと思う。人は特定の属性（国籍、年齢、性別、性的指向、出身地、学歴、職業、信仰、信条、民族など）を持つことを理由に、各時代における政治的・社会的な力関係によって「周辺化」されることもあれば、「統合」ないし「中心化」されることもある。本章でいう「周辺

化された人々」としては多様な属性・集団を挙げることができる。日本における例としては、在日外国人、LGBT、被差別部落出身者、ハンセン病者、さらにはシングルマザーやホームレスなどを挙げることもできるが、本章では「暴力団」と「女性労働者」について取り上げてみたい。

## 2．暴力団

(1) はじめに

作家の宮崎学によると、ある暴力団の最高幹部がかつて次のように述べたという。

「人権がないなら、お前らには人権がない、とはっきりいうてくれたらいいんだ。それならそれなりのやり方があるわけやからね。しかし、人権はある。だからお前らは義務を果たせ。けど、生きる権利は与えん。そんな馬鹿なやり方をしとるから、間違うとる、とわしはいうとるわけや」（『暴力団追放を疑え』〔筑摩書房・2011〕27頁）。

この言葉は、日本における暴力団対策法制の本質と矛盾を上手く表現しているように思われる。あまり日本では意識されていないが、日本の暴力団やそれを取り締まる法制度は、海外と比べて実に興味深い特徴を持っている。まず暴力団に関していうと、最近は変わりつつあるとはいえ、一昔前までは暴力団が街中で「代紋（エンブレム）」を掲げて、周りにわかるよう堂々と事務所を構えていた。この「公然性」が暴力団の最大の特徴といってよいだろう。一般に、海外ではマフィアのような犯罪組織は秘密の存在であり、したがって普通はアジトも周りからわからないようにつくられている。

このような違いが生じる主な原因の一つは、各国の法制度にあるといってよいだろう。すなわち、海外の多くの国ではマフィアのような犯罪組織を作ること自体が法律で禁止されている。だからマフィアらは自分たちの存在を隠さなければなさないし、ましてや堂々とアジトを作るなどという馬鹿な真似はしない。それに対し、実は日本で暴力団を作ること自体は違法ではない。もちろん暴力団の人間が犯罪行為を行えば逮捕される。だが

暴力団を作り、そこに参加すること自体は法で禁止されていないのだ。だから街中に堂々と自分たちの組事務所を出すことが可能だったわけである。

憲法21条1項は「結社の自由」を保障している。ここでいう「結社」とは「多数人が共通の目的をもって継続的に結合すること」と一般に解されている。この定義からすると、暴力団も一応「結社」に含まれそうである。そうすると、日本では暴力団の「結社の自由」を尊重した結果、あえて暴力団の存在自体を禁止していないのだろうか。この点を考えるためにまず、戦後、暴力団が時代の変化に応じて資金の獲得方法や組織形態をどのように「進化」させてきたのか、それに暴力団対策法制がどのように対応してきたのかを見ていきたい（以下、特集「暴力団対策法」ジュリスト985号（1991年）、特集「暴力団対策の現状と課題」警察学論集54巻2号（2001年）、などを参照した）。

(2) 戦後における暴力団と対策法制の変遷

(ア) 敗戦〜1950年代——シンプルな組織／「素朴」な犯罪による資金獲得

ここではさしあたり、暴力団を「その団体の構成員……が集団的に又は常習的に暴力的不法行為等を行うことを助長するおそれがある団体」（暴対法2条2号）と定義しておこう。国定忠治や清水次郎長などでイメージされる博徒や侠客といった「暴力団のような集団」は昔から存在してきたとされるが、現在の暴力団の直接の起源は、戦前から存在する博徒（賭博が主な資金源）や的屋（テキヤ：露天商が主な資金源）、そして戦後に登場した愚連隊（「不良青少年」の集団）などに求めることができる。

暴力団の資金源となる活動（いわゆる「シノギ」）は、賭博、露天商、みかじめ料、覚せい剤、売春……などが中心で、組織形態は単純な親分・子分関係が主流だったという。つまり集団が小規模かつシンプルだったのであり、これは刑法を用いた組織全体の取締り・壊滅が比較的容易であったことを意味する。ただし警察などの公権力は、暴力団を単に取り締っていただけではないようである。当時は警察もそれほど強くなかったため、警察が暴力団に襲撃された際、警察が別の暴力団に応援を依頼するケースもあったといわれる。

だが警察力が強化されていくにつれ、治安維持のために暴力団を利用する必要性は徐々に薄れていき、日本政府やGHQは暴力団規制を強めてい

く。従来から暴力団に対しては刑法を中心とする取締りが行われきたが、それらに加え、組織の解散や幹部の追放を命じた1949年制定の団体等規正令などにより、暴力団の勢力は一時衰えたとされる（ただしその後も、労働争議で経営者が暴力団を利用して労働組合に対抗したり、60年安保闘争の際に政府が暴力団を利用して運動に対抗することがあったとされる）。

　(イ)　1960年代〜1980年代半ば——組織のフランチャイズ化／シノギの洗練化　暴力団は上記の危機に対応して変化を遂げる。それまでは主たる資金源が賭博や覚せい剤など違法な犯罪活動だったのに対し、「フロント企業」と呼ばれる組織を使って不動産業、建設業、金融業など、表面的には「合法」な分野に進出し始めていく。ただしそこで暴力団は純粋に合法な営業を営むわけではない。暴力団の威力を背景に（時には暴力を用いて）、通常の営業では得られない利益を獲得するのである。そして末端の組員たちは暴力団の「名義」を使って商売した対価として、いわゆる「上納金」を暴力団の幹部に支払う。こうして暴力団があたかもフランチャイズチェーンのように巨大化・広域化していった。また、幹部は自分では手を汚さずに上納金を受け取るだけなので、検挙されるのは末端組員のみである。組織形態も、最上位である一次団体の子分が二次団体の親分になり、二次団体の子分が三次団体の親分になる……という具合に複雑な階層構造が形成されていく。したがって、なかなか一次団体の最高幹部らに検挙の手が及びにくくなり、組織全体に打撃を与えることが困難になっていった。

　とはいえ、捜査機関はそれを座視していたわけではない。1950年代以降、銃刀法や暴力行為処罰法による取締りの強化や、事件の被害者や証人などを保護するための刑法や刑事訴訟法の改正などが何度も行われてきた。警察・検察はこれらの武器を利用し、3度にわたっていわゆる「頂上作戦」（組織全体への打撃を目的とした上級幹部の検挙）を行い、一定の成果を挙げてきた。

　だが結果として、それでも暴力団を根絶することはできなかった。その理由の一つに、いわゆる「民事介入暴力」が暴力団の新たな資金源として成長したことが挙げられる。これは、民事上の紛争に対し、迷惑行為や、暴力による威嚇、暴力行使の示唆などを用いて介入する行為である（具体

的には、借金の取立、交通事故の示談交渉、総会屋、地上げ、などが挙げられる）。民事介入暴力が跋扈した背景の一つに、日本における紛争解決システム（裁判制度など）の使いづらさが指摘されている。そのために経済活動の当事者には、暴力団を利用した「紛争解決のショート・カット」を行う誘惑が生じることとなる。ある論者は民事介入暴力を「アンダー・グラウンドによる非弁活動」や「権利濫用の組織的運用」と表現し、これに対して裁判制度など現行の紛争処理システムが十分に対処できなかったと結論づけている（飯柴政次）。もちろん暴行・脅迫などは犯罪であり、理論的には警察による検挙が可能であるが、暴力団が犯罪に至らないグレーゾーンの手段を用いた場合、事実上犯罪の立証は困難である。また被害者である市民にとっても、刑事・民事裁判には時間的・金銭的なコストがかかり、場合によっては暴力団から報復されるおそれもある。それならば、暴力団の要求を呑んだ方が早いというわけである。

　(ウ)　1980年代半ば〜現在──組織の寡占化・非可視化／専門職「共生者」によるシノギの高度化　　その後も暴力団は「進化」を繰り返した。前述の「フロント企業」は暴力団自身の資金のみならず、1980年代の低金利政策などによって溢れた市場のカネを株式、土地、ヤミ金融などを通じて投資・運用し、莫大な利益を獲得するようになった。そこでは銀行や不動産会社などの大手企業も、時には受動的に、時には積極的に暴力団と関わりを持ったとされている。

　このような事態に公権力はどのように対応してきたのか。近年の暴力団対策法制の中でも画期的な意味を持ち、また、憲法上も重要な問題点を含む代表的な法令が、いわゆる「暴対法」と「暴排条例」である。

　　　(a)　暴力団員による不当な行為の防止等に関する法律（暴対法）（1992年施行）
　　本法の特徴は、日本で初めて暴力団を法律上定義し、それに該当する団体を暴力団として指定し、その行動に規制を加えるという点にある。それまでも警察内部の規則で暴力団を指定したことはあったが、法律で暴力団を定義・指定したことはなかった。その大きな理由の一つは、暴力団を定義することの難しさにあった。本法は、①当該組織の実質的な目的と②当該組織の構成員に占める前科者の割合、という二つの要件に基づいて暴

力団を定義することにより、そのハードルを（強行）突破した。そして指定された暴力団の構成員らに対しては、従来の刑事法では検挙が難しかった、みかじめ料の徴収や民事介入暴力といったグレーゾーン活動の規制を試みたのである。本法がどの程度暴力団に打撃を与えたのかに関しては議論があるが、暴力団を「好ましからざる集団」として法律上位置づけた意味は小さくない。

　なお、本法に基づき「指定暴力団」に指定された複数の暴力団からは本法の違憲無効を訴える憲法訴訟が起こされているが、その初期の判決を見てみよう（福岡地判平成7（1995）年3月28日判例タイムズ894号92頁）。そこでは暴力団によって本法が憲法14条（差別の禁止）、19条（内心の自由）、22条1項（職業選択の自由）、29条（財産権）、31条（適正手続）などに反すると主張され、全て裁判所に退けられているが、特に21条1項（結社の自由）違反に関する裁判所の判断を見てみたい。裁判所は「暴力団も個人の結合である団体、結社であり、構成する個人については、その憲法上の人権保障の規定は当然に効力が及ぶものであるから、一律にその結社や行動等を禁止し、規制することは、憲法の基本的人権保障の趣旨を無視し、各条項を形骸化し、個人の思想、良心を弾圧する結果を招来しかねない」と述べつつも、人権は公共の福祉のために一定の制限を受けること、暴力団が市民に被害を与えていること、また本法は「暴力団への自発的加入を犯罪とするものではな」いことなどから、本法がただちに結社の自由違反であるとはいえないとしている。

　(b)　**各都道府県の暴力団排除条例（暴排条例）**　　これは法律ではなく、各都道府県で制定されている条例である。包括的な暴排条例は2009年に福岡県で初めて制定されて以降各地に広がり、2011年に全都道府県での施行が完了した。各条例の内容には少なからぬ差異があるが、従来の暴力団対策法制が暴力団を取締りの対象にしていたのに対し、この条例が市民をも取締りの対象にするに至った点は共通している。注目すべきは、暴力団員への利益供与の禁止、および暴排条項導入の努力義務である。

　前者の例としては、東京都暴排条例24条3項「暴力団の活動を助長し、又は暴力団の運営に資することとなる……利益供与をしてはならない」を

挙げることができる。「暴力団の活動を助長」「運営に資する」という文言の解釈は難しい。警視庁は「ゴルフ場が、暴力団が主催していることを知って、ゴルフコンペ等を開催させる行為」は同条に該当するが、「飲食店が、暴力団事務所にそばやピザを出前する行為」は問題ないなどと解説しているものの、事業者は時に微妙な判断を迫られる。暴排条例に基づき、ある宅配業者が暴力団に対して荷受の拒否を通知したところ、「一般貨物自動車運送事業者は、特定の荷主に対し、不当な差別的取扱いをしてはならない」とする貨物自動車運送事業法25条3項を根拠に暴力団側が反論したという事例も起こっているという。

　また「暴排条項導入の努力義務」というのは、事業者が取引の契約書などに「当該事業に係る契約の相手方又は代理若しくは媒介をする者が暴力団関係者であることが判明した場合には、当該事業者は催告することなく当該事業に係る契約を解除することができる」（都暴排条例18条2項1号）旨の条項を入れるというものである。このような暴排条項の導入により、暴力団関係者の銀行口座の開設や不動産の賃借が困難になっているとされる。これは結果として、暴力団関係者のみならず、その家族らの日常生活にも制約を加えていると予想される。

　なお、暴排条例が法律として制定されなかったのは、①「利益供与の禁止」や「暴排条項」が暴力団や事業者の契約の自由に対して事実上強度の制限を課す点や、②条文の文言が曖昧である点などに問題があり、内閣法制局の審査や国会審議の難航が予想されたためその回避を狙ったためではないか、という指摘がある。

　これらの諸規制によって賭博や覚せい剤、みかじめ料、民事介入暴力などといった従来からの資金源が打撃を受け、暴力団員も減少しているといわれる。その結果、中小規模の暴力団が山口組などの大規模な組織に吸収されることなどにより、暴力団の寡占化が進んでいるとされる。また、取締りを防ぐため、警察への情報提供を拒否したり、組員を表面的に破門して身分を「堅気（一般市民）」に変えることなどによって、暴力団が自らの存在を「非可視化」させる動きも進んでいる。

　また近年、暴力団が「共生者」と協力して新たな資金源を開拓している

ことが指摘されている。共生者とは、堅気でありながら暴力団に協力する者のことで、以前から存在してきた。だが近時では金融トレーダー、公認会計士、弁護士のような、高度な専門家の共生者が増加し、株式売買などを通じた暴力団の資金運用に協力して莫大な利益を上げているとされる。

### (3) 小括——なぜ政府は暴力団を禁止しないのか

さて、これまで繰り返してきたように、海外と比べた日本の暴力団対策法制の特徴は、暴対法や暴排条例も含めて、暴力団の存在自体を禁止していない点である。日本政府、とりわけ暴力団対策法制の立案を担当している警察庁の官僚は、海外のように暴力団を全面的に禁止しない理由として、憲法における結社の自由をしばしば挙げている。だが、結社の自由は「犯罪を行うことを目的とする結社」には保障されない、と考える憲法学説も少なくない。この点を踏まえると、政府が暴力団の禁止に踏み切らない主な理由は暴力団の「結社の自由」それ自体よりも、以下の点にあるように思われる。

第一に、暴力的破壊活動を行った団体に対して解散などの強力な規制を加える破壊活動防止法（破防法）制定時の経験である。1952年に団体等規正令の後身として政府が本法制定を目指した際は、「結社の自由」への脅威であることなどを理由に広範な反対運動が起こった。多くの憲法学説も、条文の文言が曖昧であったり、団体の解散手続に問題があるなど、濫用の可能性が大きいという理由から、破防法は違憲の疑いが強いと結論づけている。その結果、破防法は制定されたものの、当初に比べ内容を弱める修正が加えられた。破防法適用による有罪例は存在するものの、公安調査庁によるオウム真理教の解散請求が公安審査委員会によって棄却されるなど、破防法への批判に配慮してか、その運用は慎重であるといってよい。仮に暴力団の存在自体を禁止する法令を制定しようとすれば、破防法制定時と同じような反対に遭うことが予想される。このことが政府に暴力団禁止を躊躇させる原因の一つであると思われる。

第二に、現在の暴力団が大きすぎてつぶせない、という問題である。仮に暴力団禁止法を制定したと想定しよう。目下「非可視化」が進んでいるとはいえ、現在もなお暴力団事務所は周囲にわかる形で存在し、明らかに

暴力団員といえる者がそこにいる（警察白書によると2013年度の暴力団構成員・準構成員の数は約6万人）。それらを全て即時に検挙することは極めて困難だろう。法で禁止されているはずの暴力団事務所や暴力団員が公然と街中に存在すれば警察の責任が問われ、「法治国家」の看板を傷つけることになりかねない。したがって、もし暴力団が禁止されるとすれば、もう少し暴力団や暴力団員が減少し、また、暴力団が海外マフィアのように非公然化して一般市民から見えにくくなってから、という可能性が高いと思われる（実際、警察も、暴力団を完全に禁止した場合、実際には取締りが困難であることを認めている）。

　第三に、政治家や治安判事らを暗殺するなど、イタリアのマフィアが公権力に対して公然と暴力を行使してきたのに比べ、日本の暴力団が警察や行政に大規模な暴力を加えることは比較的少なかったため、暴力団を禁止する動機が公権力に生まれにくかったことが考えられる。

　従来、暴力団は「周辺」に置かれつつも「中心」と一種の共生関係にあったといえよう。だが暴排条例に見られるように、暴力団に対する規制はかなり強まってきている。暴力団が海外マフィアのように潜伏化・凶暴化するという予想もあるが、今後「中心」と「周辺」の関係がどうなるのかはわからない。

　本節冒頭に紹介した暴力団幹部の言葉通り、「お前らには人権がない」とはっきり言わないのが日本における現在の暴対法制の特徴といってよい。しかもその実質的な理由は、恐らく「暴力団員の人権への配慮」ではない。留意すべきは、法において一旦先例ができれば、その対象範囲が拡大する可能性が否定できないという点である。近年、暴力団を含めた組織犯罪対策という名目で共謀罪、おとり捜査、司法取引、通信傍受の拡大などが主張されている。確かに、暴力団による犯罪や民事介入暴力を取締ることは重要である。だが、あくまでそれは憲法が許す範囲内でなされなければならない。ひとたび暴力団員に対する「人権は認めるが、生きる権利は認めない」という取扱いを許せば、それが暴力団以外の人々に拡大しない保証はないのである。

## 3. 女性労働者

(1) はじめに

　続いて取り上げるのは「女性労働者」である。労働しているという意味では、農家、自営業者、そして家事労働を担う「専業主婦」も労働者に含めるべきかもしれないが、ここでは「他人と労働契約を結んで雇用され、労働力を提供する対価として給与を受け取る」、いわゆる「勤め人」である女性たちに焦点を絞りたい。以下では女性労働者に対する性差別について、次の二つの視点から考えてみたい。第一に、憲法は性差別問題に関してどのような役割を果たしてきたのか。第二に、女性労働者が「男性並み」の働き方に参入することの是非、である。

(2) 憲法は性差別問題に関してどのような役割を果たしてきたのか

　戦後の日本の憲法訴訟の中で女性労働者差別の問題は、他の人権問題と比べ裁判所が積極的に活躍した分野だったように思われる。日本の裁判所は人権保障に消極的であるとしばしば批判されるし、実際そういってよいだろう。これはよく「司法消極主義」などと批判されるが、ヨリ正確には「違憲判断消極主義」ないし「合憲判断積極主義」と呼ぶべきものである（樋口陽一）。というのも、日本の裁判所は違憲の疑いのある法令などに合憲判断を下すことで、国会や政府の行為をしばしば追認・正当化してきたからだ。だが憲法を武器に職場の性差別を争った訴訟では、女性労働者側が勝訴したケースが少なくない。その例として、いわゆる「住友セメント女性結婚退職制事件」（東京地判昭和41（1966）年12月20日判時467号26頁）を見てみたい。

　(ア) 住友セメント女性結婚退職制事件

　　(a) 事件の概要　　この事件の概要は以下の通りである。1960年、本件の原告Ａさん（女性）は住友セメント株式会社で臨時社員として採用され、2か月間働いた後に正社員として採用された。ただしその際、「結婚又は満三五才に達したときは退職する」という内容の念書の提出を会社から求められ、Ａさんはこれに応じている（このような念書が求められたのは女性だけである）。そして1963年にＡさんは結婚したが自ら退職しなかったた

め、1964年、住友セメントはAさんを解雇した。そこで同年Aさんは、住友セメントに対し、雇用契約上の地位などを求める訴訟を起こしたのである。

(b) **当事者双方の主張**　さて、本件判決によると、会社側は女性結婚退職制を導入した理由について次のように説明している。

——同社では、女性は原則として高卒者だけを採用し、「比較的軽度の経験技能をもって処理することができ高度の判断力を必要としない補助的業務のみに従事させ」ている。すなわち、「コピーの作成、事務用品の配布、使い走り、来客の取りつぎ、清掃、お茶汲み」などである。他方、男性は大卒又は高卒者を採用し「業務計画立案、調査、研究報告、物品保管支払等」の業務を行う。そして男性には転勤があり、やがては幹部社員に昇進する可能性があるのに対し、女性は「結婚までの腰かけ的職場」であるから転勤も昇進もない。また、女性は「結婚後において、託児施設その他結婚後も勤務を継続する諸条件が整つていないため、家庭本位となり、欠勤がふえ……労働能率が低下する」ことなどを踏まえ、女性結婚退職制を導入するに至った——。

50年前の日本では、大企業もこのような主張を堂々と法廷で展開していたのである。これに対しAさんは、憲法13条（幸福追求権）、25条（生存権）、14条（差別の禁止）や労働基準法（労基法）などから見て、女性結婚退職制は「公序良俗」（民法90条）に反しており、無効であると主張した。

(c) **法的な争点**　現在の日本では「雇用の分野における男女の均等な機会及び待遇の確保等に関する法律（男女雇用機会均等法）」6条4号において、「退職の勧奨、定年及び解雇並びに労働契約の更新」につき、「労働者の性別を理由として、差別的取扱いをしてはならない」と定められている。だが本件当時、まだ均等法は存在していなかった。

他方、労基法はすでに存在しており、性差別に関しては4条で「使用者は、労働者が女性であることを理由として、賃金について、男性と差別的取扱いをしてはならない」と定めていた。しかし「賃金」以外の採用や退職に関しては差別的取扱いを禁じていなかったため、女性結婚退職制を明示的に禁止する法令は当時存在しなかったのである。さらに、Aさんは採

用時に自ら結婚退職制に同意してしまっている。

そこでAさんが持ち出したのが、当時の民法90条（「公ノ秩序又ハ善良ノ風俗ニ反スル事項ヲ目的トスル法律行為ハ無効トス」）であった。これは、例え本人の合意の上で結ばれた契約であっても、「公ノ秩序又ハ善良ノ風俗」――いわゆる「公序良俗」――に反する場合は無効となる、というものである。したがって、本件では女性結婚退職制が公序良俗に反するか否かが重要な争点となったのである。

さて、読者の中には「民法を持ち出すまでもなく、女性結婚退職制は性差別を禁じる憲法14条に反しているので無効ではないか」と考える方がいるかもしれない。だが、そうは簡単にいかないのである。日本の憲法学では「日本国憲法は近代立憲主義に立脚している」としばしばいわれる。ここでいう近代立憲主義とは、市民の基本的人権を守るために公権力（国や地方公共団体）を憲法によって拘束する、という考え方である。この考え方からすると、憲法は私人（つまり市民や民間企業）までは拘束しないはずだ。したがって、民間企業が社員の人権を侵害したと思われる場面であっても、社員は企業に対して憲法上の基本的人権を主張できないということになる。憲法問題をカードゲームに例えてみると、私人は公権力に対しては差別の禁止（憲法14条）や表現の自由（憲法21条）などといった人権のカードを出せるのに対し、他の私人に対しては人権のカードを出せない、というわけである。

このように、私人が他の私人に対して憲法上の人権カードを出せるかどうか、という問題を「憲法の私人間効力論」という。そして上述のように、他の私人には人権カードを出せないという主張を「無効力説」という。他方、現代においては公権力だけでなく、私人、とりわけ民間企業による人権侵害が深刻化している。したがって、他の私人にも人権カードを出すことを認めるべきだ、という主張もあり、これを「直接効力説」と呼ぶ。最高裁でこの私人間効力論の決着がつくのは本件の7年後のことである（いわゆる三菱樹脂事件。最大判昭和48（1973）年12月12日民集27巻11号1536頁）。したがって、当時はまだこの論争に最高裁で決着がついてはいなかった。そこでAさんは憲法だけでなく、民法の公序良俗違反を持ち出す必要があった

のである。すなわち、憲法が直接私人を拘束しないとしても、日本の最高法規である憲法は民法上の公序良俗の中身に十分反映されるべきだ。つまり、性差別の禁止は公序良俗の一部を構成しているはずであり、したがって、それに反する女性結婚退職制は無効となる、というわけである。このように、憲法が民法などの他の法令を通じて私人間の関係に適用されることを「間接効力説」という。

(d) 裁判所の判断　これに対して裁判所は以下のように判断し、Aさんが勝訴した。

——性差別の禁止は「法の根本原理」であり、憲法14条は「国家と国民との関係において」、民法1条の2（当時）は「国民相互の関係においてこれを直接明示する」。そして労基法の諸規定から考えて、性差別の禁止は「労働法の公の秩序を構成し、労働条件に関する性別を理由とする合理性を欠く差別待遇を定める労働協約、就業規則、労働契約は、いずれも民法九〇条に違反しその効力を生じないというべきである」。この裁判で会社は、女性が結婚したら家庭本位になって仕事の能率が下がるという事実を証明できていないし、もし既婚女性の中に仕事の能率が下がった者がいれば、その都度対応すればよい。したがって女性結婚退職制には合理性がなく、公序に反しており無効である——。

当時の民法1条の2（現在の民法2条）は「本法ハ個人ノ尊厳ト両性ノ本質的平等トヲ旨トシテ之ヲ解釈スヘシ」というものである。本条は敗戦後、新憲法制定をうけて追加されたもので、直接的には憲法24条2項（「配偶者の選択、財産権、相続、住居の選定、離婚並びに婚姻及び家族に関するその他の事項に関しては、法律は、個人の尊厳と両性の本質的平等に立脚して、制定されなければならない」）に由来するが、家族関係にとどまらず、民事上の契約関係全般に適用されると考えられている。裁判所はこの点に目をつけ、労基法には退職に関する性差別を明示的に禁じる規定はないものの、民法は憲法と同様に性差別を禁じていることから、合理性のない男女の区別は公序に反すると判断したのである。これは憲法の間接効力説に近い考え方といえる。

(イ)　住友セメント事件後の流れ　このように民法の公序良俗に憲法の内容を読み込む手法などにより、本判決後も裁判所は男女別定年制、賃金

差別、昇格差別、男女別コース制などの性差別を是正していった（ダニエル・H・フット『裁判と社会』〔NTT出版・2006〕231頁以下）。政治的表現の自由など他の憲法訴訟と比べると、性差別問題における裁判所の積極性は際立っているといえる。

　日本は1980年に女性差別撤廃条約に調印したため、雇用における包括的な性差別禁止立法を義務づけられる。その結果、1985年に制定されたのが均等法であるが、その内容の多くはすでに裁判所が下した判決の内容を改めて確認するものであった。そして、裁判所が判決の根拠の一つに憲法を挙げてきたことを考えれば、憲法が性差別の是正に関して重要な役割を果たしてきたといえるだろう。

　このように、労働運動や裁判闘争などといった多くの人々の努力や、国際社会からの「外圧」などが相まって、日本では性差別を規制・禁止する法制度が一定程度整備されてきた。近年は政府も「男女共同参画社会」を一応スローガンとして掲げるに至った。それでは、日本で性差別は是正・解消されてきたのか。言い換えれば、女性労働者は「周辺化」から脱したといえるのだろうか。

　例えば、日本で民間企業の課長職に女性が占める割合は2013年度で8.5％である。女性が就業者全体に占める割合が40％強であることを考えれば、まだ女性が企業において「中心」に統合された——あるいは「脱周辺化」された——とはいい難い。とはいえ、従来に比べて企業の管理職や役員に昇進する女性が増えていることは事実である。恐らく今後もこの流れが進むだろう。だが、それは望ましいことなのだろうか。

### (3) 平等に「男性並み」に働くことの是非

　従来の憲法学は女性労働者の差別問題において、専ら「女性が男性と同等の労働条件で働けること」に焦点を絞りがちであったように思われる。だが近年、社会政策やジェンダー研究の観点からは、そのような方向に疑問の声が挙がっている。

　すなわち、戦後の日本では均等法の制定などにより、表面的には性差別が是正されつつある。だが1997年にはそれと引き換えに、深夜業や休日労働の禁止、時間外労働の制限などといった「女性保護規定」が労基法から

削除されている。深夜なども働きたい女性にとっては、確かにこのような女性保護規定は「お節介」なものだっただろう。これにより女性も平等に「男性並み」に働くことが可能になったわけだが、問題はその「男性並み」の働き方の内実である。

　均等法は「男性並み」の雇用労働に女性が参入することを可能にした。だがそれは、安定雇用、比較的高い賃金、昇進、社会保障などを獲得する代わりに、長時間労働や深夜労働、転勤などといった会社からの要求にほぼ無限定に応じるという過酷な働き方である。他方、家事や育児・介護の多くの部分は依然として女性が担っているのが現状である。つまり「男性並み」に働こうとする女性が結婚した場合、過酷な雇用労働と家事労働の両立が求められるのだ。それが無理な場合は退職して専業主婦になるか、もしくは非正規雇用に移らざるを得ない。だが、派遣社員やパートタイムなど、女性労働者の過半数を占める非正規雇用は比較的残業が少なく転勤もない代わりに、雇用は不安定で賃金も低く、社会保障は貧弱で、昇進もない（もっとも、近年では非正規労働者であっても「フルタイム・パートタイマー」（！）のような長時間労働は珍しくないとされる）。

(4)　おわりに――いかなる平等・「脱周辺化」を目指すべきか

　結局のところ、このように女性労働者は二極化している。多くの女性は依然として「周辺」に位置づけられている一方、企業労働の「中心」に参入した一部の女性たちは雇用労働に加えて家事労働も負担させられているのである。性差別に関する多くの裁判闘争、そして均等法などの諸法制は主として、女性が「男性並み」に働くことへの障壁（結婚退職制、男女別定年制、賃金差別など）の除去を目指すものであり、裁判所や法制度はその要求に一定応えてきた。他方で、残業、深夜・休日労働、転勤などといった「男性並み」の働き方それ自体の問題は、あまり是正されていない。「周辺」と「中心」という言葉を使うならば、単に「周辺化された人々」が「中心」に統合されればよい、というわけではない。そもそも「中心」が統合に値する存在なのか、が問われなければならないだろう。その点で、残念ながら正規雇用という日本の「中心的」な労働形態には問題が山積している。恐らく、これには従来の「平等」という視点だけでは対応できな

いだろう。だが民法2条は「個人の尊厳」という重要な概念を私たちに与えてくれる。数十年前、女性労働者たちが雇用における「両性の本質的平等」を求めて闘ったように、「個人の尊厳」という視点から「男性並み」の働き方を問い直すことが求められているのではないだろうか（ただし、非正規労働者という「周辺化された人々」のあり方を「平等」という視点から考える必要があることはいうまでもない）。「周辺化された人々」の人権を考えることは「中心」にいる（と思われている）人間の人権を捉えかえすことでもあり、その逆もまた然りといえよう。その意味で、人権を考えることは存外ダイナミックな作業なのである。

　＊本稿はJSPS科研費15K16923の助成を受けた研究成果の一部である。

**参考文献**
溝口敦『溶けていく暴力団』〔講談社・2013〕
特集「暴力団排除条例と市民社会」都市問題103巻10号（2012年）
熊沢誠『女性労働と企業社会』〔岩波書店・2000〕
天野正子ほか編『権力と労働（新編　日本のフェミニズム４）』〔岩波書店・2009〕
上野千鶴子『女たちのサバイバル作戦』〔文藝春秋・2013〕

# 8 刑事手続と「国民」

山崎　友也

## 1．はじめに

　日本国憲法は、他の立憲主義憲法典の通例と異なり、刑事手続に関する定めを多くおいている（18条・31条～40条）。これに対して、大日本帝国憲法は「通例」にならい、刑事手続に関して形式的な法治主義を定める以外ほとんど規定を設けなかったが、その結果被疑者・被告人の人権への配慮を欠く法令・実例の出現を許したと一般に評価されている。日本国憲法は、そのような苦い経験を基に、あえて憲法典で刑事手続に厳格な規律を与えることとしたというわけである。

　刑事手続は、人身の自由という人間にとって最も基本的な自由を直接的に制限しうる。この意味で、刑事手続に対する憲法的規律は、立憲主義の立場からは当然の帰結だということもできる。しかし、刑事手続は、被疑者・被告人の人権保護・尊重を掲げる一方で、人権主体である被疑者・被告人の行動を疑い非難し、試行錯誤を繰り返しながら、「事案の真相」を解明しようとする複雑な営みである。人権の保護（尊重）・制限のバランスが取れた刑事手続制度の構築は、憲法典上の原則・固定的規律に尽きるものではなく、通常法令上の柔軟で専門・技術的規律に任されるべき領域が多いともいえる。

　このように、日本国憲法下の刑事手続は、旧憲法典が怠った被疑者・被告人の人権保護・尊重を実現しようとする一方で、被疑者・被告人の人権を時に制限しながら「事案の真相」を解明するという非常にアンビバレントな課題を担ってきたということができる。この課題の円満な解決は容易

ではない。例えば、憲法33条によれば、令状逮捕以外の適法な逮捕は現行犯逮捕に限定されるかのようである。しかし、刑事訴訟法210条は、懲役3年以上の罪にあたる犯罪をなしたと疑うに足りる十分な理由がある場合で、逮捕状発付を待てない急速を要する事情があるとき、事後の逮捕状発付を条件に、令状なしの逮捕を許容する（緊急逮捕）。判例（最大判昭和30（1955）年12月14日刑集9巻13号2760頁）・通説は実務上の必要性を重く見て、結論として合憲とする傾向が強いが、これを正当化する決定打的な理屈が提示されているとは未だいい難い。

本稿は、しかしながら、上記のような憲法解釈上の論点を個別具体的に検討しようとするものではない。よりトータルに、日本の刑事手続制度がこれまでどのように上記の「高度」な課題に対応しようとしてきたのか、近時の「国民」を動員する「改革」がどのような影響をもたらしたのか、そして「国民」の動員により日本の刑事手続がどのような将来をむかえようとしているのかを駆け足で検証することを目指す。日本国憲法は人権保護・尊重とともに、「国民主権」ないしデモクラシーをその基本原理とする憲法典である。刑事手続はそれとどのように関連づけられるべきなのか。

## 2．刑事手続における「国民」と「専門家」

### (1) 従来の刑事手続

日本の刑事手続が負った、前述したような「高度」な課題に対応して、従来その規律・運用は「高度」に専門的な集団に委ねられてきたということができる。刑事手続は2009年まで法曹三者（裁判官・検察官・弁護士）のみで運用されてきたし、刑事手続を規律する法案も、法曹三者の代表のほか、法律学の大学教授らが参加する法制審議会において徹底的な精査を受ける。そのうえで同会の承認をもってはじめて国会への法案提出がなされる慣行が確立している。もちろん、国会において与野党妥協のために法案の修正がなされることはあるが、一般国民が公聴会以外で法案の審議・決定に直接関わることはない。

(2) 裁判員制度

ところが、2009年、重罪事件を扱う刑事裁判（第一審のみ）に限り一般国民が参加する裁判員制度が施行された。裁判員法1条によれば、「司法に対する国民の理解の増進とその信頼の向上」のため、同制度は導入されたことになっている。そして、「国民」の参加によって刑事裁判自体の「改革」がなされることを期待する声も強かった。

しかし、裁判員制度の導入以後も、刑事裁判の極めて高度な有罪率は一貫して維持されている（99.73％、2013年刑事司法年報）。従来どおり、有罪判決を得られる確度の高い事件を検察官が選別したうえで起訴を行い、裁判員を迎えた裁判所がそうした検察官起訴を「信頼」し続けていることを示唆している。裁判員裁判の前に行われる「公判前整理手続」との関連も軽視できない。裁判官・検察官・弁護人の三者という「専門家」によって、裁判員裁判で提示される情報の「整理」が行われる。「専門家」により削ぎ落とされた情報のみが裁判員の判断の材料となっている点は、「専門家」が維持してきた高度の有罪率を消極的にせよ支える機能を持ちうる。

(3) 強制起訴制度（検察審査会）

裁判員と同様に一般国民が参加する検察審議会による「強制起訴」制度も施行された。検察官による不起訴処分にもかかわらず、同審議会が連続して2回「起訴相当」の議決をなした被疑者は、指定弁護士により起訴されるという制度である。「国民」目線から検察官の広範な起訴裁量を制約しようとするものだといえる。有罪判決を得る確度の高い事案だけを選別・起訴してきた従来の検察実務を条件つきであれ部分的に転換するものであることは確かであろう。

(4) 刑事手続への影響

このように、近時の刑事手続への「国民」参加は、従来の「専門家」による刑事手続の支配構造に一定の変化をもたらしている。しかし、その過程で「国民」の判断は、「専門家」のそれと衝突しうることもはっきりしてくる。後述するように、裁判員裁判の判断を控訴・上告審が覆し、より軽い量刑を言い渡すケースが出てきた。裁判官の「専門家」としての「相場」観からすると厳しすぎる判断を是正してみせたというわけである。こ

れに対して、刑事裁判を「国民」目線から「改革」しようとする者からすれば、裁判員裁判を「専門家」が安易に破棄するようでは裁判員制度の存在意義に関わることになろう。

　また、有罪判決を得る確信を検察官が持てない事案が「強制起訴」の対象となったものの、刑事裁判で無罪判決が確定するというケースも現れている（小沢一郎政治資金規正法違反事件等）。たしかに、検察官という「専門家」からするとスジが悪くても、「国民」からすれば裁かれるべき事案は、裁判官という別の「専門家」の判断を仰ぐべきということもできる。その結果無罪判決が下っても検察官起訴と同様に「強制起訴」自体に問題はないということになる。しかし、その一方で、起訴は被疑者を刑事被告人という負担の大きい立場におく公権力の行使だという点を強調すべきかもしれない。起訴を阻止するためではなく、起訴を行わせるために「国民」目線を利用することは被疑者・刑事被告人の人権尊重の観点からは好ましくないともいえる。

　刑事被告人の人権の関連で問題になる「国民」参加として、2008年から始まった刑事裁判での被害者参加制度もある。殺人・強姦など一定の重罪事件の裁判に、被害者やその遺族が被告人や証人に直接尋問したり、検察官の権限行使に対して意見表明をしたり、さらに検察官の論告の後に、訴因の範囲内で論告を行ったりすることができる（ただし、参加被害者の論告は証拠にはならない）。被害者や遺族の刑事裁判への参加は、被告人への反発を感情的に表明するものだけに終わる恐れがつきまとう。とりわけ裁判員の心証への影響は小さいとは限らない。しかし、裁判官は、被害者の参加やその発言を裁量的に禁止・制約できる。ここでも、「専門家」が「国民」の刑事手続への影響力をコントロールしていることに変わりはない。

(5)　難　　問

　このように、「国民」目線の刑事手続への導入は、難問に直面することになる。「国民」と「専門家」の感覚が異なりうることを前提に、「専門家」が支配してきた刑事手続への「国民」参加が図られた。「専門家」はひとまず「国民」目線に対応することが求められる。しかし、「専門家」は「国民」と異なる判断を下すことがある。刑事裁判の公正さ、刑事被告

人の人権を守る必要があるからだ。最終的に刑事手続は「専門家」の手によって完結する。では、「国民」が刑事手続に参加する意味は一体何なのか。

## 3．「国民」はなぜ刑事手続に参加すべきなのか

### (1) 司法制度改革審議会意見書

この点について比較的詳しく説明しているのが、裁判員制度をはじめとする「司法制度改革」を提案した、政府の司法制度改革審議会意見書（以下、「意見書」）である。「意見書」によれば、「国民の統治客体意識から統治主体意識への転換」が必要とされ、刑事裁判において「国民」の「健全な社会常識」を反映させるために、「広く一般国民が、裁判官とともに責任を分担しつつ協働し、裁判内容の決定に主体的、実質的に関与することができる」裁判員制度の導入が求められる。そして、同制度は「個々の被告人のため」ではなく、「一般国民」「裁判制度」にとって「重要な意義を有する故に導入するものである」という。

日本国憲法の刑事手続規定は、前述のように、主に被疑者・刑事被告人の権利を保護しようとするものであった。これに対して、「意見書」は、裁判員制度が刑事手続を大きく変えうる制度であるにもかかわらず、「被告人のため」の制度ではないと断言した点にその特徴がある。同意見書によれば、同制度は「国民」の「意識」改革のために設けられた。裁判員法がいう「司法に対する国民の理解の増進とその信頼の向上」（1条）とは、単に素人が裁判についてお勉強すべきだという意味ではない。裁判員制度を通じて、「国民」が「統治客体意識」「お上意識」（「意見書」）から脱却し、「統治主体意識」を持つことを真の目的としている。この目的を同制度が達成したとき、司法は自らの「国民的基盤の強化」（「意見書」）を果たしたということになるわけである。

### (2) 「意見書」に対する異論

とはいうものの、このような「意見書」の理屈立てには異論がありうる。「意見書」によれば、「国民」は「権利主体」であると同時に「統治主体」

であるにもかかわらず、現在の「国民」は嘆かわしいことに「統治客体意識」を有したままだとされる。「個人の尊重（13条）と国民主権（前文、1条）が真の意味において実現されること」が同審議会の目的である。たしかに、憲法上「国民」は主権者であると同時に基本的人権の主体である。しかし、「国民主権」とは「国民」が「統治主体」であることを要請しているのであろうか。

憲法学の通説的見解によれば、「国民主権」とは「国民」が国政の最高決定権を握ることを意味する。最高決定権とは、最高法規である憲法の制定・改正権および選挙権等の公務員選定罷免権を指す（芦部信喜）。「国民主権」とは、「国民」自らが統治権を行使するというのではなく、「国民」が統治権の正統化根拠だというにとどまる。この通説に反対して、現行憲法の「国民主権」とは人民（Peuple）が統治権の所有者だという意味だと説く「人民主権」説（杉原泰雄）がある。しかし、直接民主制への移行を目指しているのが現行憲法であると説いたり、公務員に対する命令的委任やリコール制を要請したりする同説には憲法解釈上無理があり、その影響力の低下は否めなかった。「意見書」のいう「統治主体としての国民」とは、杉原説の「復活」なのか。

「意見書」は、日本を直接民主制の国家にすべきだと明言しているわけではない。「国民」が「統治主体」であることが「国民主権の実現」だと説くのは、統治権をすべて「国民」が担うべきという強い主張ではない可能性がある。「統治主体意識」という語を同意見書が用いるのは、実際に「国民」が「統治主体」として活動することに限界はあるが、その「意識」だけは持って欲しいということなのかもしれない。

その一方で、前述の憲法学の通説が説いてきた「国民主権」とは大きく射程を異にする主張であることもまたたしかである。「意見書」は、国会や内閣という政治部門と裁判所という司法部門がともに「公共性の空間」を構成するので、これに参加するのは「統治主体」である「国民」の「重い責任」だとする。通説的な見解によれば、政治部門も司法部門もともに「公共性の空間」であること自体は肯定されようが、前者は国政への国民意思の反映を求める民主主義が基本となるのに対して、後者は民主主義で

はなく少数派国民の権利保護を求める自由主義が基本となるとされる。同じ「公共性の空間」だとしても、主導する価値理念が政治部門と司法部門とは異なるという理解である。だからこそ通説は、民主主義に連なる「国民主権」と司法部門との直接の関連を重視してこなかったのだが、「意見書」は逆に重視する。

### (3) 裁判員の義務・負担の正当性

このように、「意見書」によれば、「国民」は「重い責任」や「意識」改革を迫られている以上、これに対応した義務・負担を裁判員としての「国民」は負うべきことになる。裁判員候補者は、20歳以上の日本国民から無作為抽選される。「正当な理由」なく、裁判所の裁判員選抜のための呼び出しや、裁判員への就任を拒否すると処罰される。就任後も、罰則つきで公判・評議への出席や意見の陳述が義務づけられる。裁判員退任後も、評議の内容に関する守秘義務を裁判員経験者は生涯負い続ける。

最高裁は、このような裁判員の義務・負担について、「参政権と同様の権限」を与えるものである一方、就任等の辞退が柔軟に認められていること等の理由で、「意に反する苦役」を禁止する憲法18条には違反しないと判示している（最大判平成23（2011）年11月16日刑集65巻8号1285頁）。しかし、裁判員が負う義務・負担を正当化するために「参政権」を持ち出すのは問題である。憲法が保障する「参政権」とは、憲法改正国民投票権、地方特別法住民投票権、国政（衆議院・参議院各議員）・地方（首長・議会議員）の選挙権・被選挙権、公務就任権の総称であるが、これらのいずれも「権限」の行使を国民・住民の任意とし、その行使を義務づける制度を採っていない。また、裁判員就任等の辞退を柔軟に認めれば、「国民」の負担軽減には資する一方、「国民」が司法に参加する機会を失うことにもなるから、裁判員制度の目的達成を阻害するおそれがある。

これに対して、「意見書」の論理はより明快である。「意見書」によれば、裁判員の義務・負担は、「統治主体」としての「国民」に課せられた「公共的な責務」の一環である。「国民主権」原理が「国民」に対して要請・許容する義務・負担として憲法上正当化されるということになる。したがって、裁判員の義務・負担は、同じ憲法が禁止する「意に反する苦役」に

該当しない、あるいは憲法が例外的に許容する「意に反する苦役」に該当するという説明は容易となろう。しかし、先に指摘したように、「国民」は、政治部門に関わる「参政権」の行使を義務づけられていない。これに対して、司法部門（刑事裁判）に参加する義務を「国民」は負う。「国民」は政治部門以上に司法部門にコミットすべき「公共的な責務」を負うということを、「国民主権」原理からどのように説明できるのかが問題となる。

⑷　「国民」の刑事手続参加の限界

以上見てきたように、裁判員制度が典型的に示すように、「国民」の刑事手続への参加は「国民」による刑事手続自体の変容をそもそも意図したものではない。上級審が裁判員裁判を覆し、裁判所が検察審査会により「強制起訴」された事件において無罪判決を確定させるという事態は、「国民」が刑事手続を変えるアクターとして制度上想定されていないことを端的に示したものにすぎない。裁判員制度については、「意見書」の評価とは異なり、現在の刑事司法を「官僚司法」として批判的に見る法曹関係者からも賛同の声があがっていた。現実社会との接点を失い、被告人の権利利益への配慮に欠けるやや独善的な判断を下すこともあった従来の刑事司法を「国民」の参加によってより公正なものにしようという主張である。

しかし、そのような主張は、裁判員裁判・検察審査会が従来の「相場」より厳しい量刑判断や起訴議決を下した途端にディレンマに陥る。最高裁は、傷害致死事件の被告人に対して検察官求刑の1.5倍の懲役15年を言い渡した裁判員裁判（これを維持した控訴審判決）の量刑を不当に重いとして破棄する（最判平成26（2014）年7月24日刑集68巻6号925頁）一方、強盗殺人・現住建築物放火等事件の被告人に対して死刑判決を下した裁判員裁判を破棄し無期懲役とした控訴審判決を維持した（最判平成27（2015）年2月3日裁判所時報1621号4頁）。裁判員制度の導入に関わった弁護士の四宮啓は朝日新聞のインタビューに応じて次のように述べている。「1.5倍判決の破棄は納得できない。裁判員と裁判官が議論して出した結論は公正というのが制度の理念。裁判員が量刑判断に加わる以上、結論は尊重されるべきだ」。〔ただ、死刑は特別で〕「制度の問題ではなく、人の命を奪うかどうかという問題で質が異なる。遺族の気持ちは痛いほどわかるが、慎重にも慎重である

べきで、最高裁の判断に賛成だ」（朝日新聞2015年5月11日）。

　死刑がその他の刑罰と「質が異なる」か否かは次節で検討するとして、四宮の応答は矛盾しているといわざるをえない。裁判員と裁判官が議論して出した結論が「公正」だというのであれば、その結論が死刑であっても「公正」であるから維持されるべきということになるはずである。裁判員裁判が「公正」か否かは上級審によって審査される。裏返していえば、「裁判員と裁判官が議論して出した結論」であっても「公正」とは限らないということになる。上級審は裁判員が参加する裁判だからその結論を尊重すべきなのではなく、裁判員裁判が「公正」である限りでその結論を尊重すべきである。「憲法は、刑事裁判の基本的な担い手として裁判官を想定している」（前掲・最大判平成23（2011）年11月16日）からだ。

⑸　「国民」は「統治主体」か？

　今日の日本「国民」の刑事手続への参加は、刑事手続自体に決定的な影響を及ぼすものではないが、評議等を通じて「国民」が「意識転換」することを目指すものであった。その判断が「公正」か否かを「専門家」により審査される「国民」。「統治客体意識」を「統治主体意識」に転換するよう義務づけられる「国民」。憲法13条は「すべて国民は、個人として尊重される」と謳っている。この「尊重」されるべき「個人」を憲法学説はしばしば「自律した個人」と形容してきた。

　しかし、「自律した個人」とは、「専門家」に「公正」とは何かを説かれたり、「意識」改革を迫られたりすべき存在なのであろうか。刑事手続への参加を通して「国民」を「統治主体」へと昇華させようとするプロジェクトは、実は「国民」を「権利主体」と見ることと両立するか疑わしい面がある。また、国家が「自律した個人」に対して「統治主体意識」を有するよう誘導すること自体が「国民」を「統治客体」と見なしている可能性がある。「統治主体」とはそもそも何を意味するのか、「国民」は「統治主体」なのか、あるいは「統治主体」である（「統治主体」になる）べきなのかについては、前述したような国民主権ないしデモクラシーの構造・課題に照らした慎重な議論が必要であることだけは間違いないように思われる。

## 4. 憲法36条と「国民」

### (1) 死刑と「国民」

　刑事手続において「国民」が登場するのは「参加」の局面だけでない。「国民」は、刑罰を設定しようとする立法府の背後にも立ち現れる。その代表例が死刑制度である。憲法36条は、「公務員による拷問及び残虐な刑罰は、絶対にこれを禁ずる」と定めている。しかし、判例（最大判昭和23（1948）年3月12日刑集2巻3号191頁）・通説によれば、絞首刑による現行死刑制度は「残虐な刑罰」にあたらないとされる。憲法13条後段・31条は、それぞれ「生命」の制限や「生命」を奪う刑罰を想定しているので、死刑制度自体が直ちに36条が禁止する残虐刑にあたるとはいえないからである。

　もっとも、日本が死刑制度を維持している点については、国際的な批判が存する。日本は、1979年に市民的及び政治的権利に関する国際規約（自由権規約）を批准しているが、同規約第2選択議定書（死刑廃止条約）には署名も批准もしていない。その後、国連人権委員会等の国際機関は、今日まで繰り返し日本政府に死刑制度の再考を促してきたが、日本政府はこれを拒否している。

　日本政府が死刑制度の廃止を拒否する根拠は死刑制度を支持する「国民」世論に尽きる。内閣府は5年おきに「基本的法制度に関する世論調査」を実施し、その中で「死刑制度に関して、『死刑は廃止すべきである』、『死刑もやむを得ない』という意見があるが、どちらの意見に賛成か」と聞いてきた。2014年11月実施の同調査によれば。前者（廃止派）は9.7％、後者（存置派）は80.3％であった。たしかにこれだけを取り上げれば、日本の世論は圧倒的に死刑存置論に傾いており、国民主権ないし民主政下の日本政府として無視できないということになるかもしれない。

　しかし、以前からこの政府の「世論調査」については精査が必要だという声が絶えない（佐藤舞）。前掲2014年調査は存置派に対して、さらに「将来も死刑を廃止しない方がよいと思うか、それとも、状況が変われば、将来的には、死刑を廃止してもよいと思うか」と問うている。そのうち「将来も死刑を廃止しない」と答えた者は57.5％、「状況が変われば、将来的

には、死刑を廃止してもよい」と答えた者は40.5％であった。回答者全体のうち3割以上が死刑存置を絶対視していないことになる。

　世論調査で存置論を選択する回答者は、死刑制度の実態について正確な情報を得ていない疑いもある。というのも、日本政府は同制度の運用実態について徹底した秘密主義を取ってきたからだ。法務省は、2007年以降、執行された死刑囚の氏名と犯罪事実を公表し、2010年に刑場をテレビ公開したが、執行対象となる死刑囚の選定過程や、死刑囚の待遇については一切公開していない。死刑囚のプライバシー保護や、被害者遺族の精神的負担への配慮がその理由と考えられる。しかし、執行まで日常的に行動を監視され、最終的に生命を奪われる死刑囚の「プライバシー」をそもそも観念できるのか疑わしい。仮に観念できるとしても、その「プライバシー」の制限は、死刑制度の正当性根拠を「国民」世論から調達するための必要やむをえないコストと考えられる。被害者遺族の精神的負担も、同様に現状の極端な非公開主義を正当化するものとはいえまい。

　ひるがえって、死刑制度の正当化を「国民」世論に依存するという論法は妥当なのか再検討すべきかもしれない。前掲・最大判昭和23（1948）年3月12日は、死刑制度もその「執行方法等が時代と環境とにおいて人道上の見地から一般に残虐性を有する」場合に違憲となると判示している。死刑制度が違憲となる要件というだけではなく、合憲・存置から合憲・廃止、そして違憲・廃止へと立法府が死刑制度の評価を変えていく際の考慮要素を最高裁なりに示したものでもあろう。「国民」世論こそが「時代と環境」を顕著に表すと日本政府は考えてきたのかもしれない。

　しかし、刑事手続について「国民」の参加を要請しながら、「専門家」の支配を継続しているのが現状である。だとすれば、死刑という日本の刑事手続が課しうる極刑についても、「国民」世論以外に「専門家」としての正当化を必要とするのではないか。逆に、「専門家」として死刑制度の正当化が困難である場合、「国民」世論のみをかざして死刑制度の存置を国際機関に対して主張しても、対外的なナショナリズムを満足させることにはなるかもしれないが、「専門家」が支配する刑事司法との理念的整合性を否定することになる。「専門家」の論理の欠落を埋める「客体」とし

て「国民」世論が動員されるわけである。

　日本政府が今後も死刑存置論を採り続けるというのであれば、「専門家」としての論理を鍛える必要があろう。死刑廃止論の核心的論拠は、生命と他の法益との根本的差異である。前者を剥奪する誤判は取り返しがつかないが、後者を剥奪する誤判は金銭等で取り返しがつくと廃止論はいう。また、生命は他の法益の根本をなす法益であるにもかかわらず、これを剥奪する死刑は最も重大な法益侵害であると主張される。

　しかし、例えば、誤判の懲役刑により失った時間・自由は金銭等で取り返しがつくと本当にいえるのか、死刑が生命権を否定するので罪深いというのであれば、懲役刑も自由権を奪うので罪深いということになるのか、刑罰を特定の法益自体を否定するものと捉えると、刑罰一般が成り立たなくなるのではないか、などの反論が可能である（長谷部恭男）。

(2)　拷問と「国民」

　憲法36条は、残虐刑のほか拷問も禁止している。これに対して、大日本帝国憲法は拷問禁止規定をおいていなかったが、1879（明治12）年の太政官布告そして翌年の旧刑法が公務員による拷問を禁止していた。しかし、警察官（特高）・検察官・憲兵による被疑者等に対する暴行はしばしば行われる「積弊」であった。現行憲法は、この「積弊」を除去するために、拷問を「絶対」的に禁止したわけである。日本は、拷問等禁止条約（1987年発効）に1999年加入している。同条約によれば、拷問とは、公務員等が情報収集等のために身体的、精神的な重い苦痛を故意に与える行為と定義される。日本の現行法は、特別公務員暴行陵虐罪（刑法195条）を定めている。このように、日本の現行制度上、公務員の職務上の暴行等は条約・法令上完全に禁止されているので、憲法36条の拷問禁止規定違反が刑事手続において直接問題になることは皆無に等しかった。

　しかし、死刑制度自体は残虐刑にあたらないというのと同じように、公務員による苦痛を与える行為のすべてが拷問に該当するわけではないと解することは不可能であろうか。幸いなことにというべきか、日本ではそのような「危ない」議論は憲法学でさかんだとは到底いえない。「国民」世論も、今のところ拷問をおよそありえないものとして議論の対象とすらし

ていないように見える。

ところが、ドイツでは実際に大きな論争を呼んだことがある（ダシュナー事件）。2004年にフランクフルト地方裁判所は、W・ダシュナー（当時フランクフルト警察副署長）らの行為を強要罪について有罪とし、ドイツ基本法（憲法）1条1項が保障する「人間の尊厳」を侵害したとする判決を下した（LG Frankfurt a. M., Urt. v. 20.12. 2004, NJW 2005, S. 692.）。身代金目的で11歳少年が誘拐・監禁された事件で、ダシュナーをはじめとする同警察署員は少年の監禁場所を聞きだすために容疑者に身体的苦痛を与えるという脅しをかけたと同判決は認定している。

同判決に対しては、「人間の尊厳」を絶対視する通説は肯定的な評価を与えたものの、他方で加害者の「人間の尊厳」を被害者の生命より優先させてよいのかという批判が浴びせられた。日本でこれから同種の事件が起きた場合も、拷問の「絶対」禁止は貫かれるであろうか。ドイツでは、「救出目的での拷問」と「真の意味での拷問」とを区別し、被害者救出の唯一の手段である場合にのみ前者を許容しようという考え方がある。しかし、憲法36条は目的を問わず拷問を禁止していると解することもできる。

だとすると、軽度の苦痛を与える行為は拷問にあたらないなど、禁止すべき拷問の射程を限定的に理解できれば、拷問の絶対的禁止を維持しつつ、公務員が被疑者等に情報提供等を求めて一定の苦痛を与えることも許容されうるかもしれない。ただし、傍点部の要件をどう満たすかは大きな問題である。死刑制度と同様、安易に「国民」世論に正当化を求めるべき論点ではない。世界的にテロリズムの脅威が拡大し「安心」「安全」の確保が叫ばれている今日だからこそ、拷問の「絶対」禁止規定の意義を改めて熟考することが求められる（玉蟲由樹）。

## 5．おわりに

本稿は、「国民」と「専門家」の協働と相克を軸に、日本の刑事手続の現状と課題のごく一部について論じてきた。紙数と筆者の能力の関係で論じられなかった問題として、本稿執筆中国会で審議入りした「刑事司法改

革法案」がある。とりわけ、警察・検察官による被疑者・被告人の取調べの可視化、通信傍受の対象拡大と手続の簡略化が問題となる。前者は、全刑事事件の2〜3％にとどまるとはいえ、「専門家」である捜査当局の活動を客観的にチェックすることが可能になる点で意義は大きい。冤罪の防止や裁判員裁判における立証という観点からも望ましいはずであるが、可視化の拡大に対する捜査当局の抵抗は根強い。ここでも、「専門家」の支配とその統制のあり方が問われている。

　また、前記法案によれば、通信傍受の対象は、被疑者薬物関連犯罪、銃器関連犯罪、集団密航の罪、組織的な殺人の罪の実行に関わる通話に拡大する。犯罪の「実行に関わる」という要件を緩やかに解すると、「国民」の「通信の秘密」(21条2項後段) を侵す恐れがある。また、違法な傍受を通信事業者等の「立会人」は切断できないことになる。「立会人」は被疑事実を知ることも通話の内容も聞くことはできない。通信傍受の監視役としての役割を果たせるか懸念されている。国会での徹底的な審議・修正を期待したい。

**参考文献**
佐藤舞「日本の世論は死刑を支持しているのか」法律時報87巻2号63頁（2015年）
杉原泰雄『基本的人権と刑事手続』〔学陽書房・1980年〕
玉蟲由樹『人間の尊厳保障の法理　人間の尊厳条項の規範的意義と動態』〔尚学社・2013〕
土井真一「日本国憲法と国民の司法参加」同編『岩波講座憲法4　変容する統治システム』〔岩波書店・2007〕235頁

# 9 政権交代と与野党の役割

上田　健介

## 1. はじめに

　今世紀に入ってからの日本の政治は、1990年代に行われた政治改革——衆議院の選挙制度の小選挙区比例代表並立制への変更や政党助成制度の導入など——や行政改革——内閣機能強化と省庁再編など——によってもたらされた新しい制度の枠内で、めまぐるしい動きを見せてきた。「官邸主導」が言われ始めた小泉政権、参議院で野党が多数派を占める「ねじれ国会」、2009年と2012年の二度の本格的な政権交代を経て、現在は、長期政権になりつつある安倍政権の在り方が注目されている。

　そこで、本稿では、主に与野党の意義と課題に着目しながら、「ねじれ国会」、政権交代、「官邸主導」といったトピックについて、憲法の観点から考えてみたい。

## 2. 権力の創出と与党の意義

(1)　「決められる政治」のために

　政治の安定、「決められる政治」を目指そうとすれば、与党には一定以上の数が必要であることを、はじめに確認しておきたい。端的にいえば、衆参両議院で過半数の議席を占めるか、衆議院で3分の2以上の議席をもつかである。それだけの「数」が求められるのは、それを日本国憲法がルールとして定めているからである。

　日本国憲法は、内閣総理大臣は国会議員の中から国会の議決で指名する

こと（67条1項。衆議院と参議院とで指名の議決が異なるときなどは、衆議院の議決をもって国会の議決とされる。同条2項）、内閣総理大臣がその他の国務大臣を任命すること（68条1項）を定める。また、内閣は、衆議院で不信任の決議案を可決し、または信任の決議案を否決したときは、衆議院が解散されない限り、総辞職をしなければならないとされる（69条）。両議院での議決は原則として過半数で行われる。それゆえ、内閣は、少なくとも衆議院の過半数の支持がなければ成立、存続できないこととなる。「憲法の定める議会制民主主義は政党を無視しては到底その円滑な運用を期待することはでき」ず、「憲法は、政党の存在を当然に予定している」（八幡製鉄事件最高裁判決〔最判昭和45（1970）年6月24日民集24巻6号625頁〕）ので、衆議院で過半数の議席を占める与党の存在が、安定した政権運営には不可欠ということになる。

　さらに、政権が政策を実現していくためには、予算や法律を成立させることが必要となるので、参議院の存在を考えなければならない。予算は、衆議院の議決が得られれば、参議院で否決や修正されたり、議決が行われなかったりした場合でも、衆議院の議決を国会の議決とする憲法上のルールがあるので（60条2項）、政府はこれを成立させることができる。しかし、法律は、両議院で可決されなければ成立しないのが原則である（59条1項）。それゆえ、政府がその政策を実現するために必要な法律案——その多くは内閣みずから国会に提出する「政府提出法案」である——を円滑に成立させるためには、与党は参議院でも過半数の議席を得ていることが必要となるのである。

　(2) 「ねじれ国会」

　しかし、近年は、「ねじれ国会」、すなわち与党が参議院で過半数の議席を占めていないという事態が度々生じた。「ねじれ国会」のもとでは、政府は参議院で法律案に対する議決を得るために野党からも支持を得る必要があるので、交渉に時間がかかったり原案からの修正を余儀なくされたりした。それでも最終的に法律が成立すればよい方で、野党が団結して反対に回れば法律は成立しない。その結果、政治が停滞することとなった。

　「ねじれ国会」については、政権党——政府と与党を合わせたもの——

と参議院で多数を占める野党との間で、国民の福利の増進に望ましい政策とは何かについて議論を行い、合意を形成していくタイプの議会政治を実現するきっかけとなるとして、肯定的に評価する論者もいる。しかし、「ねじれ国会」を実際に運営することは難しい。合意形成には時間がかかるし、与野党で国民の福利とは何かについて根本的な理解が対立している場合には合意形成がそもそも不可能であることも想定されるからである。また、野党側が政府に対する協力をおよそ拒否する態度をとる可能性も否定できないだろう。合意形成は野党側の妥協を伴い、またその結果成立した法律とそれに基づき実施される政策に対する国民の評価は政府・与党に対する評価になると考えられるので、野党側には政府に協力をする動機づけが小さいからである。政権党からすれば「ねじれ国会」に伴うこのような困難な状況の発生は避けたいと考えるのが自然である。

### (3) 連立政権の必要性

　そこで、現在の憲法が定めるルールの中で政権党に考えられる方法は二つある。一つは、参議院でも多数派を占めることができるように、野党の一部と連立政権を組んで「ねじれ国会」を解消することである。連立政権の組み方には、その政党からも大臣を出してもらう――党首や幹部が大臣として入ることが予想される――閣内協力と、大臣は出さないものの政策協定を結んで一定の政策につき法律の制定等に協力する閣外協力とがあるが、政権党にとって望ましいのは、前者である。この場合、提携をした政党は完全に連立政権に入り、連立与党の一角を成すこととなる。実は1989年の参議院通常選挙で自民党が惨敗して以来、参議院で単独政党が過半数の議席を占めることがなくなっているため連立政権が常態化している。1989年の当初は自民党が公明党と民社党から閣外協力を得て政権運営をしていたが、1993年の政権交代で誕生した非自民党政権の細川内閣、羽田内閣は多数の政党からなる連立政権であったし、1995年に村山内閣で社会党党首を首相に担ぎ政権に復帰した後の自民党政権も、自社さ、自自、自自公、自公保、自公と提携対象を替えつつ、2009年の政権交代まで一時期を除きすべて連立政権であった。2009年に政権交代した民主党政権も社民党、国民新党との連立政権であったし（社民党は2010年に離脱）、2012年の政権交

代以後の現在の自民党政権も公明党との連立政権である。

とはいえ、連立政権を組むという方法が常にうまくいくわけではない。連立を組んでもなお参議院で過半数を確保できないことがあるからである。近時の「ねじれ国会」はまさにそのような状況で起きたものである。とくに、2007〜2009年の自公連立政権、2010〜2012年の民国連立政権における「ねじれ国会」は、2007年、2010年の参議院選挙で連立与党が敗北して参議院の過半数を失ったために生じたもので、野党側が参議院選挙での「直近の民意」を盾にして政府の政権運営に対する抵抗をしばしば行い、政治の停滞を招いたのであった。このような状況を解消するには、野党第一党を巻き込んでの連立（大連立）を組むしかない。2007年に当時の福田首相と民主党の小沢代表との間で降って湧いた大連立構想の根底には、このような論理が存在していたのである。

(4) 法律案の再議決

そこで、日本国憲法が定めるルールの枠内で「ねじれ国会」に伴う政治の停滞を避ける方法として考えられる――実際に使われた――方法は、政権党が衆議院で3分の2以上の議席を確保することである。(1)で述べたとおり、法律の成立には両議院で可決されることが原則として必要とされるが、憲法には「衆議院で可決し、参議院でこれと異なった議決をした法律案は、衆議院で出席議員の3分の2以上の多数決で再び可決したときは、法律となる」との定めもある（59条2項）。政府から見れば、法律案が「ねじれ国会」のため参議院で否決された場合でも、衆議院で3分の2以上の多数決で再議決できれば、法律を成立させることができるのである。実際、自公連立政権の連立与党は、2005年の総選挙――郵政民営化法案が参議院で与党議員の一部が反対して否決されたことに対抗して小泉首相が衆議院を解散して行われた――で衆議院の3分の2を超える議席を獲得したが、2007年の参議院選挙で敗れて「ねじれ国会」となった後に、同年秋の国会でテロ対策特措法を参議院の否決にかかわらず衆議院で再議決により成立させたことが知られる（参議院で否決された法律案の再議決は1952年以来のことであった）。翌2008年の通常国会でも、参議院で否決されたり、送付後に参議院で議決されなかったりしたいくつかの重要法案を衆議院で再議決して成

立させることが見られた（憲法59条4項は、参議院が衆議院の可決した法律案を受け取った後、国会休会中の期間を除いて60日以内に議決しないとき、参議院がその法律案を否決したものとみなすことができる旨（いわゆる「60日ルール」）を定めるので、衆議院での再議決が可能となる）。

　再議決の方法をとることに対しては、「参議院の軽視である」「数の横暴である」といった批判もある。そのため、実際に政権党はこの方法を用いることに慎重であり、これ以降、2009年の政権交代まで再議決は行われなかった。2012年の総選挙の後も、自公連立政権は衆議院で3分の2の議席を獲得した一方で2013年の参議院選挙までは「ねじれ国会」であったが、この期間にも再議決は行われていない。政権党は参議院に配慮して慎重に対応しているといえる。しかし、再議決は、両議院間の議決の食い違いに対して憲法が認めている調整方法である。政権党が、法案について野党や国民に理解可能な説明と審議を尽くすことを当然の前提として、切り札として再議決に訴えることは決して非難されるべきことではない。衆議院で政権党が3分の2の議席をもつことは、「ねじれ国会」のときに現れる「強い」参議院の存在を念頭に置けば、安定した政権運営のために一定の意義をもつといわざるを得ないのである。

## 3．与党と政府との関係の変容

### (1)　「官邸主導」

　90年代以降に起きた変化で安倍政権の下でも顕著になってきたのは、内閣とくにその主な担い手である首相の、与党に対する地位の高まりである。政策の発案や形成において首相とその周辺の意向が重きをなしてきており、俗に「官邸主導」といわれる。この背景には、1993年に細川内閣の下で行われた政治改革がある（「官邸主導」には、もう一つ、各省官僚に対する内閣および内閣補佐機構の優位という意味もある。この関係では、橋本政権以降に進められた行政改革——中央省庁再編や独立行政法人の創設などと並ぶ内閣機能の強化——が重要であるが、ここでは触れない）。

　この改革は、衆議院の選挙制度を従来の中選挙区から小選挙区比例代表

並立制に変更するとともに、政党に対する国庫助成制度を導入するものであった。その契機となったのは、リクルート事件など「政治とカネ」を巡るスキャンダルによる政治不信の高まりであったが、政治にカネがかかる構造を改めることは、政党内部で党幹部の権力を強めることにつながった。

中選挙区制のもとでは、同じ選挙区に与党候補者が複数擁立された。与党候補者同士は同じ政党に所属するため政党の政策で争うことができない。そこで、与党候補者は、候補者個人の後援者を増やすため、冠婚葬祭等の付き合いや後援会を通した有権者の「お世話」を重視した（ひいては公共事業等の利益誘導に走ることにもなった）。このような活動にはカネがかかる。そこで、対立する与党候補者（議員）はそれぞれ派閥に属して、派閥の長を支持する代わりにカネ、ポストの面倒をみてもらうこととなる。他方、派閥の長は独自にカネを調達して彼（女）らの面倒を見ながら、自民党長期政権の下で総裁＝首相になることを目指して争った。このような組織の中では、総裁＝首相は、人事や政策において派閥やその有力者の意向を無視することができない。与党に対する首相の地位は弱かったのである。

これに対し、新たに導入された小選挙区制は、与党議員間の同志討ちをなくして、異なる政党に属する候補者が党の政策を中心に争うことを目指すものである。ここでは党の公認を得ることができる候補者は一人だけなので、公認権をもつ党幹部が派閥を越えて力をもつようになった。中選挙区制のもとでは、仮に公認が得られなくても派閥の応援を受けながら無所属で立候補して当選することが比較的容易であったが、小選挙区制ではそれは困難となる。2005年の「郵政選挙」の時、郵政民営化法案に反対して自民党の公認を得られなかった議員の多くが、小泉首相の立てた「刺客」候補に敗れたのは、その顕著な例である。また、事実上、党首を選挙の顔（首相候補）として掲げて争うようになったため、選挙に勝った時には、当選した議員に対する党首＝首相の権威は高まった。

政党助成制度も、国民一人当たり250円（総額約200億円）を税金から助成することで政治資金の調達に起因する腐敗を防止することを狙うものであった。ここでも、政党助成金は党本部に入るので、「財布」をもつ党幹部の力は強くなる。政治改革には、派閥を弱らせ、政党内部の権力を党幹部

に集中させる効果があったのである。

(2) 「国民内閣制」論

これに対応するかたちで、1990年代に憲法学で広まった議院内閣制の運用に対する見方が「国民内閣制」論である (高橋和之『国民内閣制の理念と運用』〔有斐閣・1993〕)。これは、次のように整理できる。

まず重要なのは、国会と内閣の役割分担に関するイメージである。日本国憲法上、国会は立法権を、内閣は行政権をもつが (41条・65条)、立法権とは法律を制定する権限で、行政権とは法律を執行する権限であると説かれることが多い。ここから、従来の憲法学では国会と内閣の役割分担について、国会がすべてを決定し、内閣はただその決定を実施するにすぎない存在なのだというイメージで捉えられることが多かった。これに対し「国民内閣制論」は、内閣こそが「統治」を行う存在だという見方を提唱した。実際に政策を立案して国政を運営しているのはどこの国でも内閣であるし、また日本国憲法も、国務の総理、外交関係の処理、条約の締結、予算の作成等を内閣の職務として掲げるほか (73条)、法律案の提出権も内閣に認められると一般に解されているので (72条参照)、これらの条文の全体を見るならば、日本国憲法上も、国政の運営を担うのは内閣であると理解できるというのである (憲法65条の「行政権」について、法律の執行のみならず、国政上の基本的な政策決定とその実行、すなわち「執政」も含むと解する学説も有力である)。国会は、このように統治を行う内閣をコントロールする存在として位置づけられることになる (「統治 - コントロール」図式)。

この図式に立つならば、統治を担う内閣の担い手 (とくに首相) とその政策が、民主政治の主役である国民から見てどのように決められるかが重要となる。今までの憲法学は、日本国憲法が、国民が選挙で国会議員を選出し、国会が首相ひいては内閣を選出するという枠組みを定めるので、これを文字通り受け止め、国民は選挙を通じて議員を選出するだけで、内閣 (首相) と内閣が実施する政策を選択するのはあくまで国民の代表者である国会であると捉えてきた。これは、長期政権を担った自民党の中の話し合いで首相が決められた55年体制にも適合的な見方である。これに対し、「国民内閣制」論は国民こそが内閣 (首相) と内閣が実施する政策を実質的

に直接選択する運用の方法を提案する。国会議員の選挙の際に、与野党がそれぞれ首相候補と政策を掲げて争い、国民がそれに対して投票を行うというかたちをとることによって、国民が、国会議員の選挙を通じて、事実上、政権と政策の選択をも行うことが可能になると考えるのである。

　このような運用を可能とするためには、政権担当の可能性をもつ二つの政党（あるいはあらかじめ選挙協力を行い選挙に勝った場合には連立政党を組むことを予定した政党群）が選挙で対決することが求められる。三つ以上の政党（群）があるならば、一つの政党（群）が選挙で過半数の議席を得る可能性が低くなり、選挙で過半数が形成されないならば、政権と政策の決定は、結局、国会での代表者の話し合いに委ねられることになるからである。そこで、二つの政党（群）が選挙で争う状況を生みやすい選挙制度として、小選挙区制を基本に置くことが提唱される。また「国民内閣制」論は、国政の運営を担うのは内閣であると考えるので、この視点から、行政府の内部における政官関係について、内閣が決定し官僚が執行するという図式で整理する。このような「国民内閣制」は、現実政治における政治改革の方向性に整合的な議論であったといえる。

### (3) 解散権

　内閣（首相）と与党との関係でもう一つ重要なのは、衆議院の解散権である。日本国憲法の文言上は、憲法69条が定める、衆議院で内閣不信任決議が行われた場合以外に解散権が行使できるのか明確でない。しかし、一般に、内閣は、内閣不信任決議が行われた場合以外にも自由に解散を行うことができると解されている（その根拠は諸説あるが、天皇の国事行為として「内閣の助言と承認により」「衆議院を解散すること」を掲げる憲法7条3号が挙げられることが多い）。実際に行われた解散も、その多くが内閣不信任決議とは無関係のものである。

　解散権は、内閣が国会（とくに衆議院）と対立して政治が停滞する場合に、内閣が民意を問う——内閣の政策が正しいと国民が判断すれば政権党を勝たせ、間違っていれば野党を勝たせるだろうから——ために行使されるものだと考えられている。しかし内閣（首相）から見れば、実際に行使しなくても「内閣の政策に反対すれば解散するぞ」と脅すことでその政策に対

する反対を抑えるため、とくに与党議員に対して「伝家の宝刀」として使われるものでもある。ところが日本では、衆議院で政権党が過半数の議席を占めているにもかかわらず解散権が実際にも行使されてきた。これはどのように評価するべきなのだろうか。2009年や2012年の解散は任期満了が近づく中のことであったからともかく、2005年や2014年の解散は許されるものであったのかが問題とされる。

　この点、これらは解散権の濫用であって、憲政の観点からは許されないものであるとの評価もある。しかし、別の見方もできる。(1)で見たように、日本の内閣（首相）は与党（や各省官僚）との関係で歴史的に弱い地位に置かれてきたところ、それが今でも残っており、内閣（首相）が自らの政策に対する与党議員（や各省官僚）の抵抗を退けて政治運営を進めるために、実際に解散総選挙に訴える必要があったのだという理解である。2005年の郵政解散は、小泉首相が推進する郵政民営化法案が与党議員の反対にあい、衆議院は辛うじて通過したものの参議院で否決されたために、事態を打破するために行われたものであった。2014年の解散も、2015年10月の消費税引き上げ延期という安倍首相の判断を覆そうとする与党議員や財務省官僚の動きを退けるために行われたとの見方がある。

　このように、日本の首相が与党（や各省官僚）に対してなお弱い立場にあるのだとの見方が正しいのであれば、その状況を改め、内閣（首相）の与党内部や行政府内部における優位を確立するための手段としての解散権行使を直ちには否定するべきでないだろう。もちろん、解散権の行使にはそれなりの理由が必要であり、首相にはその説明が求められる。しかし、解散権の行使とその理由の当不当は選挙を通じて議論され、最終的には国民による判断に委ねられると解さざるを得ない。そもそも、日本国憲法上、解散権を行使すれば総選挙後に国会の召集があった時点で内閣は総辞職しなければならない（70条）。総選挙に勝てば首相は再任されるだろうが、総選挙で政権党が勝つ保障はない以上、解散権の濫用には一定の歯止めがかかるように思われる（内閣が、もっぱら党派的な戦略だけで、すなわち政権党の勝てる可能性が高いという動機で解散を行うことも考えられるが、マスコミはそれを批判し、国民はそれを投票の際の材料とするべきであろう）。

## 4．権力の統制と与野党の課題

### (1) 政府の「コントロール」の意義

ここまで本稿では、与党の意義を説いた上で、政権党内部における党首＝首相の地位の強化につながる各種の改革や解散権の行使を肯定的に捉えてきた。しかし、権力は濫用されるおそれがあるのであり、政府（内閣・首相）の活動に対し、絶えず適切なコントロール（統制）を働かせなければならないことは言うまでもない。コントロールには大きく、国会と選挙を通じた政治的なコントロールと裁判所による法的なコントロールがあるが、ここでは前者に絞って検討を行う（法的なコントロールについては、項目12を参照してほしい）。また、コントロールとは、厳密には政府が何かをした後にその行為が適切なものであったかをチェックし、誤りがあれば是正させ、場合によっては辞職というかたちで責任をとらせることを指すが、ここではより広く、政府が何かをする前に国会がそれをチェックし、適切でない場合にはその行為を阻止することをも含めて考えたい。

### (2) 事前のチェック

まず、政府が何かを行う前のチェックという意味では、国会による政府提出法案の成立の阻止や修正が思いつく（このほか、予算案の議決〔60条〕や条約締結の承認〔61条〕、さらにはPKOでの自衛隊等の海外派遣に対する承認〔国際連合平和維持活動等に対する協力に関する法律6条〕や日本銀行総裁などの任命に対する同意〔日本銀行法23条〕に対する否決〔や修正〕が考えられるが、ここでは説明を簡単にするため政府提出法案に絞る）。

とはいえ現実に政権党が多数を占めている国会が政府提出法案の成立を阻止する事態は――「ねじれ国会」の場合を除いて――想定しづらい。しかし、それは、2．(1)で見たように、日本国憲法が定める統治の枠組みからすれば当然のことであり、決して問題視すべきことではない。この場面で野党にできることは、国会での審議の中で、法案やその背後にある政策の必要性や合理性について政府に説明を行わせた上で、そのおかしな点を訴えることに尽きる。細かい技術的な問題であれば政府が法案の修正に応じる可能性はあるし、また法案そのものに反対する強い世論を喚起するこ

とに成功すれば、政府が法案自体を撤回することにつながることもあり得ないわけではない。

　ところが、実際には国会での法案の審議時間は短く、また政府提出法案に対する修正が少ないのが日本の大きな特徴となっている。この背景には与党による事前審査制の存在がある。これは、自民党の一党長期政権の下で1962年頃から始まり1970年代に完成した制度で、政府提出法案については、自民党の政策調査会部会——ほぼ各省に対応して設けられている——で議員による審査を受けて、さらに政策調査会総会での承認そして総務会での了解を得てはじめて法案提出が認められるとするしくみである。政調部会での審査は綿密で、修正や突き戻しも頻繁に行われるため、与党議員はこの段階で法案や政策に対してチェックを行い、また自己の意見や利害を反映させることが可能であった。事前審査を行う中から、関係省庁の政策に習熟し強い影響力をもつ議員が生まれたのである（「族議員」）。他方、政府にとっては、事前審査の結果、いったん承認——全会一致が慣行である——を得ることができれば、その法案には党議拘束をかけて、国会への法案提出後の与党議員からの反対や修正を認めないことが可能となる。与党議員と政府双方にとって、事前審査制は極めて合理的な仕組みである。

　また、連立政権下においては、連立与党間の協議も重要となる。安倍政権の下では最終的に連立与党の協議調整機関（政務調査会長や会長代理らで組織される「与党政策責任者会議」）での了承が必要とされており、了承がとれなかった場合は、協議のうえ再度、各党の党内手続を踏むこととなっている。また重要政策については、早い段階からプロジェクトチームや協議会で連立与党間の協議が進められている。協議会としては安全保障法制の整備に関する与党協議会や税制協議会が知られる。

　このように日本では、政府提出法案については、国会提出前の事前審査や与党協議における議論が中心となっている。このことは、与党議員や連立各党が、政府の進める政策に対する事前のチェックにおいて重要な役割を占めていることを表しているといえないだろうか。もっとも、与党議員は、もともと党＝内閣の政策に基本的に賛同していることからも、また、上述した選挙での公認や政治資金の配分などを通じて党幹部から影響力を

行使されることからも、政府の政策に異論を唱えることがあまり期待できない。この点、連立各党は当然その間に政策に違いがあることから、とくに大政党が首相を出している場合、相手方の小政党には、首相が進めようとする政策に対して、異論をぶつけてこれをチェックする役割が期待されることになる。

　もっとも、事前審査は、与党の内部で行われる非公式の手続にすぎないという意味でも、そこでの議論に国民はアクセスできない——アクセスできるのは、族議員と、族議員にパイプがある団体、関係者に限られる——という意味でも、その内容が国民に公開されないという意味でも、パブリックなものではない。与党協議も、アクセスできる者の範囲は当然に広がり、また国民に対する透明性がいくらか高まるものの基本的には同様である。これらの議論と引き換えに、国会での公式の審議を空洞化させてしまうことは、憲法が想定している議論のしくみからの逸脱だといわざるを得ない。たしかに、最終的には、国会を通過させることができるだけの、法案に対する実質的な支持、合意の形成こそが重要であり、それを法案提出前に行うのか、法案提出後に行うのかは二次的な問題にすぎないとの見方もできる。そして非公式の場での折衝や「根回し」は合意形成に必要かつ効率的である。また全員一致での了承という進め方は、日本人の伝統的な集団主義的な文化に合っているのかもしれない（ちなみに、実際には必要があれば野党に対しても「根回し」が行われている）。しかし、パブリックな場での実質的な議論に重点を置くことが、憲法の趣旨——本会議は原則として公開とされる（57条1項）——からは要請されるのである。

### (3) 事後のコントロール

　日本国憲法は、国会による政府のコントロールのための手段を、実はいくつも設けている。衆議院による内閣不信任決議権（69条）がよく知られるが、このほかにも両議院の国政調査権（62条）、大臣の「答弁又は説明のため」の議院出席の義務（63条）、決算の国会への提出（90条）、財政状況の報告義務（91条）などが挙げられる。これらは、国会が政府にその政策や行政活動の状況について説明させ、また問題が起きた場合に真相を究明するとともに適切な対処を要請するための手段であると位置づけることがで

きる。そしてここでは、政権党の平議員だけでなく野党の役割が期待されることになる。

　しかし、日本の国会議員には、この事後的なコントロール、「政府統制」という役割に対する意識が弱い。また「政府統制」というときには、説明や問題に対する対処、改善ではなく、直ちに大臣の辞職を求める傾向が強いように思われる。いくつか例を挙げて説明してみよう。

　まず国政調査権は、国政に関する調査のために証人の出頭、証言、記録の提出を求めることができる権限であるが、これらを拒否した場合に刑罰を科すという意味で強制力をもつ、非常に強力な権限である（議院証言法参照）。しかし実際には政治家や政府高官のスキャンダル（汚職事件など）の際に散発的に用いられるにすぎない（今世紀に入ってから用いられたのは4件）。その理由として、しばしば、強制力のある国政調査の発動には全会一致が要請されるという慣行が指摘される。これは人権保障のためだとされるが、政権党が反対すれば調査が実施できないこととなる。そのため、ドイツの議会のように、例えば議員の4分の1の申立てによる調査を可能として野党に調査権を認めるべきであるとの提案が古くから行われている。

　もっとも、国政調査は事件の真相究明に限らず、より一般的に通常の政府の政策実施や行政運営の在り方を調査、検討するために活用されてよい。イギリスの省庁別特別委員会が行っているように、具体的なテーマを決めて、それについて、ある程度時間をかけて省庁や関係団体から記録を集め、証人を呼んでインタビューを行い、現状や問題点を整理して報告書にまとめて公表することを積み重ねれば、政府の活動にも緊張感が出るのみならず議員にも政策の勉強になり、新たな政策にも繋がるだろう。しかし、日本では国政調査の結果を報告書にまとめることが行われていない（ちなみに、衆議院では、1997年に「予備的調査」の制度が導入された。これは、委員会の議決または40人以上の議員の要請があった場合に、調査局長などの国会職員が行うもので、名目は「下調べ」であるが、省庁に資料の提出や説明等の協力を求め、報告書を作成するもので、国政調査の活用として注目された。もっとも、当初は年に4、5件のペースで実施されていたが、2010年に「最近の天下り・渡りの実態に関する予備的調査」が行われて以来、実施されていない）。

次に、国会議員の質問権についてである。これは、大臣の「答弁又は説明のため」の議院出席義務の前提として、憲法上、当然に認められているものである。「質問」というと、議員が任意のテーマを選んで大臣に口頭で疑問をぶつけ、大臣の返事次第ではそれに対して批判をしつつ再度疑問をぶつける、といったイメージを思い浮かべるかもしれない。しかし、日本の現在の制度では、このような意味での口頭質問は「緊急を要するとき」にしか認められておらず、実際にも緊急質問はほとんど認められたことがない（最近では、2012年11月2日に参議院本会議で野田首相に対する緊急質問が行われたが、これは、参議院で問責決議案が可決された結果、参議院での審議がストップしてしまっていた状況を打開するために捻り出されたもので、27年ぶりの緊急質問であった）。日本では、質問は質問主意書を出すかたちで、すなわち書面で行われるのが原則となっているのである。
　それでは、テレビで中継される議員と大臣との遣り取りは何かといえば、特定の議案（例えば法律案）について行われる「質疑」である。実際には、この質疑の中で関係する大臣や省庁に対し、一見その議案とは関係のない内容――後で触れる「政治とカネ」の問題を含む――を議員が問いただすことがあるので、実質的に口頭での「質問」が行われているともいえる。しかしこれは、特定の議案に関する審議と一般的な政府の活動に関する質問が混ざってしまっているものということができる。実質的には議案と関係ない遣り取りが行われる分、本来の議案の審議に充てられる時間が削られていることに注意が必要である。
　国政調査や質問の現状については、委員会の活動からも説明することができる。日本の国会は、本会議ではなく委員会が活動の中心になっている。委員会は、基本的に、省庁に対応するかたちで設置されており、これらの委員会が省庁に対するコントロールの中心になることが想定されている。ところが、委員会の活動のほとんどは法律案や予算案の審議に充てられており、国会議員も法律案や予算案の審議だけが委員会の役割だと認識しているようである。決算行政監視委員会（衆議院）、行政監視委員会（参議院）と「行政監視」の名を付した委員会が設置されているが、まさにこのことは、ほかの省庁に対応した委員会では「行政監視」を行っていないことの

表れであると思われるのである。「行政監視」の名を冠した委員会の活動も、極めて低調である。理事の選任や大臣の概要説明を除いて実質的に質疑が行われたのは、2012年12月の政権交代以降2015年3月末までの間、衆議院決算行政監視委員会で4回（別に分科会で4回あるが、委員会の質疑も含め、すべて決算に関するものであり、純粋に行政監視のための質疑はない）、参議院行政監視委員会で1回にとどまる。

このような現状に鑑みると、国会は事後的なコントロールの役割を十分に果たしていないといわざるを得ない。そもそも自らの役割として認識していない可能性すらある。憲法に様々な規定があることを振り返り、国会みずからが、事前のチェックだけでなく事後的なコントロールについても、時間と資源を割くことができるような制度改革を行うべきであろう。

なお国政調査や質問との関連では、「政治とカネ」の問題が、しばしば政府・大臣に対する野党の攻撃材料として取り上げられる。政治資金の調達は与野党を問わず政治活動のために必要なことであるが、政策がカネの力によって決められるのは政治の歪みであって許されない。大臣には、刑法の贈収賄罪のほかにも、政治資金規正法や大臣行為規範のルールに服することが求められている。これらに違反している疑惑が上がれば、大臣には国会での説明責任が生じるのは当然である。そこでの責任追及に野党が果たす役割も大きいだろう。もっとも、政治資金規正法は、野党を含む政治家に共通するルールである以上、野党側も政治資金規正法を守るべきであり、また政治資金規正法自体が抜け道の多い「ザル法」として批判されるものなので与野党が共通してこれを正すことが求められる（最近の「政治とカネ」をめぐる問題で野党による責任追及が失速したことを思い出してほしい）。野党は、大臣の「政治とカネ」にまつわる不正を問うべきは当然であるが、それは、広く、政府の政策や行政運営の問題を監視するという野党に求められる役割の一部であることに注意するべきである。

## 5．おわりに

　最後に、政府に対する究極のコントロールを述べておきたい。それは、総選挙による政権交代の可能性である。解散がない場合でも、衆議院は、4年に1度、必ず総選挙が行われることになっている（45条）。現在の小選挙区比例代表並立制は、小選挙区と比例代表との議席の割合にもよるが、与野党の間で得票率の変動に比べ議席の増減が激しい仕組みとなっており、2009年、2012年と二度の政権交代をもたらした実績がある。現在の自公連立政権は「巨大与党」に支えられ盤石に見えるが、来たるべき総選挙で国民の審判を仰ぐ必要があることが政権党の政治家にとってプレッシャーとなっていることは間違いない。逆にいえば野党は、次の総選挙で政権交代が現実味を帯びるよう、政府の活動に対するコントロールを適切に行う中で自己の存在を国民にアピールしながら現在の社会、経済の状況や課題を学ぶことで、次の総選挙に向けて現在の政権党ではできない政策を準備することが求められる。

**参考文献**
大石眞『憲法秩序への展望』〔有斐閣・2008〕
大山礼子『日本の国会』〔岩波新書・2011〕
白井誠『国会法』〔信山社・2013〕
高橋和之『現代立憲主義の制度構想』〔有斐閣・2006〕
高見勝利『政治の混迷と憲法』〔岩波書店・2012〕

# 10 財　政

片桐　直人

## 1．はじめに

　平成27（2015）年度一般会計当初予算は、歳入・歳出の規模で見ると、96兆3,420億円で、平成26（2014）年度から見ると、4,596億円の増加となっている。

　歳入、歳出のそれぞれの内訳を見ると、歳入は、税収が54兆5,250億円、その他収入が4兆9,540億円であり、それ以外を建設国債6兆30億円、赤字国債30兆8,600億円で賄っている。これに対して、歳出は、社会保障費31兆5,297億円、地方交付税交付金等が15兆5,357億円、公共事業費5兆9,711億円、国債費23兆4,507億円などとなっている。

　あらためて指摘するまでもなく、わが国の財政は、平成26（2014）年度から見れば若干改善したものの、なお、その38.3％を依存する大幅な赤字であり、これは先進国の中でも最悪のレベルである。しかも、これは今年度に限ったものではなく、長期政府債務残高の対GDP比も平成26（2014）年度末の見込みで、国だけでも158％とこちらも先進国で最悪の水準となっている。このような状況は、現在世代の受益を将来世代につけをまわすという意味でも、将来世代の政策選択の自由度を狭めるという意味でも問題である。

　近年、財政投融資改革、公会計改革、特別会計改革、決算制度改革などわが国の財政制度は大きな改革をいくつも経験してきた。これらの改革は、わが国の憲法にとってどのような意味を持つのであろうか。

　他方で、財政赤字の問題は、わが国だけでなく、先進国に多く見られる

現象である。そして、諸外国の憲法典では、そのことへの対応として、財政の均衡を憲法上のルールとして定める例が見られる。そこで、例えば、自民党が平成24（2012）年に決定した憲法改正草案でも、現在の83条に第2項を追加して、「財政の健全性は、法律の定めるところにより、確保されなければならない」とすることが提案されている。けれども果たしてこのような手法によって、財政赤字の削減ないし財政の健全性を保つことは可能なのであろうか。

　以下では、このような問題意識のもと、憲法の観点から、近年の財政制度改革の動向を概観してみよう。

## 2. 日本国憲法と財政議会中心主義

### (1) 財政議会中心主義

　日本国憲法は、天皇、戦争放棄、基本的人権、国会、内閣、司法、地方自治、憲法改正と並んで財政に関する章を設けて、その原則を明らかにしている。このように憲法典レベルで財政関連規定を定めるのは、多くの立憲主義国の憲法に見られるものであるが、それはなによりも財政に関する議会による統制ないし決定という財政議会中心主義の原則が、近代立憲主義の発展の大きな要因になったからである。

　財政議会中心主義は、①議会の租税同意権、②議会の支出議決権、③財政収支を統合する予算制度と予算に対する議会の議決権、④議会の決算審査権および会計検査制度の整備をその内容とする。よく知られているように、財政議会中心主義の起源は、イギリスのマグナ・カルタ（1215年）12条による議会の課税同意権の確認に遡る。ここで獲得された議会の課税同意権は、歳出同意権につながるとともに、それを確実なものとする予算・決算制度の整備へと発展していった。

　このような財政議会中心主義は、すでに大日本帝国憲法（明治憲法）制定前から、わが国でも知られ、実際に議会制度を確立した明治憲法でも、租税法律主義を規定し（62条1項）、予算の議会協賛権（64条1項）などが採用された。しかし、既定費（憲法上の大権に基づく既定の歳出）、法律費および

義務費の廃除・削減には政府の同意を要するとされていたこと（67条）、勅令による緊急財政処分が認められていたこと（70条）、予算不成立の場合の前年度予算施行制（71条）など、例外も多かった。

これに対して、日本国憲法は財政国会中心主義の原則に立ち、国の財政を処理する権限について国会の議決に基づいて行われなければならないことを明らかにした（83条）。この原則に基づき、租税法律主義（84条）とともに、国費を支出し、または国が債務を負担するには、国会の議決に基づくことが必要であること（85条）などを定めている。すなわち、日本国憲法の大きな特徴の一つは、明治憲法よりも、財政議会中心主義を徹底しようとした点にある。

(2)　「政府の失敗」

このような財政議会中心主義の徹底という日本国憲法の特徴は、今日でもその重要性を失っていない。けれども、これは、明治憲法との比較で指摘できるものであって、例えば現代の財政のあり方や他の立憲主義国の憲法のあり方に鑑みると、また別の特徴を見出すことができる。そして、現在の財政問題に対処するためには、そのような財政議会主義以外の観点も重要であるように思われる。以下、いくつかの点を指摘しておこう。

第一に、日本国憲法が定める財政議会中心主義は、いわば近代的な財政観にたって、政府の財政権力に対して議会が実質的なコントロールを及ぼしうることを手続・組織の面から確保しようとするものだといえる。ここでは、財政作用が、「政府運営の経費を確保し管理し使用する」ことであるということが漠然と想定され、政府がみだりに経費を使用することがないように、議会による統制を確保することを目指しているように見える。しかしながら、現代国家における財政は財政政策の手段としても用いられ、例えば所得再分配や景気調節の機能を果たすことが求められている。つまり、現代の財政は、政府運営の費用を見積もるだけでなく、国民のニーズを幅広く吸い上げ対応しなければならないのである。

このような現代の財政のあり方を踏まえれば、今日、財政議会中心主義はより一層強調されるべきであるとも思われる。けれども、同時に、現代の財政が広く国民のニーズに対応するものであるということは、財政には

様々な立場の国民の利害が色濃く反映されるということにも注意が必要である。限られた財源の中で、財政に国民のニーズを反映させるには、どうしても国民のニーズに優先順位をつけ、全体を調整しなければならない。これは、一部の国民のニーズに応える代わりに、他の国民には我慢を強いることを意味する。このような調整は、自らの権力基盤をもっぱら選挙を通じた民意に依存している現代の政治家にとって、非常に困難な課題である。政治家は、国民のニーズを財政に反映させることには熱心に取り組むが、国民に我慢を強いる政策には消極的になりがちになる。増税や公共事業費・社会保障費の削減などが不人気政策とされ、選挙前には行いにくいことは良く知られている。このような政治家の態度が予算の膨張につながることは想像に難くない。そうだとすると、財政のあり方を民主的に決定するには、通常の政治的意思決定とは別に、あるいはそれに加えて、何らかの工夫が必要だといえそうである。

そのような工夫として、例えば健全財政条項を憲法典化するなど、通常の政治的意思決定過程に対して外側から枠をはめるといったことが考えられる。しかしながら、日本国憲法の場合、このような工夫はあまりなされていない。

### (3) 一元型議院内閣制と財政議会中心主義

第二に、日本国憲法が、いわゆる一元型議院内閣制を採用しているという点を指摘しなければならない。一元型議院内閣制の下では、基本的には、下院第一党が内閣を組織することが想定されている。この場合、よほどのことがない限り、議会（とくに下院）と内閣との間が対立的になることは考えにくい。この点は、財政——とくに予算——についてもいえるところであって、わが国でいえば、ねじれ国会のような場合を除けば、予算をめぐって国会と内閣が対立しないというのが通常のあり方である。そうだとすると、財政議会中心主義を徹底するという場合には、本来、国会内の野党会派が予算に対してどの程度実質的な発言権、統制権を持っているかが重要になる。けれども、この点についても、すくなくとも憲法上は、特段の手当がなされていない。

さらに、日本国憲法では——学説からの批判はあるが——衆議院の裁量

的解散が可能である。そうすると、内閣総理大臣は、できるだけ自らの支持率が高いうちに衆議院を解散するということが有力な選択肢になる。また、野党から見ても、衆議院議員の任期に関わらず、政権交代が実現する可能性があるから、内閣不信任案決議の可決を狙って行動する。このような制度的な構図の下で、内閣総理大臣は、毎年、上述のような国民の利害の調整に当たらなければならない。そうすると、財政状況が悪化して増税が不可避な情勢であるというときには、勢い、衆議院が頻繁に解散されたり、政権交代が頻繁に起こったりするなど、政治が不安定にならざるを得ない。この点は、財政そのものの問題ではないかもしれないが、しかし、このような事態が日本国憲法の定める統治機構のあり方に内在する問題であることは指摘されてよい。

(4) 国債の発行と憲法

第三に、現代の財政は、一定程度、国債の発行が前提とされて運営されているのに、日本国憲法は、この点に関して意味のある規定を置いていないという点が挙げられる。もちろん、国債発行は、世代間の公平の観点からも、財政の持続可能性の観点からも、無秩序に行われるべきではない。したがって、日本国憲法がこの点に関する規程を用意していないのは、国債発行を厳に慎み、健全な財政を維持することを暗黙の前提としているともいえるのかもしれない。

しかし、すでに指摘したように、現代の財政に景気調整機能や所得再分配機能が期待されている以上、国債発行をまったく行わないことは、現実的でないばかりか、かえって不合理である。だからこそ、諸外国では、国債発行や償還に関するルールを憲法典レベルで規律する例があるのである。けれども、この点についても、日本国憲法は明文の規定を持たない。

加えて、現代の財政に景気調節機能などが期待されることや、それゆえに国債発行を前提とするということは、もはや財政は、国民との関係だけでのみ考えることができないということでもある。財政に景気調節機能を期待するということは、財政によって、その時々の経済状況への介入も期待するということでもある。そうすると、その時々の経済状況の診断、財政出動の効果の計測、他の経済政策による効果が財政政策に与える影響な

どについて、誰がどのように診断ないし計測するのかについても考える必要があろう。また、国債は、租税の代わりに金融市場から当面の財政資金を調達する手段であるから、金融市場との関係を見据えた国債の管理も必要となる。これらのすべてについて憲法上の規律が必要ではないかもしれないが、これらのすべてが憲法上の規律を必要としないともいえないように思われる。すくなくとも、財政にこのような側面があることは認識されなければならない。

ただし、日本国憲法が財政議会主義を基調としているとしても、これらの点のすべてを国会が行うことは現実的ではない。財政議会主義の実質を確保しながら、このような諸点にも留意した制度設計が求められよう。

以上指摘した点は、いずれも、単純に財政議会主義を強調するだけでは、解決されない問題である。繰り返しになるが、財政議会主義そのものの重要性は未だ失われてはいない。しかしながら、他方で、機能ないし役割が増大し、複雑化した現代の財政を扱うには、財政議会主義の強調だけでなく、より細かなレベルでの、現代の財政の機能や役割を踏まえた制度設計が求められるのである。

## 3．財政制度改革と憲法

このようなより細かなレベルでの制度設計の多くについて、憲法はあまり多くを語っていない。もっとも、わが国の財政制度が、憲法と無関係に、まったく恣意的に構築されているというわけではない。財政制度を形作る諸々の法令を「実質的意味の財政法」などと呼ぶが、憲法で定められない詳細は、実質的意味の財政法によって定められているのである。そうだとすると、現代の財政問題を考える際には、このような下位の法令を含めて、どのような制度が構築されているのかを理解する必要がある。そして、近年なされた財政制度改革の多くがこの領域に属する。以下では、とくに、会計制度改革と決算制度改革を概観しておこう。

(1) 会計制度の改革

憲法85条にいう国費の支出や債務負担のための国会の議決は、予算によ

っておこなわれる（86条参照）。もっとも、86条にいう予算がどのような内容のものであるかは、憲法では明らかにさらず、財政法などが詳細を定めている。あまり強調されることがないが、このように財政運営の詳細の多くを財政法などの財政関連法令に委ねているのも、日本国憲法の特徴の一つといってよい。

当然のことながら、国には継続的にさまざまな収入や支出がある。例えば、収入面でいえば、毎年の税金の徴収による税収のほか、年金保険料収入などがあるし、また、支出面でいえば、年金や医療費の支出や公共事業にかかわる経費などもある。

このような資金の流れの全体は、本来、一つのものとして把握されるのが望ましい。これを統一的会計の原則という。もっとも、国の行政活動が広範になり複雑化してくると、単一の会計では、かえって個別の事業の状況などが不透明になる可能性もある。そこで、財政法13条は、国の会計を一般会計と特別会計に分け、後者については、法律に基づいて、①国が特定の事業を行う場合、②特定の資金を保有してその運用を行う場合、③その他特定の歳入を以て特定の歳出に充て一般の歳入歳出と区分して経理する必要がある場合に設置することを認めている。さらに、一つの特別会計の中でも、さらに区分して経理する方が適切な場合には、勘定として区分することとなっている。また、特別会計については、「各特別会計において必要がある場合に」、一般会計とは異なる財務会計処理を行うことが認められている（財政法45条）。そして、国の予算は、一般会計、特別会計それぞれについて作成されることとなっている。

ところで、財政法2条3項は、「会計間の繰入」等についてもそれぞれ収入・支出として扱うことも定める。ここからも理解されるように、各会計間では、複雑な現金のやりとりが行われている。このことは、国の財政状況の統一的な把握を困難にし、財政全体の効率性を損なうことにもつながる。一般会計が歳出削減に向けた努力をしている中で、特別会計では、不要不急の事業が行われたり、あるいは、効率的でない予算使用が行われたりしているのではないかとか、特別会計に無駄な資金が蓄えられており、これを効率利用すれば一般会計の赤字が削減できるのではないかといった

議論がなされるのも、このような複雑なやりとりを伴う特別会計が検証しづらいからであるといえよう。

　財政議会中心主義の建前からいって、特別会計の状況のあり方を精査するのは、本来、国会の役割のはずである。しかし、各会計間の複雑なやりとりや膨大な数の特別会計の中身のすべてを国会が精査し、統制することは不可能である。かといって、特別会計をすべてなくすことは、かえって財政状況の把握を困難にする。そうすると、各特別会計の適正な運用はもとより、不要な特別会計の整理・統合、適切な情報開示が必要であるといえよう。平成19（2007）年には「特別会計に関する法律」が制定され、特別会計を整理統合し、総則において各特別会計に共通するルールを定め、各特別会計で経理する事業が明記されたほか、情報開示の充実が図られた。また、平成25（2013）年の同法の改正によって、特別会計のさらなる廃止・統合等が進められることになっているほか、基本理念規定が創設され、経済社会情勢の変化に対応して効果的・効率的に事務・事業を実施すること、区分経理の必要性を不断に見直すこと、剰余金の適切な処理、財務情報の国民への公開などが定められている。これらの改革は、財政の効率的な運用や国会の財政統制の実質を確保したという点で積極的に評価されてよい。

　また、平成15（2003）年以後の公会計改革も重要な改革である。各会計の状況を統制するためには、一定の時期を区切って（会計年度）、定期的に把握するのが有用であり、このことは国でも企業でも変わらない。もっとも、会計年度は、不断に発生する国の経済活動を、人為的な期間で区切って把握するものであるから、各取引をどのタイミングで認識し、どのように記録するかが問題となる。この点、企業では、利害関係者に対して一定期間の経営成績や財務状態などを明らかにするために、収益や費用を発生させる経済価値の変動の事実に基づく会計処理がなされ（発生主義）、複式簿記に基づいて貸借対照表、損益計算書、キャッシュフロー計算書などが作成される。これに対して、国の会計処理は、収入支出の判断を確実かつ健全に行うことが重要であることから、現金の授受の事実を重視する現金主義を基調として行われ、また、すでに見たように一会計年度の一切の経

費を歳出とし、一切の収入を歳入としてすべて予算に計上するとともに（総計予算主義）、予算の全貌が明らかになるように歳入歳出の差引計算を行わずに、予算を作成し、その結果を決算として作成している。

　このように国の会計は、企業会計と異なるところがあるが、それは、国会の統制が確保されるように、できる限り客観的・確定的な処理が求められるからである。他方で、このような国の会計処理は、国の資産や負債に関する把握は難しい。そこで、平成12（2000）年に平成10（1998）年度決算分の国の貸借対照表（試案）が作成・公表されたのを契機として、平成17（2005）年の平成15（2003）年度決算分からは「国の財務書類」として整備が進められ、平成23（2011）年度決算分からは、その作成・公表の早期化が図られている。

(2)　決算制度の改革

　憲法90条は、「国の収入支出の決算は、すべて毎年会計検査院がこれを検査し、内閣は、次の年度に、その検査報告とともに、これを国会に提出しなければならない」と定める。決算とは、一会計年度における国の収支支出の実績を示す確定的計数書である。財政法は、歳入歳出の決算について、財務大臣が「歳入歳出予算と同一の区分により」作製し、内閣は、歳入決算明細書、各省各庁の歳出決算報告書および継続費決算報告書並びに国の債務に関する計算書を添附して、これを翌年度の11月30日までに会計検査院に送付しなければならないとしている（財政法38条・39条）。

　会計検査院は、決算検査のほか、常時検査や会計経理の監督を行うものとされ、検査は、正確性、合規性、経済性、効率性、有効性の観点から行われる（会計検査院法20条）。年度ごとの検査を効率的・効果的に実施するために、検査計画が定められ、計画に基づき、検査対象機関に対して、書面検査や実地検査を行う。検査の進行に伴って、会計経理に関し違法または不当であると認める事項がある場合については、直ちに、本属長官または関係者に対し当該会計経理について意見を表示しまたは適宜の処置を要求しおよびその後の経理について是正改善の処置をさせることができる。また、検査の結果法令、制度または行政に関し改善を必要とする事項があると認めるときは、主務官庁その他の責任者に意見を表示しまたは改善の処

置を要求することができる。

　会計検査院の検査は、決算検査報告として内閣を経由して国会に提出されるほか（90条）、国会および内閣に対して、意見を表示しまたは処置を要求した事項について、随時、国会および内閣に報告することができる（会計検査院法30条の2）。また、平成9（1997）年からは、各議院または各議院の委員会は、審査または調査のため必要があるときに、会計検査院に対し、特定の事項について検査を要請し、その報告を求めることができるようになっている（同30条の3、国会法105条）。

　内閣は、会計検査院の検査を経た歳入歳出決算を、翌年度開会の常会において国会に提出するのを常例とし、歳入歳出決算には、会計検査院の検査報告の外、歳入決算明細書、各省各庁の歳出決算報告書および継続費決算報告書並びに国の債務に関する計算書を添附することが定められている（財政法40条）。

　もっとも、この決算報告は、議案として扱われずに、一種の報告案件として扱われている。すなわち、決算は、衆参両院に同時に提出され、衆参両院の議決が異なっても、これを調整しない。また、議決に至らない場合でも、再び国会に提出されず、後の会期においてこれを審議する。

　決算がこのような取扱いをされていることから、決算の否認には法的な効果も、政治的な効果もないといわれる。しかし、決算には、執行された予算をチェックし、以後の予算編成および執行の適正を図るという機能があるのであって、この点で重要なのが、国会への決算提出時期の早期化と参議院の決算委員会における措置要求決議と本会議における警告議決である。前者については、平成15（2003）年度決算が、平成16（2004）年11月の臨時国会会期中に提出されるようになったのをきっかけとして、N－1年度の決算について、N年度のN＋1年度予算編成作業中に審査することが可能になっている。また、後者について、参議院の決算審査においては、①決算委員会における決算審査措置要求決議と②本会議における決算の是認・否認の議決、③同じく決算における内閣に対する警告議決がそれぞれ行われる。このうち、措置要求決議と警告議決が行われたものについては、それ以後の予算編成において反映されるのが通例である。

このほか、近年の予算・決算制度においては、政策評価や行政事業レビューの結果が反映されるなど、PDCA サイクルの確立が図られている。

(3) 財政制度改革の意義

以上見てきたような近年の財政制度改革は、財政の無駄や不正をなくし、財政の効率性を高めると同時に、各種の説明資料の作成や財政状況の公表によって、財政に関するアカウンタビリティを向上させるとともに、財政に対する事後的統制の結果を以降の予算編成に活用するものといえよう。

このような改革それ自体は、憲法が掲げる財政議会中心主義の原則から見ても、高く評価できるものである。しかしながら、他方で、いくら制度が良くなっても、それを上手く利用しなければ意味がない。例えば、国会における決算審査は、国会審議の日程——ひらたくいえば政治情勢——に左右されしばしば遅れることがある。このようなことでは、決算提出の早期化などによって、PDCA サイクルが確立されていても、決算審査の結果をタイムリーに予算に反映するのは難しい。また、国の財務書類が作成・公表されているといっても、行政が十分に活用するのはもちろんのこと、国会の予算・決算審査においても活用されなければ意味はないだろう。

## 4．財政赤字と憲法

他方、**3．**で見たような制度改革は、財政の効率化という点では意味があるものの、それだけでは昨今の財政赤字を削減ないしコントロールすることは不可能である。その意味では、例えば予算編成過程の改革や起債制限も含めた財政規律の法的確保が重要な課題になる。そこでつぎに、国債に関する法制度と予算編成過程に関する問題を見てみよう。

(1) 国債制度

(ア) 健全財政原則　財政法は、国の歳出を、「公債又は借入金以外の歳入を以て、その財源としなければならない」として公債発行を原則的に禁止し、歳入においては、租税を優先すべきことを原則としている（4条1項）。しかしながら、実際には、毎年のように巨額の公債が発行されている。

公債発行については、ドイツのように、憲法典中に、起債制限に関する規定を設けるものも近年では多く見られるが、日本国憲法には対応する規定がない。もっとも、財政法４条は、租税優先原則のもと、公債発行を①「公共事業費、出資金及び貸付金の財源について」、②「国会の議決を経た金額の範囲内で」のみ認めている。このうち、①のように公債発行を公共事業費などの投資的経費に限って認め、人件費などの経常的経費の充当には認めないという考え方を、「建設国債原則」と呼ぶ。これは、建設公債によって充当される投資的経費が社会的生産力の拡大にも寄与するのに対し、経常的経費については、資産としての便益を残さないので、公債発行に頼るべきではない、という理解に基づくものである。

　このような建設国債原則は、国債発行の制限としては比較的厳格な考え方であるが、問題がないわけではない。たしかに財政規律の維持の観点からは、建設国債原則は一定の機能を有すると思われる。しかしながら、①現代ではケインジアン型のマクロ経済政策の手段として、公債発行による景気刺激策が活用されうるのであって、その意味では、投資的経費か経常費かという区分よりも、景気動向に即した形での公債発行の歯止めを考える必要があること、②建設国債原則にこだわるあまり、予算編成において、投資的経費が優遇され、資源配分上、好ましくない結果を引き起こしうること、③建設公債についても、金利負担が生じ、金利負担は経常的経費として処理されなければならないから、結局のところ、建設公債の発行は経常的経費の膨張につながり、最終的には、赤字国債の発行を余儀なくされること、④投資的経費と経常的経費の区分はかなり流動的であることなどの批判があるところである。実際、わが国においても、昭和50（1975）年度当初予算以後、毎年のように、財政法４条の特例として一般会計の赤字を補うためのいわゆる特例公債法が制定され、特例公債が発行されているのであって、建設公債原則は、もはやその意味と役割を失ったと言える。

　㈦　**赤字国債発行の常態化と起債制限の法的枠組み**　他方で、建設公債原則の意義がなくなるということは、公債発行の制度的歯止めが機能不全を起こしているということでもある。そこで、近年では、これに代わる起債制限ルールが模索されている。このような取り組みの例として、平成

9 (1997) 年に定められた財政構造改革の推進に関する特別措置法（財特法）や、政府が策定する経済財政の運営計画中に示される財政健全化目標が挙げられる。

　財特法では、財政赤字の対国内総生産比を、平成17 (2005) 年度までに目標値にまで引き下げること、特例公債発行ゼロなどの財政健全化目標が定められ、それを達成するに必要な制度改革などが盛り込まれていたが、アジア経済危機の影響と金融不況が重なって、平成10 (1998) 年には、効力のほとんどが停止された。

　その後は、財特法のような法律の形式による起債制限ルールを設定する試みは採られていない。けれども、同様の財政健全化目標は各政権の経済財政運営方針などの中で定められるのが通例である。例えば、民主党政権下では、「財政運営戦略」（平成22年6月22日閣議決定）で①国・地方の基礎的財政収支を遅くとも平成27 (2015) 年度までに対平成22 (2010) 年度で半減し、遅くとも平成32 (2020) 年度までに黒字化すること、②国の基礎的財政収支についても同様とすること、③平成33 (2021) 年度以後も財政健全化努力を継続すること、④平成33 (2021) 年度において国・地方の公債残高の対GDP比を安定的に低下させることなどが盛り込まれ、また財政健全化目標の達成に資するため、経済・財政の見通しや展望を踏まえながら複数年度を視野に入れて毎年度の予算編成を行うための仕組みとして、中期財政フレームが導入され、平成23 (2011) 年度の新規国債発行額について、平成22 (2010) 年度予算の水準（44兆円）を上回らないものとするよう定められた。第2次安倍政権においても、「当面の財政健全化に向けた取組等について——中期財政計画——」（平成25年8月8日閣議了解）が示され、「国・地方を合わせた基礎的財政収支について、2015年度までに2010年度に比べ赤字の対GDP比を半減、2020年度までに黒字化、その後の債務残高対GDP比の安定的な引下げを目指す」ことがうたわれている。

　(ウ)　**起債制限ルールの憲法典化？**　他方で、すでに指摘したように、日本でも、憲法典レベルで健全財政原則を定めるべきだという主張がなされることもある。しかしながら、この点については、次のような諸点に注意が必要だと思われる。

健全財政条項を憲法典化するという目論見は、政治プロセスに対して外側から枠をはめて統制しようという試みである。しかしながら、そのような枠が詳細にはめられてしまえば、経済状況に柔軟に対応することが困難になる。そして経済状況への対応が困難になれば、それは直ちに政権担当者への批判にむすびつき、政権が倒れることにもつながる。つまり、健全財政条項を憲法典化する際には、その国における政治的安定性への影響をも考慮しなければならないのである。

　もっとも、政権批判と政権交代ということであれば、それでも憲法の枠内で行われることなのであって、まだ許容できるともいえるかもしれない。しかし、政権交代がおこらないこともありうる。その場合、財政運営への不満が高まれば、その圧力は健全財政条項そのものへと向かうかもしれない。そうなると、憲法の条文は骨抜きになるか、そうでなければ、結局改正されてしまうということになりかねない。

　このような事態は、健全財政条項を抽象度の高いものとして規律すれば避けられるかもしれない。しかし、例えば「財政の健全性は維持されなければならない」といった程度の規定では、今度は「健全な財政」の解釈を巡って政治的な駆け引きが行われることになり、ひいては、政治的な安定性を奪うことにつながりかねないと思われる。

　それならば、そのような解釈をおこなう政治的中立性の高い機関を設置するのはどうか。実際、世代間会計を研究する学者や財政学者の中にはそういう主張をする人たちもいる。しかし、必ずしもそういう機関のいうことを政治家や国民が素直に受け入れるとは限らない。裁判所ですら、いまだに政治的な圧力を相当に意識しながら違憲立法審査権を行使しているし、日銀はもっと政治的圧力にさらされている。そうだとすると、政治的中立性の高い財政諮問機関を設け、その勧告に政治プロセスを従わせるというのは、当該機関の権威が——場合によっては裁判所や中央銀行以上に——高い場合か、結局、その機関の勧告はあくまでも参考意見扱いにする場合にしか——つまり拘束力はないと理解する場合しか——機能しないように思われる。

　そして、財政をめぐる議論は、少なくとも年に一回、毎年10月から4月

ごろまでの半年間、絶えず行われる。そうすると、ここで指摘したような圧力とそれをめぐる緊張は、毎年、しかも半年にわたって、絶えず起こることになる。すくなくともそのような圧力をうまく減殺しながら、しかし、設定されたコミットメントは維持されるという仕組みも併せて設ける必要があると思われる。

　その意味で、すでに見た閣議決定による起債制限ルールの採用は、その時々の経済情勢に一定程度柔軟に対応することを可能にしつつ、財政の健全性を確保しようとする試みとして評価できるように思われる。しかし、他方で、採用されたルールが財政の健全性確保にとって十分なものであることや、その都度の経済状況との関係でルールの変更がありうるとしても、その必要性や変更後のルールのあり方などがきちんと説明される必要があろう。

　(2)　予算編成過程改革

　　㋐　予算単年度主義と複数年度予算　　憲法86条は、「内閣は、毎会計年度の予算を作成し、国会に提出して、その審議を受け議決を経なければならない」と定める。これは恒常的に行われる国の財政処理を統制するために、財政処理のうちとくに計量的統制になじむものについて、一定の期間を区切って、その規模を事前に制約するものである。同時に、予算は、その後1年間にどのような政策分野にどれだけの規模の資金を投じるかを調整し、それに対応する財源の見積りとともに一つの政策パッケージに統合するという機能を持つ。

　わが国では、会計年度独立の原則が採用されるとともに、憲法86条が、毎会計年度の予算の作成を求めていることから、予算は1年の収支見積りを示すべきであると解されている。これを予算単年度主義という。しかし、予算単年度主義は、硬直的に運用すればかえって経費の無駄遣いにつながるだけでなく、健全な財政運営のためには、中期の財政見通しを踏まえた予算編成が求められることなどから、その弾力化の必要性が指摘されている。

　この点で、近年注目されるのは、公債の発行制限のところでも概説した財特法や「中期財政計画」などである。これらの法律や閣議決定・了解に

おいては、国債発行の制限に関するルールとあわせて、多年度にわたる主要経費等の量的縮減目標が設定される場合が多い。このような手法は、中長期的な財政見通しと整合的な形で予算の大枠を決定するという意味で、ある種の複数年度予算的な性格を有しているといえる。そこで、予算単年度主義や後述の内閣の予算提出権との関係が問題になるが、国会との関係では、財特法などは、歳出授権をするものではなく、各年度の歳出は予算によって改めて歳出授権がなされなければならないことから、また内閣との関係では、量的縮減目標はあくまでも予算編成の際に内閣が依るべき基準を定めたものにすぎないことから、ともに問題がないと考えられている。

　このような中長期の財政見通しを踏まえた予算編成は、確実な将来予測を必要とする。このような仕組みとして、以前から内閣府がマクロ経済モデルによって作成している「経済見通しと経済財政運営の基本的態度」や「経済財政の中長期試算」、財務省が積み上げ型試算により作成している「後年度歳出歳入影響試算」などがある。また、社会保障分野についても、年金財政の5年ごとの再計算の際に積み上げ型の検証が行われるなどしている。このような将来推計を財政運営の基礎におくことは当然のことであり、諸外国でも普通に行われている。もっとも、諸外国の将来推計の特徴として、①一元化、②整合化、③透明化、④第三者化といった点があるのに対し、わが国では、将来推計が様々な省庁において必要に応じて行われ分散的である、また各推計間の整合性が取れていない、推計の根拠となるデータに十分な説得性がない、第三者による推計が行われていないなどの指摘がある。

　(イ)　予算編成過程と近年の動向　　予算は、内閣が毎会計年度ごとに作成し国会に提出する予算案について、国会が審議・議決することで成立する。

　日本国憲法が、予算案の作成・提出を内閣に委ねている（73条5号・86条）。実際に予算編成の任に当たるのは、財務大臣である（財政法21条）。予算案の具体的な作成手続きは、財政法、予算決算および会計令（予決令）によって規律されるほか、多くの慣習・慣行から成り立っている。

　予算案編成について財政法および予決令は、①内閣総理大臣および各省

大臣は、毎会計年度、その所掌に係る歳入、歳出、継続費、繰越明許費および国庫債務負担行為の見積りに関わる書類を作成し、これを前年度8月31日までに財務大臣に送付しなければならないこと（同17条2項、予決令8条3項）、②財務大臣は、見積りを検討して必要な調整を行い、歳入、歳出、継続費、繰越明許費および国庫債務負担行為の概算を作製し、閣議の決定をうけ、歳入予算明細書を作成すること（財政法18条・20条）、③財務大臣は、予定経費明細書に基づいて予算案を作成し、閣議決定を経なければならないこと、④予算案は前年度の1月中に国会に提出するのを常例とすること（財政法27条）などを定めている。

　他方、55年体制期の自民党政権においては、政府に対抗する形で与党が政策審議機関を組織し、閣外の与党政治家が官僚と深く結びつきながら、予算編成過程において個別の利益の獲得を目指すというインフォーマルな制度が発達していたことが良く知られている。これは、わが国では、自民党一党支配のもと、首相が選挙と関係なく交代することや、あるいは各大臣が1年程度の短い在任期間で交代すること、閣議が空洞化していることなどといった要因もあって、発達したといわれている。このような仕組みは、①歳出増加傾向に拍車がかかること、②全体的にメリハリの利いた予算配分ができないことなどの弊害を生みだした。

　このような予算編成過程において、法令の定めはないものの、大きな役割を果たしてきたのは、概算見積もりの前に閣議了解として定められる概算要求基準（シーリング）である。これは、所得倍増計画の下で概算要求が急増することを恐れた昭和37（1962）年度の予算編成から導入された。導入当初から概算要求の伸びを抑える機能が期待されていたが、財政状況が厳しくなった昭和57（1982）年度以後は、これをゼロないしマイナスに設定することで、概算要求の膨張を抑え、歳出の総額をコントロールするために活用された。もっとも、予算総額に一律に制限をかけるにとどまり、全体の予算配分の見直しがなされにくいという指摘もなされてきた。

　このような状況は、小泉政権における経済財政諮問会議の積極的な活用によって大きく変わったといってよい。経済財政諮問会議は、内閣府設置法18条を根拠に設置され、内閣総理大臣の諮問に応じて経済全般の運営の

基本方針、財政運営の基本、予算編成の基本方針その他の経済財政政策に関する重要事項について調査審議することなどをその任務とする（内閣府設置法19条）。同会議は、議長および議員10名から構成され（同法20条）、内閣総理大臣を長とし、議員は、内閣官房長官、経済財政政策担当大臣などのほか、内閣総理大臣が任命する経済または財政に関する政策について優れた識見を有する者などにより構成される。経済財政諮問会議は、予算編成に関する事項のみを扱っていたわけではない。しかしながら、いわゆる骨太の方針を活用しつつ、経済政策と財政政策の調整を図りながら、予算の全体像を概算要求基準設定前に提示することで、予算編成過程をコントロールしようとしたのである。

　その後誕生した民主党政権は、経済財政諮問会議を活用するのではなく、すでに見た財政運営ルールとそれに基づく中期財政フレームによって予算の総額を管理しながら、予算編成を行おうとしたが、現在の第2次安倍政権では、ふたたび経済財政諮問会議が復活し、予算編成に関与するようになっている。

　このように、近年の予算編成過程は大きく変化したといってよい。その姿は政権ごとに異なるものの、おおよその特徴として、財政の中長期の見通しや経済政策パッケージなどと毎年の概算要求基準とが連動し、それによって予算の大きな枠組みが形作られていることが挙げられる。このようなやり方は、政治が一定程度主導する形で、しかも、財政や経済の将来像をも織り込みながら毎年の経済財政政策をパッケージ化し、かつ、それを予算へと落とし込むという点で、かつての大蔵省による一律のシーリングよりも優れているように思われる。しかしながら、他方で、このような複雑な予算編成過程がすべて政権の内部で行われるということは、毎年の予算は実質的には政権内部で決定され、国会――とくに野党――による統制が効きにくいということでもある。さらに、すでに指摘したように、財政や経済の将来像は将来の推計による。そもそも絶対確実な将来推計は存在しないことに加えて、様々な推計が乱立しているともいえる状況の下では、政権担当者の都合の良いように数字が取捨選択され、結果として、不合理な政策選択がなされる可能性もあるといえよう。

## 5．むすびにかえて

　以上、多少丁寧に、わが国の財政制度と近年の改革の動向を概観してきた。それらの改革は、財政の効率化という意味でも、アカウンタビリティの確保を通じた財政議会中心主義の充実という意味でも積極的に評価されるべきである。

　しかし、それにもかかわらず、財政赤字は減らない。したがって、財政の効率化だけではなく、大幅な財政構造の改革が必要である。

　すでに見たように、わが国の予算編成においては、与党と各省庁が深く結びつきながら個別の予算要求を突きつける一方で、これをシーリングによって拘束するというのが基本的な構図であった。このようなやり方では、歳出総額の統制は、シーリングが担うことになる。しかし、このシーリングは、全体的な予算の見直しを難しくするとともに、当該年度しか拘束しないので、中長期的な財政状況との整合性が採られにくいことや、一般会計の当初予算にしか適用されないために、補正予算、特別会計や財政投融資などと一般会計とのやり繰りが行われるといった問題点があったとされる。

　予算の全体的な見直しがなされない中で、予算の総額が押さえつけられれば、社会の変化に応じて変化する財政ニーズに対応できなくなる。加えて、補正予算、特別会計や財政投融資を複雑にやりくりしながらの財政運営は、財政を不透明にし、国民の不信をあおる。その意味で、このようなやり方に対して批判が生じるのはやむを得ない流れであった。

　これにどのように対処すべきか。それには、財政決定プロセスを動態的に把握すること、そのプロセスの中で国会や内閣はもちろんのこと、専門家、国民も含めた各アクターの位置づけや役割を再構成することが求められるだろう。近年の財政制度改革は、この方向で、一定の発展を遂げたものといえるが、しかし、それでもなお、国会の役割をはじめとして議論されていない部分も多い。今後も、広い視野に立って憲法も含めた財政制度全体を再検討することが求められるように思われる。

**参考文献**
小嶋和司『憲法概説』〔信山社・2004〕
田中秀明『財政規律と予算制度改革　なぜ日本は財政再建に失敗しているか』〔日本評論社・2011〕
井手英策『財政赤字の淵源　寛容な社会の条件を考える』〔有斐閣・2012〕

# 11 民主的実験としての地方分権
## ——現代社会における統治機構の新たな展望

木下　昌彦

> 歴史が生み出すものについて我々は未知である。政治哲学や政治学の任務は、一般に国家はどうあるべきであるかを決定づけることではない。その任務は、人々が実験の失敗から学び、実験の成功から恩恵を受けることができるような……実験方法の創出を手助けすることにある。
>
> JOHN DEWEY, THE PUBLIC AND ITS PROBLEMS（1927）より

## 1．はじめに

　国家という政治的共同体において、統治権を中央と地方にどう分配すべきか。特に地方の統治団体の自律性を、どのように、どれだけ認めるかという問題は、広く近代国家が共通に直面してきた課題であり、現代日本における政治的重要論点の一つともなっている。地方分権の在り方をめぐっては、有史以来、様々な理論や学説（とりわけ、トクヴィルの『アメリカのデモクラシー』とマディソンの『ザ・フェデラリスト』第10篇の対比は、今日でも読み応えのある基礎文献である）が提示されてきたが、ここでは、特に、近年、アメリカで唱えられた民主的実験主義の理論に着想を得て、地方制度のあるべき方向性を検討することを主題とすることとし、以下では、まず、**2．**日本における地方制度のこれまでの展開を概説した後、**3．**民主的実験主義の理論を紹介したうえで、**4．**民主的実験主義を示唆として、現在、地方制度に関して提起されている諸課題について検討を加えていきたい。

## 2．地方制度の動態的展開

### (1) 地方自治の憲法的保障への道

　中央集権が日本における統治構造の伝統的特徴であるとの指摘がしばしばなされる。しかし、日本における中央集権の歴史は必ずしも伝統と呼べる程古いものではない。少なくとも江戸時代を通じて存続した徳川幕藩体制は、多分に分権的傾向をもった統治機構であった。そこでは江戸幕府が最高の統治体として一応は鎮座したものの、各地の統治を直接担ったのは独立した諸藩であり、藩内における村落の運営も基本的には寄合等による自治に委ねられていた。ただ、明治維新以降、そのような日本の統治構造は大きく転換することになる。近代化と富国強兵を進めるためには、まず、中央集権的な統治構造の確立が不可欠であると判断した明治新政府は、版籍奉還（1869年）と廃藩置県（1871年）を断行した。諸藩に替わる新たな行政区画として成立した府県は、独立した統治団体というよりも、むしろ、中央省庁の総合出先機関的な性質が強いものであり、その長である知事の任命、異動も国の行政機関である内務省により管理されることとなった。旧来の自然村もまた国や府県に従属する組織としての行政村へと解体・統合されていった。1889年の明治憲法成立により、日本の統治構造は憲法によって枠付けられることとなったが、同憲法には地方制度に関する規定は最終的に置かれることはなかった。明治憲法下における地方制度の枠組みを築いたのは市制町村制、府県制・郡制などの法律レベルの法制であり、それらは結局、内務大臣による府県知事への監督権限、府県知事による市町村への監督権限を裏付け、補強するものであった。このような明治期に成立した中央集権的な統治構造は、大正デモクラシーの折に、一旦は地方分権へと傾いたものの、結局、第二次大戦中にさらなる集権化を経験することとなった。そして、日本の地方制度は、1945年のポツダム宣言受諾とその後の連合軍の占領政策により再び大きな転機を迎えることとなる。日本国憲法の原案作成を担当した連合軍最高司令官総司令部民政局は、従来の中央集権体制を解体し、地方分権を推進することが、日本の民主主義の定着にとって不可欠な課題であるとの認識を強く持っていた。その意向を

強く反映するかたちで、1946年に成立した日本国憲法においては、第八章に地方自治に関する独立の章が設けられることとなり、地方自治が憲法上の基礎づけを与えられることとなった。特に、その93条2項により、地方公共団体の長、議会の議員は公選とされ、明治以来続いていた官選の知事は遂に廃止されるに至ったのである。

(2) 残置した地方公共団体への官僚的統制

日本国憲法の成立により地方自治は憲法的基礎付けをもつことになったが、それにより、戦前までに形成されてきた統治機構の中央集権的性格が完全に解消されたわけではなかった。なかでも、国の官僚組織は様々な手段により地方公共団体をその統制下に置き続けていた。その構図は複雑であるが、特に、次に挙げる三つの点が重要であった。その第一は、機関委任事務を通じた統制である。地方公共団体が実際に担当する事務であっても、機関委任事務として分類されるものについては、本来的には国の事務であるものが、国から地方公共団体の長に委任されたものに過ぎないと整理されていた。地方公共団体の長を担ったのは、憲法の規定により住民によって選出された知事や市町村長であったが、機関委任事務においては、知事や市町村長が主務大臣の下級行政機関として位置づけられ、主務大臣の指揮監督権に基づき発せられる「通達」によって拘束された。加えて、機関委任事務に属する事務については、条例を制定することもできないとされていた。一説によると機関委任事務は、都道府県の事務の7から8割、市町村の事務の3から4割を占めたとも言われ、中央省庁による地方公共団体の統制の象徴となっていた。第二は、政省令による条例制定権への制約である。94条は、地方公共団体の権能として、条例制定権を認めており、その限定としては、ただ「法律の範囲内で」と規定するのみであり、条例と命令の優劣関係については明示的規定を置いていない。しかし、命令は法律の授権なくしては制定できず、法律の授権に基づき制定された命令は法律の具体化である以上、条例は命令に違反することはできないという一般的理解のもと（高田敏「条例論」雄川一郎ほか編『現代行政法体系(8)』〔有斐閣・1984〕202頁）、地方自治法においては、憲法における「法律の範囲内で」を「法令に違反しない限りにおいて」と置き換える定めが置かれ続けてき

た。多くの場合、法律が定めるのは基準策定の根拠規定に留まり、地方公共団体が処理する事務についての具体的規律はむしろ行政機関の制定する政省令によって担われた。政省令は事務の細部に至るまで高い「規律密度」をもった規定を置き、地方公共団体に残された立法裁量は現実としては極めて限られたものであった。第三は、補助金を通じた統制である。憲法上、地方公共団体はその財源を調達するため国とは別途に独立した課税権の主体となることが予定されている。ただ、現行法制下においては、地方税等の自主財源に基づく収益は乏しく、地方公共団体の財政は国から交付される財源に大きく依存している状況にある。地方公共団体が国から交付を受ける財源も、地方交付税のように固有財源として地方公共団体が自由に使用できるものばかりではなく、国庫補助負担金等は、予め使途が特定された特定財源となっている。なかでも特に問題視されてきたのが、国が特定の政策の実施に誘因を設けるために支出する奨励的補助金の存在である。地方財政法16条は、奨励的補助金については、「特別の必要があると認めるとき」に限り交付できるとの一応の限定を付してはいるものの、ただ、古典的な侵害留保理論に基づき、実務上、個別の補助金について法律上の根拠は必要とはみなされておらず、しかも、交付対象となる補助事業等の交付要件や執行方法については、予算を所掌する各省庁がその裁量によって策定した交付要綱や執行要綱等によって詳細に規定されている〔補助金をめぐる法的問題については、小滝敏之『補助金適正化法解説〔全訂新版（増補版）〕』〔全国会計職員協会・2014〕参照〕。各省庁が奨励する事業の実施を計画し、奨励的補助金の交付申請をおこなうか否かは、形式上、地方公共団体の自由である。しかし、財源に乏しい多くの地方公共団体にとって補助金の交付申請をしないという選択肢を採用するのは困難であり、結果として、各省庁が推奨する事業を、各省庁が定める方法により、実施せざるをえない状況が生まれる。このような奨励的補助金の存在により、実質上、各地方公共団体が実行する政策は、各省庁により掌握されるところとなり、地方公共団体の自律的な政策形成が阻害される要因になっているのである。

(3) **地方分権改革の取組とその限界**

もっとも、日本国憲法成立後も長らく続いた官僚中心の中央集権的統治

構造は、1990年代以降、地方分権改革の動きのなかで徐々に解体の方向に向かっていくことになる。その嚆矢となったのが1993年の衆参両院における全会一致での「地方分権の推進に関する決議」であった。この決議を契機として地方分権改革への取組みが本格的に始動し、1995年にいわゆる第一次分権改革が開始されることになる。第一次分権改革は、段階的に、①地方分権推進法の制定→②推進法に基づく地方分権推進委員会の設置→③同委員会からの勧告→④勧告を受けて策定された地方分権推進計画の閣議決定→⑤推進計画に基づき法案化された地方分権一括法による関連法令の一括改正という手順によって順次実行されていった。名称等の変遷はあるものの以後の分権改革は基本的にこのスキームを踏襲していくこととなる。この第一次分権改革において特に大きな目玉となったのが前述の機関委任事務の廃止である。地方自治法の改正により従前の機関委任事務は、国政選挙や旅券の交付のように事柄の性質上国が本来果たすべき役割として区分された法定受託事務以外はすべて自治事務へと解消、統合された。地方公共団体の長を下級行政庁として位置づける旧来の体制は消失し、自治事務と法定受託事務の双方に条例制定権があることも確認された。このような機関委任事務の廃止により地方公共団体が制定できる条例の事項的範囲は大幅に広がることとなった。ただ、条例の内容を制約する法令が多く残置しており、地方公共団体が実際に制定できる条例の内容は依然として限定されたものとなっていた。そこで2007年からの第二次分権改革以降、取り組まれることとなったのが、法令によって地方公共団体を拘束するいわゆる「義務付け・枠付け」の見直しである。地方分権推進委員会によって順次提示された勧告に基づき、それまで条例制定権を拘束していた法令が一括法により改正されていくこととなった。さらに、2014年度からは伝統的な委員会勧告方式に替わる手法として、個々の地方公共団体等から義務付け・枠付けの見直し提案を募集し、その提案に基づき見直し内容を検討する「提案募集方式」が採用されるに至り新たな展開を見せている。

　このように1990年代以降、日本の統治構造は着実に地方分権の方向に進んでいると言える。ただ、地方公共団体を拘束する法令は未だ多く残されているのが実情であり、補助金改革についても、民主党政権下の地域主権

改革において一旦は補助金の一括交付金化という試みが示されたものの、それも政権交代と共に霧散した。そのようななか、ナショナルミニマムや福祉の切り下げにつながるとして、地方分権の推進それ自体に対する否定的な見解も強く示されるようになってきており、道州制の導入といった従来の地方制度の枠組みを大きく変更させる試論も提示されている。このような状況にあって、地方分権はいかなる意義をもったものであり、それはいかなる方向性をもって進めるべきものであるのかということが根本から再び問われていると言えよう。そこで本章では以下において、1998年、アメリカのマイケル・ドーフとチャールズ・サベルによって提唱された民主的実験主義の理論（Michael Dorf and Charles Sabel, *A Constitution of Democratic Experimentalism,* 98 COLUM. L. REV. 267〔1998〕.）に「着想」を得て現代の統治機構における地方分権の意義とその方向性を考えてみることとしたい（本章における民主的実験主義は、あくまで、右論文で言及された理論に筆者の観点から再構成、補強を加えたものであり、それをそのまま要約・再現するものではない。民主的実験主義オリジナルのテキストに対し精緻な分析と検討を加えたものとして、松尾陽「法解釈方法論における制度論的展開——近時のアメリカ憲法解釈方法論の展開を素材として（一）（二・完）」民商法雑誌140巻１号136頁、140巻２号197頁がある）。

## 3．民主的実験主義の理論

### (1) 統治機構が抱える現代的課題

本稿が紹介する民主的実験主義は、本来、中央と地方といったいわば国家内部の垂直的権限分配にのみに着目したものというよりも、むしろ、現代の統治機構全体が抱える本質的な限界をも克服しうる施策として提案されたものである。そこで、まずは、現代の統治機構が直面する課題について改めて確認しておきたい。

まず、そもそも統治機構が正当性を有し、維持し続けていくうえで応えるべき二つの要請がある。その第一は、熟議による統治の実現である。近年発達した学問分野である公共選択論の中には、社会における諸アクターは、固定化された所与の選好に基づいて自らの利益を最大化させるよう行

動するものであるとの前提を基礎にして、民主的統治過程というものを、社会において多数となる党派を選別し、多数となった「党派」が自らの党派的利益を実現する場に過ぎないと捉える立場がある。しかし、古代ギリシャにおけるアテナイ民主制の時代より、民主的統治過程に期待されたのはそのような狭い役割に留まるものではなかった。社会における諸アクターが、熟議を通じて、時には自らの選好や利益それ自体を修正しつつ、「多数と少数」あるいは「党派的利益」を止揚する「政治的真実」を相互に見出す場となること、それが民主的統治過程に期待された重要な役割であった。これに加えて、統治機構が果たすべき第二の役割が、社会的問題への効率的な解決である。統治機構はそれ自体が目的ではなく、あくまで共同体が直面する様々な問題を解決しうるものでなければならない。歴史的伝統あるいは体系的優美性を備えた統治機構であったとしても、社会的問題への効率的な解決能力を備えたものでなければ、規範的にも、現実的にもそのような統治構造を維持し続けることは困難となる。

　合衆国憲法において本格的に採用され、日本国憲法における統治機構の根幹ともなっている権力分立の原理は、上記の二つの要請のうち、特に、熟議による統治を実現するために構想されたものであった。統治権を、立法権、執政権（行政権）、司法権といったように複数の権力に分割し、それぞれを異なる国家機関に帰属せしめる権力分立の原理が厳格に遵守される状況のもとにおいては、単純に一つの党派あるいは一つの国家機関が意欲するだけでは統治権を実効的に行使することは難しく、議論を尽くして、統治権の行使が少数派の利益をも包含しうる共通善を実現するものであることを示していく必要があった。

　もっとも、このような権力分立という統治構造を介した熟議の保障は、一方では権力の行使それ自体をあえて困難なものにすることにより得られたものであったことは否定できない。19世紀以前のように、社会や市場の自律性が強く認識された時代にあっては、多くの悪法が制定されるよりは、少ない良法を制定したほうがよいという理念に基づき設計された統治機構も充分機能するものであった。しかし、20世紀以降、社会の複雑化に伴い現実としての議員の限定合理性が顕著なものとなる一方、社会や市場の自

律性に対する神話が崩れ、国家による適時、迅速な社会経済政策の実行が強く要請されるようになる。そのような状況のもと、権力分立原理を基礎とした統治機構はもはや社会的問題への効率的解決という第二の要請に充分に応えることは困難なものとなっていった。そこで、現代の統治機構は権力分立の原理を形式的には維持しつつも、運用によりその実質を大きく変容させることになる。その代表的展開が、議会が自らの立法権限を行政機関に委任するいわゆる「委任命令」の多用である。専門家集団としての官僚組織を抱える行政機関が実質的に立法を担うことで、迅速的かつ専門的に、社会的問題へと対応することが企図されたのである。裁判所も委任命令の抑制には消極的であり、行政命令および行政処分の法適合性については行政権に幅広い裁量を認めることになる。憲法上、形式的には三つに分断された権力は、行政機関＝官僚組織へと事実上集中することとなったのである。明治以来、官僚を中心とした中央集権体制が日本の統治機構の特徴になってきたと述べたが、官僚組織の台頭は、日本に限らず、立憲主義の伝統を有する西欧諸国においても広く見られる現象であった。

　このようないわゆる行政国家化は、民主主義あるいは権力分立による熟議の実現というものを犠牲にすることで実現されたものであった。ただ、そこには、複雑化する社会に適時迅速に対応するという不可避的な要請が存在していたこともまた事実であり、それ故にこそ正当性を獲得してきた。しかし、社会のさらなる複雑化、不安定化、多様化はもはや官僚組織がもつ解決能力を上回るほど拡大していくことになる。行政国家化の限界を克服するため、日本でも、いわゆる政治主導が強調されたが、それ自体は新たな解決策を提示するものではなく、むしろ、党派的な行政運用を強め、社会における対立を深める結果となる場合もしばしばあった。統治が本来備えるべき熟議の実現と問題解決能力の両方が失われた時代、それが現代の統治構造の状況であると言える。そのようななか、熟議と問題解決能力を備えた統治機構を現代に復活させようとする試み、それが民主的実験主義である。

(2)　**実験主義と企業組織の二つのモデル**
　民主的実験主義によって提示される統治機構の在り方は概ね次のような

三つの視点に依拠して構築される。その第一は、公共政策における可謬性の承認である。上述のように、今日の政府・官僚組織は、社会的問題への解決能力を失いつつある。しかし、民主的実験主義は、単にそれを官僚組織の能力不足や懈怠に起因する病理的現象とみるよりは、むしろ、複雑化、不安定化した現代社会において必然的に発生する生理的現象であると捉える。高度に社会が複雑化、不安定化した今日、政策の帰結を予見し、時代の変化を超越した無謬の政策を立案することはそもそも本来的に不可能である。むしろ、民主的実験主義は、政策の帰結はその実践によって初めて確認できるものであり、また、あらゆる政策はその有効性を時代の変化と共に失う運命にあると考える。そして、そうである以上、統治が目指すべきであるのは、無謬の政策を求めようとするのではなく、むしろ、常に、政策に対して「懐疑」を向け、その政策の代替案を「探求」すること、より多種多様な政策を「実験」し、その有効性を「評価」・「検証」していくことであると考えるのである。そこでは政策の失敗や欠陥は織り込んだうえで、あえて多様な政策を実験することが、時代に適合した政策を生み出すために必要なことであると捉えられる。民主的実験主義は、このような可謬性の承認とそれに基づく政策実験の意義を、パースやデューイらによって提唱されたプラグマティズムの伝統と結び付けている（プラグマティズムの古典を邦語で読むには、差し当たり、植木豊編訳『プラグマティズム古典集成——パース、ジェイムズ、デューイ』〔作品社・2014〕が有用である）。

　第二は、そのような実験の実施と評価を進めるにあたって、各個人が獲得し、保有する「固有の知」（local knowledge）が重要な役割を果たしうるということである（固有の知の意義については、クリフォード・ギアーツ（梶尾景昭ほか訳）『ローカル・ノレッジ』〔岩波書店・1999〕も参照）。民主的実験主義は、各個人は、各人が歩んできた人生というまさに個人としての実験の中において、普遍的には共有されていない特有の知識を獲得し、保有していると考える。そして、そのような固有の知が、公共政策に批判を加え、代替的手段を考案し、それを実践、評価する各過程において不可欠な役割を果たしうると考えるのである。民主的実験主義が志向する民主主義においては、単純に選挙において投票用紙を投票箱に投函することのみが重視されるの

ではない。むしろ、民主的実験主義においては、社会の構成員が公共政策の立案過程に参加し、自らの知識、見解を積極的に述べると共に、政策立案者がそれに対し耳を傾けることを要請する。そのような公共政策への参加、熟議の実現は、もちろんそれ自体として価値のあることではあるが、民主的実験主義は、それにより、各人がもっていた固有の知が社会において共有のものとなり、政策の洗練化に貢献できると考えるのである。

第三は、認識と制度の間の相互作用である。制度を作り出すのは人間であり、その究極の起源は人間の認識にある。しかし、逆に、民主的実験主義は、制度の在り方それ自体がそれを作り出した人間の認識にも影響を与えると考える。民主的実験主義が標榜する実験主義、あるいは、政策決定過程に対し社会の構成員が固有の知を表明し、政策立案者がそれに耳を傾けるというのは、それが必要であるという認識を各人が持つことによって初めて実現可能なものとなる。民主的実験主義は、そのような認識を各人が持つことができるか否かは制度に依存する部分が大きいと考えるのである。

以上のような視点に依拠してあるべき統治機構を模索しようとした場合、一つの指針となりうるのが企業の組織構造である。企業組織は、あえて図式化、単純化すると、垂直的統制型モデルと水平的調整型モデルに分けることができる（以下は、Masahiko Aoki, Horizontal vs. Vertical Information Structure of the Firm, 76 AM. ECON. REV. 971 (1986). に示唆を得て、筆者が再構成したものである）。まず、垂直的統制型モデルは、20世紀前半のアメリカで確立した企業組織であり、事業の企画部門と実施部門の分化が顕著であることをその特徴とする。この垂直的統制型モデルにおいては、階層構造の上位に位置する統括部門が事業の企画立案を集中的、排他的に担い、階層構造の下位に位置する現場部門は上位部門によって立案された企画を忠実かつ機械的に実施することをその職責とする。このような組織は、事業企画の立案費用について、いわゆる「規模の経済」（economies of scale）を働かせるうえで優位な側面を有している。規模の経済とは、生産量の増加に伴い、固定費が分散され、結果として製品の平均費用が低下するという現象である。垂直的統制型モデルにおいては、統括部門が立案した事業計画

やマニュアルを組織内の各部門が広く共有することになるため、固定費である立案費用を分散させることができ、結果として製品の平均費用を低下させることができる。さらに、ピラミッド型の統制のもと、部門間の調整費用も最小限に抑えることができる。このような垂直的統制型モデルは、20世紀前半のように製品の多様性が限られており、むしろ、大量生産こそが企業にとって至上命題であった時代においては企業組織として優位な地位を保持していた。しかし、そこには不可避的なデメリットもいくつか存在する。その一つが、企画部門と実施部門が分化しているため、実施部門が獲得した固有の知識、すなわち、実施部門が発見した企画の実施上の問題点あるいは市場の変化を、フィードバックし、実際に事業計画の改善などに活かしていくことが企画部門に困難になるということである。その結果、現場の実施部門のレベルでは事業が抱える問題が顕著であるにもかかわらず、その事業が継続されてしまうという事態が生じうる。加えて、そのような組織構造自体が現場部門における問題発見能力を縮退させてしまう可能性もある。日々、画一化された事業を実施させることは、自ずとその事業構想自体を変更不可能なものとして捉えてしまういわば物象化現象を発生させ、事業構想に改善点を見出そうとする意識をも剥奪させるのである。垂直的統制型モデルがもたらす規模の経済は、一つの事業が永続的であればあるほど大きなものとなるが、それは、やがて、事業の永続性と不変性それ自体を企業の目的とするように心理的に誘導してしまうのである。

　20世紀後半以降、このような垂直的統制型モデルに代わり注目を集めるようになったのが水平的調整型モデルである。この水平的調整型モデルは、トヨタに代表される日本企業において顕著に現れたものであり、事業の企画部門と実施部門が未分化であることをその特徴とする。そこでは、現場の実施部門が自らの管轄に属する事項について決定をおこなう広範な裁量を有するとともに、各実施部門が独自の知見を踏まえて、部門を超えた事業全体の企画構想をも提案することが予定されている。各現場が提案した企画立案の矛盾・衝突は、上位の統括部門が垂直的に解決するのではなく、むしろ、現場部門同士の議論を通じた相互調整によって解決される。この

ような水平的調整型モデルにおいては、事業企画は各部門が分散的に独自に立案しなければならないため垂直的統制型モデルに現れたような規模の経済は働かない。しかも、部門間の調整はそれ自体費用を生み出す。しかし、この水平的調整型モデルの最大のメリットはむしろ「範囲の経済」(economies of scope) の獲得にある。範囲の経済は、本来、企業内で展開する事業が多様化することにより、事業間で共有できる製造設備や販売網が拡大し、一事業あたりの平均費用が逓減するという現象を意味するが、ここでは、特に、企業内で共有する知識や経験が多様化することにより、新たな事業展開に必要な費用が逓減していくことを意味する。知識と経験といった情報は、既存商品の改善や新商品の開発を構想するうえで、不可欠なものであり、事業構想に活かすことのできる情報の多様性が増加すればするほど、新たな事業構想はより容易なものとなる。この点、垂直的統制型モデルにおいては、一部の部門が排他的に事業構想を担うものであったため、現場の実施部門が獲得した多様な知識や経験を事業構想それ自体にフィードバックさせるのは困難な状況にあった。これに対し、水平的調整型モデルにおいては、特定の部門が事業企画において排他的な優位をもつものではなく、むしろ、最終的な事業企画は、個別の実施部門からの提案と相互の調整によって導き出されるため、その過程を通じて、多様な知識や経験が組織内で共有されることになる。多様な知識や情報の共有とその累積は、範囲の経済を伴いつつ、新たな事業構想の開拓と展開において他社に対する優位性を確立していく大きな原動力となっていくのである。部門間の調整は一面では費用であるとも言えるが、水平的調整型モデルのもとでは、むしろ、多様な知識と経験を組織内部で共有し、既存の問題を改善し、新たな製品開発をおこなうための契機として積極的な役割を果たすことになる。各部門がそれぞれ提案する事業は、文字通り実験であり、失敗することもありうる。しかし、水平的調整型モデルにおいては、各部門、その構成員は、命令に従うよりも、むしろ、既存の事業に懐疑を向け、その改善策を提案することが求められ、また、そうすることができる環境にある。そのため、事業の失敗は早期に発見され、その修正案がただちに提示されるのである。そういった事業の失敗もまた、組織全体における共有

財産となり、実験の繰返しのなかから有効な事業も生まれくることになる。このような水平的調整型モデルは、垂直的統制型モデルと比較して、イノベーション能力、環境適合性において優れた側面があり、時代の変化が著しく、消費者の選好の多様性が増す現代社会において、それを採用する企業は、強い競争力を獲得していった。

(3) 政策的実験の場としての地方公共団体

　民主的実験主義は、市場の不確実性、多様性に対して、適応力のある企業組織の水平的調整型モデルのなかに現代社会における統治機構のあるべき方向性を見出す。ただ、そもそも、水平的調整型モデルは日本企業をモデルとしたものであり、同じく日本の行政組織もまた、垂直的統制型というよりはむしろ水平的調整型の組織構造を有している点は指摘しておく必要がある。すなわち、日本の行政組織は、「省庁連邦国家」と呼ばれるほど、各省庁の自律性が高く、各省庁の意思決定も、大臣や幹部職員によっておこなわれるというよりは、むしろ、各所轄部局が構想し、起案したものを、部局間の合議・協議によって積み上げていくことによって最終的に決定される仕組みをもっている（飯尾潤『日本の統治構造−官僚内閣制から議院内閣制へ』〔中央公論新社・2007〕参照）。ただ、このような水平的調整型の組織構造は、あくまで国の行政組織内部でのものに限られ、国と地方の関係で見たときには、むしろ、垂直的統制型モデルの側面が強く現れる。日本においては、各地方公共団体が、直接的に住民への行政サービスの提供を担う主たる実施部門となっているが、2．で見たように、地方公共団体の事務の内容の多くは、垂直的かつ集権的に、中央省庁によって決定される仕組みとなっているのである。企業や行政も含め日本の組織形態の基本が水平的調整型＝現場主義にあるとしても、それは、国全体の統治構造としては貫徹していなかったと言える。水平的調整型モデルを組織構造の理想と位置づける民主的実験主義としては、実施部門である地方公共団体の裁量を拡大し、国全体として見た場合の日本の統治構造を、垂直的統制型から水平的調整型へと変換していくことが目標となる。

　民主的実験主義は、地方分権を進めることにより、統治機構も、水平的調整型モデルを採用する企業組織が獲得したような便益を獲得できると考

える。まず、地方公共団体の自律性が高まることにより、現場の実施部門である各地方公共団体自身が獲得した知識や経験が、直接、政策形成に反映されることになる。それは、単に、各地域に特有の事情に対応した行政サービスの提供を可能ならしめるだけでなく、国全体の行政サービスの質の向上につながる。地方公共団体の自律性が拡大することは、同時に、全国で実施される政策の多様性が拡大することを意味する。全国で実施される政策の多様性が拡大することによって、いかなる政策が、どのような環境のもとで、どのような効果を挙げるのかということについて検証対象が拡大するのである。もちろん、そのなかには失敗に終わる政策が出てくることは織り込み済みである。しかし、その多様性のなかから我々が当初予期しなかった効果を挙げる政策が登場する可能性が生まれる。しかも、公共政策は特許のように排他的独占の対象になるものではなく、他の地方公共団体はそれを自由に模倣することができる。多様な政策がもたらす費用便益に関する情報が地方公共団体間において共有されることにより、水平的調整型モデルの企業組織が獲得したような範囲の経済が生まれ、それが新たな政策を生み出す源泉となるのである。なお、このような多様な政策の実施とその知識と経験の共有、そして、それに基づく政策の改善という過程をより円滑的かつ効率的におこなううえで、民主的実験主義が不可欠なものとして考えるのが「ベンチマーキング」である。ベンチマーキングとはそもそも経営学上の概念であり、本来、ライバル企業や先発企業の製品、製造方法、業務形態を、自社のものと継続的に比較検討し、自社の商品開発に活かすことを意味する（邦語文献としては、差し当たりロバート・キャップ（髙梨智弘訳）『ビジネス・プロセス・ベンチマーキング』〔生産性出版・1996〕を参照のこと）。民主的実験主義は、企業がおこなうベンチマーキングと同様に、各地方公共団体も、他の地方公共団体が実践する政策の内容とその結果を継続的に調査し、それを自己のものと比較し、より優位な政策であれば、自己のものとして取り入れていくという作業を実践することで、相互作用的に政策の質の改善を図ることができると考えるのである（現在の日本における試みについては、『特集：地方自治体ベンチマーキング：組織間比較の意義と可能性』日本評価研究11巻2号1頁以下を参照）。

以上は、統治機構が果たすべき要請のうち、あくまで社会的問題への解決能力という観点からみた便益を論じたに過ぎないが、民主的実験主義は、さらに、地方分権は熟議による統治を実現する契機にもなると考える。地方分権が実現したとしても、地方公共団体の政策を立案するにあたって、主導的な役割を果たすのはやはり地方議会というよりもむしろその行政組織であろう。もっとも、地方分権下での地方の行政組織の意義は中央集権下での国の行政組織のそれとは必ずしも同じではない。行政組織がもつ専門性、技術性は、その判断の権威性を高め、政治的影響力の拡大の主要因となってきた。しかし、地方分権によって多様な政策が実施され、その相互参照が可能となると、各地方の行政組織の判断に対する反証、批判、代替案の提示もより容易なものとなり、その専門的技術的判断の権威性は、政治的にも法的にも相対化されたものになる。他方で、分権化によって、その影響力を拡大させることになるのが住民である。特に、地方分権は、それ自体として、住民の地方行政への積極的な参加、意見表明を促進させる土壌を形成する役割を果たす。そもそも地方公共団体が中央省庁に従属するのであれば、住民が地方行政に関与する余地はない。しかし、地方公共団体が自ら政策を企画しなければならないとすれば、そこに住民の関与可能性が生まれる。むしろ、行政サービスの充実化、改善を模索するのであれば、その消費者である住民の積極的な意見表明を求めていかざるをえない。また、住民の声それ自体の重みも、中央集権下でのものと地方分権下でのものとは大きく異なる。中央集権のもとでは、住民の声がもつ影響力は、全国の一地域のものとして希釈化される一方、地方分権下の地方行政においては、地方行政の信託者であり、受益者である住民の声として無視できない比重を持つことになる。住民の側としても、地方行政の在り方は、自身の生活や人生それ自体に大きく影響を与えるものであり、自らの意見表明によりその在り方を変えられるという状況が存在するのであれば、余暇を犠牲にしてでも、地方行政に参加しようとするインセンティブが生じるのである。そして、住民にとって、首長、地方議会議員、自治体職員は、国の諸機関と比較して、物理的にも、心理的にも近接した存在であり、遥かにアクセスが容易なものであることも重要である。住民が、国の行政

機関に対して、自らの知識や意見を伝達しようとすれば、せいぜい国会議員への投票や陳情を介した間接的手段でしか、それをおこなうことはできない。他方で、地方の自治体職員に対しては、役場の窓口を出発点として、直接、自らの意見、知見を行政組織に伝達することもできるのである。さらに、住民にとって、統治団内の規模が小さく、統治機関が近接した存在であることは、同時に、自らの論争対象、説得対象となる住民も近接した存在であることも意味する。地方分権は、単に、住民と行政との対話と議論を促進させる契機となるだけでなく、住民同士の対話と議論を促進させる契機ともなりうるのである。地方分権によって、住民が政策の立案に「直接的」に参加する契機を獲得し、住民と行政、住民同士といった様々なアクター間の「熟議」によって政策が形成される。そして、住民は、より有効、望ましい政策が他の地方公共団体で実施されていれば、それと自らの政策と自由に入れ替えることができる。民主的実験主義によって実現されるこのような理想的な政治状況を民主的実験主義は、「直接的熟議ポリアーキー」(directly deliberative polyarchy) と呼ぶ。

　このような民主的実験主義に基づく統治構造の再構成においては、全国一律の規制を導き出す中央省庁の機能は後退すべきということになる。しかし、それは、各省庁の解体を求めるものではない。むしろ、各省庁は、それらの専門的知識や技術などの資源を活かした役割が期待される。なかでも重要であるのが、各地方公共団体がベンチマーキングを実施するために必要な基礎的インフラストラクチャーを整備、維持するという役割である。他の地方公共団体がいかなる政策を実施し、それがいかなる効果を挙げているのかについて調査を実施することはそれ自体膨大な時間と労力を必要とする。専門的知見をもった中央省庁が俯瞰的に各地方公共団体の政策を観察し、その分析結果を随時公表すれば、それは各地方公共団体のベンチマーキングを大いに補助することになる。特に、各地方公共団体が取り組んでいる政策とその状況が一覧できるデータ・システムが構築できれば、住民にとっても貴重なインフラストラクチャーとなりえる。また、そのような俯瞰的観察に基づき、共通する問題を抱える地方公共団体があれば、それを相互に引き合わせ、情報交換を促していくことも中央省庁の役

割であろうし、もし、人材が足りない、あるいは、全国的な知見が必要であるということであれば、積極的に、その職員が各地方公共団体に出向していくということも考えられる。民主的実験主義が求める統治構造の再編成は、官僚組織の解体ではなく、むしろ、全国的な政策的実験のために、その人材と権力を分散化させることにあるとも言えるだろう。

## 4．民主的実験主義の実現と地方制度の諸課題

(1) 地方制度をめぐる憲法法理の再構成に向けて

民主的実験主義は民主主義や多様な価値観への対応といった憲法的価値、憲法的理想を追求するものである。しかし、現在の憲法解釈を前提とする限り、さらなる地方分権化を目指すうえで実定法としての憲法が果たし得る役割は実際にはほとんど限定されている。確かに、憲法上、国会は、地方制度の構築において、完全な裁量を有しているわけではなく、法律の内容は、92条における「地方自治の本旨」を指導原理として、それに従わなければならないとされており、現在、通説的地位を占めるいわゆる制度的保障説は、地方自治制度の本質的内容または中核を侵害する立法は違憲になるとも論じてきた（成田頼明「地方自治の保障」『日本国憲法体系(5)』135頁〔有斐閣・1964〕）。ただ、そこで地方自治制度の本質的内容とされてきたのは結局のところ、地方公共団体が自主立法権や自主財政権等の諸権能を有するということに留まるものである。そうすると、憲法の地方自治条項の役割は、いわば首長の公選や自主立法権等を定めた地方自治法の制定を要請するに留まり、それが制定された後はその役割を実質上終えたと言っても過言ではないとさえ言える。そのように解する限り、民主的実験主義の実現について、憲法解釈は特に問題となることはなく、専らその実現の是非は、国会のイニシアティブに委ねられた政治的課題に過ぎないということになる。

もっとも、特に、現在、中央省庁を中心とした垂直的統制型の統治構造の温床となっている委任命令の条例に対する優越性と奨励的補助金については、憲法的課題、憲法的統制の対象として議論しうる余地がないわけで

はない。まず、**2．**(2)で指摘したように、委任命令の条例に対する優越性を支えてきたのは、憲法の条文それ自体というよりも、むしろ、委任命令は法律の具体化であるとの観念論であった。このような観念論は、「法律を実施するのに複数の選択肢がある際に、住民の公選による議会の条例の命令に反することができないことには、問題がのこる」との指摘（樋口陽一『憲法（第三版）』397-98頁〔創文社・2007〕）が示唆するように、民主主義の実現という憲法的課題に解答を与えるにあたって充分な説得力を有しているとは言い難い。また、そもそも、民主的統治体制のもとでは本来異質な存在である委任命令は、**3．**(1)で言及したように、国会の限定合理性と官僚組織の専門技術性によってその実質的正当性を獲得してきたものである。しかし、民主的実験主義の理論が示唆するように官僚組織の専門技術性よりも各地方公共団体の条例に委ねたほうがより時代や環境に適応可能な政策が導かれ得るのであれば、国会による政省令への委任それ自体の実質的正当性そのものが揺らぐことになる。憲法上、委任命令と条例との優劣関係は明確なものではなく、熟議の実現と社会的問題への効率的解決という統治の基本的要請に鑑みれば、少なくとも自治事務については、命令は、条例による抵触を許さないような、いわゆる「従うべき基準」ではなく、条例による変更を認める「標準的規定」と位置づけられるべきであり、地方公共団体には、地方自治の本旨から導かれる具体的な憲法上の権利として、条例による命令に対する上書き権が認められるとの法理も支持し得る論拠を有しているのではないかと考える。

　また、奨励的補助金は、中央省庁の意向に沿って、各地方公共団体の施策を一つの方向に導こうとするものであり、民主的実験主義の理念とは全く矛盾するものであるが、その憲法的統制についても再検討の余地があろう。従来から、公法理論は、国家行為を「強制的なもの」と「給付的なもの」へと二分し、憲法的、法律的統制を専ら前者にのみ及ぼしてきた。しかし、国家の役割が必然的に拡大するなかにおいて、強制と給付の二元論の絶対性は揺らぎつつある。特に、今日、政府給付と交換「条件」に特定の行為を求めることは、事実上「強制」として扱うべき場合があり、その場合、政府が本来合憲的に義務付けることができない行為を為すことを、

給付の「条件」とすることは違憲であるとする、いわゆる「違憲の条件の法理」が有力に主張されている。違憲の条件の法理はこれまで主として人権分野において発展を遂げてきた法理であるが、その背景となる論理は国と地方政府の間の関係にも適用可能なものである（「違憲の条件の法理」の着想を地方分権の文脈において論じたものとして Lynn A. Baker, *Conditional Federal Spending After Lopez*, 95 COLUM. L. REV. 1911 (1995)）。そもそも、地方税や地方債などの地方公共団体の歳入は地方税法等によって厳格に統制、制限されている。そのようななか、多くの地方公共団体は住民の福祉に必要な諸施策を実施するうえでの財政的余裕に乏しく、政府からの補助金を拒否することは、それ自体が困難な状況にある。そのように歳入を絞っておきながら、補助金との交換条件として特定の政策を求めることは、地方公共団体から強制的にその自律的判断を奪うことに等しい。仮に、地方自治の本旨の内容には、地方公共団体は、法律による制限がない限り、自由に自らの政策を決定し、実行できる憲法上の権利があるとの前提を置けるならば、法律に直接の裏付けのない奨励的補助金は、本来、行政機関が合憲的に義務付けることのできない施策を強制的に義務づける違憲なものであり、奨励的補助金を導入する場合には、補助要件等について明確に定め置いた根拠法律が必要であるというのも検討すべき憲法法理の一つの在り方ではないかと考える（いわゆる関与法定主義の憲法的位置づけについては、塩野宏『行政法III（第4版）』〔有斐閣・2012〕238頁以下も参照。なお、現行の地方自治法245条は、国からの支出金の交付に係る事務を、関与法定主義の適用対象から除外している）。

(2) **ナショナルミニマム論への懐疑**

これまで、民主的実験主義の実現に資するものとして地方分権に肯定的評価を与えてきたが、今日、地方分権それ自体に強い批判があるのもまた事実である。特に、地方分権に対する代表的批判として挙げることができるのが、地方分権がナショナルミニマムを解体し、福祉の削減につながるという批判である（近年のナショナルミニマム論の動向については差し当たり日本社会保障法学会編『ナショナルミニマムの再構築』〔法律文化社・2012〕を参照）。例えば、地方分権論とナショナルミニマム論の対立の焦点となってきた分野として保育所問題がある。2009年の地方分権改革推進委員会が提示した第

三次勧告は、義務付け・枠付けの大幅な見直しを求めるものであったが、そこでは全国一律のものとして設定されていた保育所の設置基準を条例に移譲すべきであることが提言されていた。保育所の設置基準の条例への移譲は、特に、基準に適合した用地の確保が困難であった都市部での待機児童の解消に貢献することが期待されていた。ただ、このような設置基準の条例への移譲は、保育所の環境を悪化させるものであり、ナショナルミニマムを放棄するものであるとの批判も強く提起されている（例えば、榊原秀訓「『義務付け・枠付けの見直し』と『権限移譲』に関する最近の議論と実務──保育所の設備運営基準を中心として」南山法学37巻1・2号55頁）。もっとも、このようなナショナルミニマム論は、特定の基準を維持することがかえって別の負担を生じさせることになるという現実を等閑視しているという問題がある。確かに、全ての保育所が高い水準を維持したうえで、同時に、待機児童を解消することができればそれは最も相応しい政策であると言えよう。しかし、都市部で、基準に適合する保育所を確保しようとすれば、そのために追加的な公的資金が必要となることは避けられない。公共予算は有限であり、保育所への公共予算の投入を増加させれば、それだけ他の予算は削減せざるをえない。仮に、予算の補助が得られない場合には、結局、待機児童の解消は果たせず、多くの児童が結果としてより高額であり、かつ、設置基準以下の認可外保育所に通わなければならなくなる。基準を維持し、公共予算を投入してでも保育所を設置するか、それとも、基準を下げて待機児童の解消に勤めるかという問題については、一義的な解答はなく、むしろ、このような課題こそ地域ごとの固有の知を活かした住民の熟議により決定すべき事柄なのではないかと考える。また、現在、ナショナルミニマムとされているものの多くが、政省令によって規定されていることも重要である。例えば、ナショナルミニマムとされる保育所の設置基準を直接規定しているのは、法律ではなく、むしろ、行政機関が定めた厚生労働省令である。仮に、例外を許さず全国一律に決めるべき課題があるとしても、全国一律の基準の設定は、まずは国会による熟議によって定められるべきであり、国会が自身の判断能力に限界あると考えるならば、ただちに中央省庁の官僚組織にその判断を委ねるのではなく、各地方公共団体の熟議と

相互学習に委ねるのが民主的な解決方法ではないかと考える。

(3) 道州制論への懐疑

地方分権改革論議と並んで常に国政上話題に登ってきたのが道州制の問題である。これまで道州制については様々な試論が提示されているが、差し当たり、自由民主党道州制推進本部が2012年に公表した「道州制基本法案（骨子案）」は、①都道府県を廃止したうえで、全国に10程度の道州を設置する、②新たに設置された道州は国から移譲された事務及び都道府県から承継した事務を処理する、③市町村の区画を基礎として基礎自治体を設置し、基礎自治体は、従来の市町村の事務及び都道府県から承継した事務を処理するという制度設計を主たる道州制の内容としている。このような道州制については、特に国から道州への大幅な権限移譲が伴うことから、地方分権的政策の一つとして捉えられることがしばしばある。しかし、道州制は、必ずしも分権的側面のみを有するものではなく、集権的側面を有する政策であることには注意が必要である。廃止される都道府県の権限のうち、少なからずの部分は、より広域的な道州に吸収されることになるし、現在の市町村も合併を伴うことなく都道府県からの権限移譲を一律に引き受けることは不可能である。道州制推進派は、地方公共団体の区域の広域化と事務の統合は、行政を簡素化し、さらに、規模の経済の獲得による行政事務の効率化に資するものであると主張する（林宣嗣ほか『地域再生戦力と道州制』〔日本評論社・2009〕）。ただ、このような広域化、集権化は、住民からすれば、より自らの意見を反映し易い近接した地方公共団体を失うことを意味し、民主主義との関係においては負の側面を有する。また、地方公共団体の広域化により規模の経済は獲得できるとしても、地方公共団体の統合と広域化には、民主的実験主義が重視する政策の多様性とそれを通じた政策的経験の蓄積、そして、住民の選択肢の拡大を阻害するものであることは否定できない。地方公共団体の広域化と集権化は、同時に、不合理な政策が広域的、集権的に実施される危険性をもつものであり、不合理な政策の改善とその代替案の提示を困難にする。加えて、そもそも都道府県を超えた広域的問題が多く発生していると言っても、社会の多様性、複雑性を反映して、問題の解決に適合的な「区域」それ自体も問題ごとに多様

なものとなっている。新たに導入される道州の区域があらゆる問題にとって適合的なものである必然性はなく、むしろ、広域的問題は、既存の各都道府県が問題ごとにその構成員を変えつつ連携し、さらに、その連携の在り方を他の地域の都道府県が学習するというように、分権的、相互学習的に実現していくのが民主的かつ効率的な解決方法ではないかと考える。また、大都市における「区」のなかには、既に県や市町村を超えた人口規模、財政規模をもつものがある。民主主義と政策的実験の多様性の観点からは、地方公共団体の統合と広域化よりも、むしろ、区の権限拡大とその民主化こそが、地方公共団体の再編として取り組むべき課題となるのではないだろうか。

## 5．おわりに

　民主的実験主義の試みは、熟議の実現と社会的問題の効率的解決といった要請への応答を超えて、さらに、人々の認識それ自体を変革していく契機を持ち合わせている。最後にこの点について指摘しておきたい。人間は、根拠なき恐怖と偏見を抱きながら生きており、それによって現実の政策の在り方が規定されている場合も決して少なくはない。ただ、全国の国民が抱く恐怖と偏見をただちに除去することには困難を伴う。しかし、一つの地方公共団体においてでも、勇気ある政策的実験が実践され、その情報が共有されるとしたら、それまで確信であったものが、実は根拠のない恐怖と偏見に基づくものであったことを白日の下に晒し、全国規模で政策が改められる契機となりうるのである。その萌芽の一つと言えるのが、渋谷区議会が2015年3月31日に可決、同年4月1日から施行された「渋谷区男女平等及び多様性を尊重する社会を推進する条例」である。同性間のカップルは仮に異性間同様、強い絆がそこに存在したとしても、法的な意味において婚姻関係にないことから、パートナーとのアパートでの同居や病院での面会が断られるという現実があった。渋谷区は、そのような現実に対処するため、一定の条件を充たした同性のカップルからの申請があれば、「結婚に相当する関係」（パートナーシップ）を認め、公的にそのことを証明

する証明書を発行するということを上記条例で定めたのである。この条例は、あくまで法律の範囲内で行われるものであり、法的に婚姻と同等の効果をもつものではない。しかし、同性愛者に対する差別や偏見もあるなかで文字通りそれは「実験」的な試みをもったものであった。渋谷区の条例の存続をめぐって2015年4月の渋谷区長選挙はかつてない大きな盛り上がりをみせ、候補者はもちろんのこと、広く市民が同問題について集会やウェブ上で議論する状況が生まれた。結果として渋谷区の条例が住民の支持を獲得するなかで、他の特別区でも同様の条例の導入を検討しているとの報道もなされており、その導入の是非をめぐって各地で議論が展開されている。渋谷区の実験とそれを素材とした各地での議論は、同性愛に対する従来の認識に動揺を与えつつある。このような動態的な動きは、中央集権体制のもとでは不可能なものであった。地方分権とそれが導く民主的実験主義は、我々を、官僚支配や非効率的な統治から解放するだけでなく、我々自身が抱く恐怖や偏見からも解放する試みであると言えよう。

**参考文献**（本文で掲げたもののほか）
北村喜宣・山口道昭・出石稔・磯崎初仁編『自治体政策法務』〔有斐閣・2011〕
斎藤誠『現代地方自治の法的基層』〔有斐閣・2012〕
BRIAN E. BUTLER, ED., DEMOCRATIC EXPERIMENTALISM (2013)

# 12 裁判所と内閣の憲法解釈

大林　啓吾

## 1．はじめに

　2014年、第二次安倍晋三内閣は集団的自衛権の容認に向けて憲法解釈を変更したが（詳しくは項目17を参照）、そこに至るプロセスの中で憲法解釈機関を股にかける人事があった。内閣法制局長官の最高裁入りである。内閣法制局長官が最高裁判事に就任するケースはこれまでに何度もあり、それ自体は珍しいことではない。しかし、2013年の山本庸幸内閣法制局長官の場合は興味深い一幕があった。山本が最高裁判事に就任する際、集団的自衛権の行使は従来の憲法解釈の枠内で容認することは難しい旨の発言を行ったからである。この見解は従来内閣法制局が表明してきた立場につながることから、その意味で、内閣法制局と最高裁が近い存在であることを印象づける場面であった。

　この場面だけを見れば、憲法解釈の双璧とみなされてきた機関が文字通り一対であったことをうかがうことができるが、しかし、その後の経過は両機関を分断する方向に進んだ。安倍内閣は、集団的自衛権に関する従来の内閣法制局の憲法解釈を変更するために、変更に否定的な山本に代えて変更容認派の小松一郎を内閣法制局長官に任命したからである。従来、内閣法制局長官は法制局出身者を任命してきたが、内閣法制局の勤務経験がない者を任命したのは異例のことであった。このことは、内閣が憲法解釈の変更を指示しても内容によっては内閣法制局がそれに従わないことがあることを示すと同時に、そうした場合には内閣が長官を変えてしまうこともありうることを示すこととなった。つまり、内閣法制局はあくまで内閣

の意思によって憲法解釈を行う機関という位置づけがなされたといえる。最高裁判事も内閣が任命することに変わりはないが職務については独立性が保障されているため、今回のケースのように退任させられることはない。そのため、少なくとも、安倍政権下では、内閣法制局は内閣の憲法解釈を反映する機関となった。

また、先の発言については、憲法解釈の優先順位に関するやり取りが垣間見える一面があった。山本の発言に対し、菅義偉官房長官は最高裁の判断が出るまで内閣が第一義的にこの問題の憲法解釈を行うものであると述べたからである。この発言からは、この問題について内閣が第一次的な憲法解釈権を持つこと、最高裁の判断が出ればそれが優先すること、が明らかにされたといえる。

こうして見ると、裁判所、内閣、内閣法制局による憲法解釈をめぐる問題が存在することがわかる。司法が憲法解釈権を有していることは、司法の責務が法の意味を語る点にあるということからも一般に承認されているが、内閣や内閣法制局も憲法解釈権を有するかについては検討を要する事項であるように思われる。また、内閣や内閣法制局も憲法解釈権を有しているとしても、その性質や効果は司法と同等のものといえるのだろうか。さらに、司法を含むそれぞれの憲法解釈は変更可能なのか、そして相互に衝突した場合にはどうなるのかなど、様々な論点が潜んでいる。ここでは、内閣や内閣法制局の憲法解釈権の論拠を明らかにしながら、司法のそれと比較しつつ、変更可能性や衝突場面の問題などを取り上げながら、憲法解釈の動態性を見ることにする。

## 2．憲法解釈の主体

### (1) 憲法解釈の意味

憲法解釈とは、憲法の意味を明らかにする作業のことをいう。憲法典の条文は抽象的な内容で規定されていることが多く、そのままでは現実に起きた問題に対応できない。そこで解釈という作業が必要となる。例えば、「プライバシーの権利」という言葉は憲法のどこにも記載されていないが、

情報化社会を迎えた今、プライバシーの保護は必須事項となっている。そこで、裁判所は憲法13条からプライバシーの権利（私生活や個人情報をみだりに公開されない権利）が導かれるという解釈を行って対応している。そのため、「憲法」といった場合、「憲法典」そのものと、「解釈された憲法」の両方を指す。

　憲法解釈には様々な方法があり、どの解釈方法をとるかによって結論が異なることもありうる。例えば、憲法起草者の意図を重視する解釈方法、条文の目的を考慮する解釈方法、体系や構造に着目する解釈方法など、色々な解釈方法がある。

　ただし、どの解釈方法をとっても、憲法典をベースとすることに変わりはない。憲法典の内容と明らかに異なるような解釈は憲法を変えることに等しく、許されない。憲法の実践には解釈が必要ではあるが、あくまで憲法典をベースとしなければならないのである。

　このように憲法典を軸とした憲法解釈を実現させるためには、憲法解釈機関を複数にする必要がある。一つの機関が憲法解釈権を独占すると、その機関の解釈がそのまま憲法の意味になってしまい、憲法典の内容を変更してしまうおそれがあるからである。例えば、国会だけが憲法解釈権を有するとした場合、事実上、〈法律＝憲法〉となってしまい、憲法の最高法規性が失われてしまう。そのため、憲法解釈を行う機関は複数存在することが必要なのである。

　(2)　**三権の憲法解釈**

　それでは、誰（どの機関）が憲法を解釈することになっているのだろうか。最初に思い浮かぶのは、やはり裁判所である。例えば、憲法81条は、「最高裁判所は、一切の法律、命令、規則又は処分が憲法に適合するかしないかを決定する権限を有する終審裁判所である」として、最高裁に違憲審査権を与えており、この違憲審査権は最高裁のみならず、下級裁判所も有すると理解されている。違憲審査は国家行為が憲法に反するかどうかをチェックするものであり、裁判所はそのチェックを行う際に憲法解釈を行うことになる。

　ただし、違憲審査のあり方は国によって異なる。例えば、アメリカでは

憲法に違憲審査権に関する規定が存在しない。そのため、憲法の最高法規性と司法の役割から違憲審査権を導き出すという方法がとられている。すなわち、最高法規たる憲法の意味を議会に委ねてしまうと法律が憲法になってしまうおそれがあることから、憲法に反しているかどうかをチェックする機関が必要であり、それは法の意味を明らかにする機関である裁判所が担うべきであるというロジックである。このように司法の役割から違憲審査権を導き出す場合は通常の事件を判断する際に違憲審査を行うことになる。他方、ドイツのように憲法判断を専門とする憲法裁判所が設置されている国では、具体的な事件が起きていなくても、法令等の合憲性を判断する場合もある。日本には憲法裁判所がなく、通常の司法裁判所が事件に伴う形で違憲審査を行っている。

　このように、裁判所は憲法保障の任務を果たす際に憲法解釈を行っているといえるが、裁判所以外の機関は憲法解釈を行うことができるのだろうか。憲法保障の観点から考えると、一つの機関が憲法解釈を独占すると憲法の最高法規性が失われてしまうというおそれは裁判所についても当てはまる。つまり、いくら裁判所が違憲審査の役割を与えられているとしても、裁判所だけが憲法解釈権を独占してしまうと裁判所の判断がそのまま憲法の意味になってしまい、憲法典が改正を経ることなく内容を変えられてしまう可能性がある。

　そのため、裁判所のみならず、政治部門も憲法解釈を行えると考える必要がある。憲法は、三権それぞれに責務を与えており、各機関はその責務を果たさなければならない。裁判所が違憲審査を行う際に憲法解釈を行うのと同様、政治部門も憲法上の責務を果たすときに、憲法解釈を行うことがある。例えば、憲法41条は、「国会は、国権の最高機関であって、国の唯一の立法機関である」として、国会に立法権を付与している。選挙権のように必要な法制度がなければ、憲法が規定する人権保障がうまく保障されないことがある。そのため、国会は憲法価値を実現するために法律を作る役割を担っており、それは憲法解釈を前提としている。行政権を担う内閣も、行政権を行使する際に憲法解釈を行う。また、内閣は、憲法73条によって法律を誠実に執行したり外国と条約を締結したりする責務等を割り

当てられており、憲法解釈に基づいて行動することがある。

ただし、三権は憲法上の責務を果たすためにいかなる憲法解釈でも行えるわけではない。憲法99条は三権に憲法尊重擁護義務を課しており、各機関は憲法に反する行為を行うことができない。国会は憲法に反しないという解釈を前提に法律を作り、内閣は憲法に反しないように法を執行しなければならず、裁判所も同様に憲法に反しない解釈を行わなければならない。したがって、各機関は権限を行使する際に憲法に反しないようにしなければならず、それは必然的に憲法解釈を伴う。

### (3) 積極的な憲法解釈

憲法解釈は憲法上の責務遂行に内在する場面にとどまらず、各機関はより積極的に憲法解釈を行う場合がある。例えば、裁判所は憲法適合性の判断を行う際、結論だけを述べるのではなく、その理由づけの中で憲法の個別の条文の意味や性格を明らかにすることがある。また、政治部門も憲法解釈を明らかにすることがある。国会において憲法解釈をめぐる議論を行ったり、内閣が憲法解釈を表明したりすることがその例として挙げられる。もっとも、違憲審査権を付与され、法解釈を専門とする裁判所はともかく、政治部門もこのような積極的な憲法解釈を行うことが認められるのだろうか。

国会については、国民に直接選ばれたという民主的正当性があり、全国民を代表する立場から憲法解釈を表明することができると考えられる。また、憲法改正の発議が国会に委ねられている以上、そこでも憲法解釈を行うことが想定されているといえる。

ただし、国会の積極的な憲法解釈は、国会全体（または各院）の意思として憲法解釈を表明する場合、委員会の意思として憲法解釈を表明する場合、国会議員個人が憲法解釈を表明する場合など、場面ごとに憲法解釈の主体が異なりうる。仮にいずれも国会の憲法解釈に含まれるとしても、議員個人が国会の外で個人的見解を披歴した場合も含まれるのかなど、その射程については検討が必要である。国会における発言についても、国会議員の発言や質問が答弁者の回答と密接に関わらざるをえないところがあり、何が国会の憲法解釈に含まれるのかを明確に区別できない場合もある。また、

国会全体の議決で行う場合と議員個人が表明した場合とでその権威に差が生じるかどうかなどの問題もあり、検討課題は多い。

　内閣も、国会が国会議員の中から選出した内閣総理大臣を頂点として成り立っていることからすれば、間接的とはいえ、民主的正当性があるといえる。また、内閣は行政権を担い、議院内閣制の下では政府を代表することになることから、政府の憲法解釈を表明することができると考えられる。

　内閣の憲法解釈も様々な場面で登場する。中でも、閣議決定による憲法解釈の表明は内閣の正式な決定ということもあり、内閣による憲法解釈の典型といえる。それ以外にも、内閣総理大臣や国務大臣など、内閣のメンバーが憲法解釈を表明する場合がある。それは、内閣総理大臣が内閣を代表して憲法解釈を表明することもあれば、談話として憲法解釈を表明することもある。また、内閣のメンバーが国会答弁で表明することもあれば、記者会見や講演などで表明することもある。そして、冒頭で言及したように内閣法制局長官が憲法解釈を表明する場合もある。

## 3．内閣法制局の憲法解釈

(1) 内閣法制局

　内閣が憲法解釈権を有する以上、内閣法制局も憲法解釈を行うことができそうである。内閣法制局は内閣法制局設置法に基づき内閣に置かれた機関であり、各省庁から出向してきた者が職務を行っている。内閣法制局長官は内閣によって任命され、事務の統括や職員の監督を行う。また、法令解釈等につき政府特別補佐人として国会で答弁に立ったり、閣議にも陪席して法令解釈等について答えたりする。ただし、内閣法制局は内閣に設置されているものの、内閣のメンバーそのものではない。内閣は、内閣法によってそのメンバーが決められており、内閣総理大臣と国務大臣からなるとされている（内閣法2条）。ゆえに、内閣法制局は内閣の法律顧問のような位置づけとなる。

　内閣法制局の主な職務は、法案等を審査し、意見を答申することである（内閣法制局設置法3条）。この職務を行うにあたり、内閣法制局は憲法解釈

を行うことがある。しかし、内閣法制局は国会や内閣と違って、憲法が定める機関というわけではない。また、内閣法制局は官僚集団であり、民主的正当性を有するわけでもない。したがって、憲法解釈を行うとしても、その権威がどこまで認められるかという問題が出てくる。

(2) 審査事務

内閣法制局の審査事務とは、政府が法案を国会に提出する前に、当該法案を内閣法制局がチェックすることをいう。内閣法制局は、法律の必要性、憲法や他の法令との整合性、条文の表現、用語、配列の妥当性などをチェックする。これは、いわば事前審査の役割を果たしており、ある種の合憲性審査が行われているといえる。つまり、審査事務の過程において、内閣法制局は憲法解釈を行っているわけである。内閣法制局の法令審査は厳密に行われてきたこともあり、これまで最高裁の違憲判決が少なかった理由の一つとして指摘されることもある。そのため、内閣法制局の憲法解釈の権威はその質の高さに負うところが大きいともいえる。

ただし、内閣法制局を務めた後に最高裁入りする人事が少なからず存在してきたことからすると、同一人が判断しているのだから違憲判決は少なくて当然であるとの指摘がある。とはいえ、最高裁判事全員が内閣法制局出身というわけではなく、法制局経験者はその一部にすぎないことからすれば、事前審査の質の高さは否めないだろう。そのため、内閣法制局の事前審査は最高裁の違憲審査権を矮小化してしまわないかといった懸念がある。だが、同じ法令審査といっても内閣法制局の審査と裁判所の違憲審査とでは違いがある。第一に、内閣法制局の審査は行政官が行う審査であるのに対し、裁判所の審査は裁判官が行う審査である。広義の意味で同じ法律専門家といっても、行政実務の視点と法曹の視点とでは異なる可能性がある。第二に、内閣法制局は内閣から独立して職務を行うことが保障されているわけではないのに対し、裁判官は独立して職務を行う身分保障が憲法上規定されている。事実上の問題はさておき、少なくとも形式的には内閣法制局は政治的統制を受けるのに対し、裁判所は政治から独立して憲法解釈を行えることになっている。第三に、内閣法制局の審査は立法に向けた事前のチェックであるのに対し、裁判所の審査は制定された法律の事後

的チェックであるという違いがある。そのため、審査する段階や場面が異なる可能性がある。第四に、内閣法制局の審査は法律の制定によって生じうる憲法上の問題を想定してチェックを行うが、裁判所は実際に起きた事件を基に審査を行うという違いがある。つまり、事前審査では想定しえなかった問題が事件となることがありうるわけであり、そうなると異なる問題を審査することになる。第五に、内閣法制局の審査は法律によって認められたものであるのに対し、裁判所の違憲審査は憲法によって認められたものであるため、憲法上の権威に違いがある。

### (3) 意見事務

内閣法制局は法案審査等について意見を述べる職務があり、その際憲法解釈に関する意見を述べたり、場合によっては国会で答弁したりすることもある。特に内閣法制局長官は、国会において政府の憲法解釈を答弁することがあり、内閣の憲法解釈において重要な役割を担ってきた。とりわけ、憲法9条の解釈については内閣法制局長官がたびたび憲法解釈を表明してきた。

内閣法制局は専門的知見を背景に論理一貫した憲法解釈を内閣に答申してきたが、それはあくまで意見にすぎず、内閣はそれに縛られるわけではない。ただし、これまで内閣法制局は論理一貫した憲法解釈にこだわり続け、事実上、内閣の憲法解釈に大きな影響を与えてきたといえる。

しかしながら、官僚政治が問題視されるようになると、その矛先は内閣法制局にも向かうことがあった。2009年の政権交代によって民主党が政権を握ると、鳩山由紀夫内閣は内閣法制局長官を国会答弁に出席させないようにした。民主的正当性を有する政治家が憲法解釈を主導すべきというのが理由であった。

そもそも内閣総理大臣は行政各部を指揮監督する役割を担っていることからすると（72条）、内閣法制局も行政機関の一つである以上、内閣総理大臣の監督下にある。この点、政治から独立した身分が保証されている裁判所（裁判官）とは異なる。そのため、事実上、内閣法制局は政治から独立した見地から憲法解釈を行ってきたとしても、冒頭の例にあるように、時の政権の都合によってその憲法解釈が採用されない場合もありうる。

## 4．憲法解釈の変更

### (1) 憲法解釈の変更可能性

　憲法解釈は、一度行ったら二度と変えられないものではない。そもそも憲法解釈は抽象的な憲法典の内容を現実に通用させるために行う作業であり、時代や状況に合わせて憲法の意味を明らかにするという側面がある。そのため、憲法解釈が時代や状況に合わせて最善の解釈を行う営みであるとすれば、その変化に応じて解釈を変更することは許容されるはずである。

　これに対して、憲法起草者の意図を重視する立場からすると、憲法解釈は原意を尊重して行うべきであり、時代によってその意味が変わるわけではないことになる。ただし、何をもって原意とするかについては争いがあり、憲法起草者が現状に直面したらどのように考えるかを考慮するという方法もある。もっとも、憲法起草者の意図を重視する場合でも、憲法起草者の意図に適った解釈にするために解釈変更をすることは認めるわけであり、憲法解釈の変更は認められる。

　しかしながら、憲法解釈は憲法の意味を明らかにする重要な作業であることから、むやみやたらに変更することは許されない。憲法解釈の頻繁な変更は憲法の安定性を害し、解釈の論理一貫性を損なうからである。

### (2) 内閣の憲法解釈の変更

　内閣はその時代の政府を代表する以上、時代状況に合わせた憲法解釈を行うことが要請される。ただし、政権ごとに憲法解釈が変更されてしまうと、憲法秩序が不安定になってしまうおそれがある。しかも、他権の憲法解釈によって対抗される可能性があることを考慮すると、その権威は相当弱まる可能性がある。そのため、内閣は憲法解釈の変更を行うことができるとしても、長期にわたって踏襲されてきた解釈については権威が高いものとみなすべきである。したがって、そのような憲法解釈については容易に変更することができず、変更する場合はそれを変更せざるをえない理由を提示する必要があろう。

　内閣が憲法解釈を変更する場合、内閣法制局に憲法解釈の変更を正当化できるような意見を求めることがある。このとき、内閣法制局がその指示

に従うべきかどうかという問題が生じる。実際、第二次安倍内閣が集団的自衛権の解釈について変更する際にはこのことが問題となった。冒頭の山本内閣法制局長官は解釈変更に消極的であったため、安倍内閣は山本の代わりに解釈変更に肯定的な小松を長官に任命したのである。

内閣法制局はその判断につき専門性を理由に自律性が尊重されてきたが、内閣の法律顧問である以上、内閣または内閣総理大臣の監督下にあることに変わりはない。そのため、最終的にはその指示に従う必要がある。ただし、内閣法制局は専門家の立場から意見することが職務である以上、その変更に問題点がある場合にはそれを指摘することも重要である。したがって、最終的には内閣の指示に従わざるをえないとしても、専門家の見地から意見を述べることが要請される。

(3)　裁判所の憲法判例の変更

裁判所の場合、憲法判例の変更の問題は先例拘束の問題とリンクする。先例拘束があるか否かについては、学説上の争いがあり、そもそも判例は法源といえるかどうかという問題もある。これについては別途検討を要する事項であるが、事実上先例拘束が存在している以上、どのような場合に変更できるかを考える方が重要である。

アメリカでは、かつてブランダイス判事が、憲法は修正することが困難であるが法律は修正することが比較的容易であることから、解釈が誤っていた場合のリスクを考えて、憲法判例の変更は法律問題の判例変更よりも緩やかにすべきであると説いた。

しかし、それは法律との比較を述べているにすぎず、憲法判例の変更が具体的にどのような場合に認められるのかが明らかではない。日本では、全農林警職法事件判決（最大判昭和48 (1973) 年4月25日刑集27巻4号547頁）における田中二郎判事等の意見が、「憲法解釈の変更は、実質的には憲法自体の改正にも匹敵するものであるばかりでなく、最高裁判所の示す憲法解釈は、その性質上、その理由づけ自体がもつ説得力を通じて他の国家機関や国民一般の支持と承認を獲得することにより、はじめて権威ある判断としての拘束力と実効性をもちうるものであり、このような権威を保持し、憲法秩序の安定をはかるためには、憲法判例の変更は軽々にこれを行なう

べきものではなく、その時機および方法について慎重を期し、その内容において真に説得力ある理由と根拠とを示す用意を必要とする」と述べている。

　この見解はその後の判例において事実上受容されているところがあり、裁判所は憲法判例の変更について慎重な姿勢をとることが多い。また、アメリカでも、近時の判例は憲法判例の変更について特別な正当化を求める傾向にあり、十分な理由もなく変更することはできないようになっている。

　しかしながら、変更を難しくしすぎると、形式上は変更しないまま、事実上変更してしまうような判断が行われるおそれがある。実際、最近では判例を変更しないまま事実上の変更を行うようなケースが出てきている。例えば、在外邦人選挙権判決（最大判平成17（2005）年9月14日民集59巻7号2087頁）は立法行為が国賠法上違法となる要件について、在宅投票制度違憲訴訟の判断よりも要件を広げたようにみえるにもかかわらず、判例変更を行っていない。

　さらに問題なのは、時代状況の変化を理由に従来合憲としてきた判断を違憲にする際、必要となる憲法解釈を行わなかったり判例変更を行わなかったりするケースが散見される点である。特に平等問題の領域はその傾向が顕著であり、時代や社会の変化を主な理由として違憲判断を下した非嫡出子相続分違憲判決（最大決平成25（2013）年9月4日民集67巻6号1320頁）はその典型である。

　安易な憲法判例の変更は法的安定性の面で問題があるが、事実上の変更や必要な憲法解釈を行わない対応などはかえって法的安定性を害するといえよう。

## 5．憲法解釈の衝突

### (1) 憲法解釈の最終的権威をめぐる問題

　三権がそれぞれ憲法解釈を有するのであれば、もしそれらが衝突した場合、どの機関の憲法解釈が最終的判断となるのであろうか。この問題は、一見すると、判決の効力をめぐる問題のように見えるが、必ずしもそこに

収斂されるわけではない。

　通常、判決の効力といった場合、民事事件では既判力、形成力、執行力を指すが、これは当該判決自身の効力に関する問題であり、当事者および将来の裁判に影響するものである。これに対し、憲法学でいうところの判決の効力の問題は、違憲判決の効力の問題を指し、とりわけ違憲判断を受けた法令は無効になるかどうかという問いとなる。

　しかし、憲法解釈の最終的権威をめぐる問題は判決の効力の問題に限定されない。例えば、司法の憲法解釈が傍論に含まれていた場合も、それは司法が示した憲法解釈に含まれる。また、この問題は三権が対象となるため、それは司法判断のみに限定されるわけではない。つまり、国会の憲法解釈と内閣の憲法解釈が対立した場合、そこに司法判断が介在しなくても、いずれを優先すべきかという問題が生じる。

　もっとも、日本は、議院内閣制をとっていて国会と内閣が憲法解釈をめぐって対立することが少ないことや、司法判断には合憲判断が多く他権の憲法解釈と対立することが少ないことから、判決の効力の問題は取り上げられてきたが、憲法解釈の最終的権威をめぐる問題はあまり取り上げられてこなかった。そこで、憲法解釈をめぐる三権の競合が激しいアメリカではどのようなやり取りがなされてきたのかを見てみよう。

(2)　アメリカにおける事例

　まず、執行府と司法府の対立として、南北戦争期におけるリンカーン大統領の行為が挙げられる。1857年、連邦最高裁はドレッドスコット判決（Dred Scott v. Sandford, 19 How.（60 U. S.）393（1857））において黒人を財産（奴隷）と見なす判断を行ったが、リンカーン大統領は就任演説や奴隷解放宣言においてこれに反発する憲法解釈を表明した。また、1861年のメリーマン判決（Ex Parte Merryman, 17 F. Cas. 144（C. C. D. Md. 1861）（No. 9487））が出した人身保護令状をリンカーン大統領が無視したという事例も存在する。

　次に、執行府が立法府の憲法解釈（法律）に対抗した事例として、戦争権限法の執行拒絶が挙げられる。戦争権限法はニクソン大統領の拒否権を覆して1973年に成立したものである。ところが、当初から大統領の軍事総

司令官権限との関係で違憲性が問題視されており、フォード大統領以降の大統領は実際に本法が適用される場面に遭遇することになったため、何人かの大統領はこの規定を無視した形で軍事指揮権を行使している。

　一方、司法府が自らの憲法解釈が最終的権威であると述べた判断がある。信教の自由に関する判断基準につき、連邦議会が宗教の自由回復法を制定して司法の先例を覆したところ、1997年のバーニー判決（City of Boerne v. Flores, 521 U. S. 507（1997））は司法が憲法解釈の最終的権威であることを述べながら当該法律を違憲とした。

　また、大統領命令によって鉄鋼所を収容したことが違憲とされた1952年のヤングスタウン判決（Youngstown Sheet & Tube Co. v. Sawyer, 343 U. S. 579（1952））では、大統領が憲法上の権限に基づいて収用できると主張したのに対し、司法はそのような収用権限を否定した。

　さらに、政治部門間で憲法解釈が対立している問題に司法が絡むケースもある。1819年、連邦最高裁はマカロック判決（McCulloch v. Maryland, 17 U. S. 316（1819））において合衆国銀行の合憲性を認める判断を下したため、連邦議会が第二合衆国銀行設立の法案を可決した。ところが、ジャクソン大統領は自らの憲法解釈を表明しながら拒否権を行使し、銀行設立を阻んだという事例がある。

　このように、アメリカでは憲法解釈をめぐる三権の衝突がたびたび生じており、そこでは違憲判決の効力が関わることもあれば、政治部門の憲法解釈の表明という形で対立している場合もあり、さらにどの機関の判断が最終的判断となるかの帰結もケースによって異なっている。

(3)　**日本における事例**

　日本では、アメリカのような動態的なケースはあまり見られないが、判決に従うかどうかという文脈ではいくつかの事例が存在する。

　もっとも、裁判所が違憲判決を下した場合、政治部門はそれに従うことが多かったといえる。とりわけ、最高裁の違憲判決については、政治部門は迅速に対応してきた。その例外として尊属殺違憲判決（最大判昭和48（1973）年4月4日刑集27巻3号265頁）があり、違憲判決が下されてもなかなか法改正が進まなかったものの、実務レベルでは検察が尊属殺規定を用い

ないことで対応した。

　下級審の判決に対しては、政治部門は最高裁判決よりも権威が低いとみなしているきらいがある。また、上訴が残されていることもあり、政治部門は最高裁判決ほどには下級審の憲法判断に敏感に反応しない傾向にある。ただし、まったく下級審の憲法判断を尊重しないわけではなく、例えば、外貌醜状に対する補償金の額が男女間で著しい差があるとして違憲となった事件（京都地判平成22（2010）年5月27日判タ1331号107頁）では、政府側は控訴せず、厚労省が障害等級表の見直しを行った。また、重大な人権問題が絡む場合、下級審の憲法解釈に対して疑義を呈しながらも、救済に乗り出すケースも見られる。例えば、ハンセン病訴訟（熊本地判平成13（2001）年5月11日判時1748号30頁）では違憲判決後、小泉内閣は立法不作為の認定に反対の意を表明しながらも、控訴せずに救済に乗り出した。また学生無年金訴訟（東京地判平成16（2004）年3月24日判タ1148号94頁）では裁判自体に対しては控訴しつつも、政府は無年金障害者に対して一定額を支給する法案を提出している。このように、下級審判決に対して政府は、憲法解釈に従うかどうかはさておき、判決を受けて救済面において対応する傾向がある。

　安全保障に関する分野においても、裁判所と政治部門の憲法解釈は対立しうる。もともと、安全保障の分野について、裁判所は判断を避ける傾向にあり、事実上政治部門の判断に敬譲することが多かった。例えば、砂川事件判決（最大判昭和34（1959）年12月16日刑集13巻13号3225頁）ではいわゆる統治行為論を持ち出し、日米安全保障条約の合憲性に関する判断を行わなかった。

　ところが、イラク戦争における自衛隊派遣の問題において、下級審ではあるが、名古屋高裁が違憲判決を下したことがある（名古屋高判平成20（2008）年4月17日判時2056号74頁）。イラク戦争の際、小泉内閣は米軍の後方支援を行ったが、その際戦闘地域と思われる場所に自衛隊を派遣したため、9条の平和主義や平和的生存権に反するのではないかとして裁判になった。小泉内閣は非戦闘地域であるとの見解を示したが、名古屋高裁は戦闘地域に当たるとした。判決結果自体は原告らの平和的生存権を侵害していないとして政府側の勝訴となったので、そのまま事件は確定した。この事案で

は、戦闘地域該当性の判断がイラク特措法との関係のみならず憲法 9 条にも関連しており、内閣と裁判所の憲法解釈が衝突した事案といえる。なお、判決後、政府側は違憲部分の判断は傍論にすぎないとしてそれを聞き入れない姿勢をとっている。

　このように、政治部門と裁判所の憲法解釈が衝突した場合、事案によって優劣が異なる可能性がある。上記の例を見ると、政治部門は最高裁判決には従う傾向にある。だが、下級審判決については、当該事案が重大な人権問題に関連する場合、政府は裁判所の憲法解釈を尊重するか、憲法解釈には賛同しないものの、判決を受けて当事者の救済手段を講じることがある。また、安全保障などのケースでは裁判所が判断を回避して政府の憲法解釈を尊重するか、判断に踏み込んでも政府がそれに従わないことがあるといえよう。

　このことは、権力分立原理と密接に関わっている。憲法は、三権にそれぞれ憲法上の責務を割り当てており、各機関は専門領域を持っている。そのため、他権の専門領域に関する憲法解釈については、その判断を尊重しなければならない。上記の例を一部取り上げれば、裁判所は人権保障、内閣は安全保障が専門領域となり、それに関する憲法解釈は他権の判断よりも尊重されるという規範を立てることができるかもしれない。

　ただし、それぞれの専門領域が重なる問題が起きた場合は難しい判断に迫られる。また、家族観など伝統や道徳が絡む問題についても、政府が裁判所の判断と異なる見解を有していた場合、最高裁の判断でなければ従わない可能性もある。したがって、規範論として権力分立に基づく権限配分に応じて優劣を領域ごとに分けることはできるが、実例をすべて説明できるとは限らない。これについては今後の事例を見ながら考えていくことになろう。

# 6．おわりに

　憲法解釈権は裁判所のみならず、三権がそれぞれ有するものである。三権が憲法解釈を行うとき、憲法上の責務を遂行する際に内在的に行う場合

と積極的に憲法解釈を表明する場合とがある。日本では、内閣法制局が法令の事前審査を行ったり内閣法制局長官が国会で政府の憲法解釈について回答したりするなど、裁判所以外の憲法解釈については内閣法制局を思い浮かべることが多いかもしれない。ただし、内閣法制局は法律上の機関にすぎず、内閣法制局の憲法解釈の採否は最終的には内閣が決める。冒頭で触れた第二次安倍内閣の集団的自衛権に関する憲法解釈変更の問題はまさにそうしたケースである。

また、このような積極的な憲法解釈の表明については、憲法動態の観点から憲法保障システムを見つめ直すことが重要である。政治部門が積極的に憲法解釈を表明する場合、それがただちに具体的な形で国民に直接影響するものではない。そのため、憲法解釈の表明が明らかに憲法に反している内容であったとしても、裁判所は具体的事件が起きなければ違憲審査を行うことができない。他方で、国会や内閣の憲法解釈実務上大きな意味を持ち、その後の法令の制定改廃や運用に対して大きな影響を与える。また、その後の法令や運用が事件となり、裁判所によって違憲の判断を受けたとしても、憲法解釈の表明自体はそのまま残る可能性もある。さらにいえば、最高裁の違憲判決が個別的効力にとどまるとすれば、なおさら政治部門の憲法解釈を統制することは難しい。

しかし、政治部門の憲法解釈が司法的統制をすり抜けたとしても、他権の憲法解釈から免れるわけではなく、将来的に変更が不可能なわけでもない。例えば、内閣が閣議決定によって違憲の疑いが強い憲法解釈を表明した場合、与党が参議院で多数派を形成できていなければ参議院から反発されるであろうし、たとえ与党が両院で多数派を形成していたとしても、野党から糾弾されたり、少数の国会議員らによって異なる憲法解釈が表明されたりする可能性がある。加えて、政治部門は政治的責任を負っていることから、選挙において反対の意が表明されるかもしれない。さらには、裁判所も傍論などで憲法解釈を表明して対抗することは可能であり、司法的統制の余地もある。また、将来の内閣が憲法解釈を変更することもありえよう。

このように、憲法解釈の動態性は憲法保障に関連するものであり、三権

の憲法解釈という観点から考察することが重要である。

**参考文献**
大林啓吾『憲法とリスク――行政国家における憲法秩序』〔弘文堂・2015〕
新正幸『憲法訴訟論（第2版）』〔信山社・2010〕
内野正幸『憲法解釈の論理と体系』〔日本評論社・1991〕
阪田雅裕（聞き手・川口創）『「法の番人」内閣法制局の矜持　解釈改憲が許されない理由』〔大月書店・2014〕

# 13 安全保障の岐路
## ——負の遺産からの卒業課題を考える

志田　陽子

## 1．はじめに——2015年5月の安保法制案

　2014年7月1日、内閣は閣議決定によって従来の憲法解釈を変更し、現行の日本国憲法のもとで集団的自衛権の行使が容認されるとの解釈を示した。翌2015年5月、これを具体化するための新たな安全保障法制案として、11の法（改正）案からなる「平和安全法制案」が国会に提出され、同年9月に参議院で可決された。その中心的な内容は、日本が攻撃を受けていなくても日本と密接な関係にある国のために武力行使や後方支援ができる「集団的自衛権」の行使を具体的に可能にすることと、国際平和貢献のための自衛隊海外派遣の場面をこれまでよりも広げることである。またこれに先立って4月には、自衛隊について「国際法上、一般的には軍隊と取り扱われる」との答弁書が閣議決定され、「ガイドライン」再改定の骨子も公表されている。

　日本の安全保障を大きく転換する一連の内容は、1億2千万人余りを乗せた列車車両を脱輪させるものと言わざるを得ない。日本は長く「日本国憲法」と「日米安保体制」の二つの法体系の間に挟まれてきたが、この矛盾の問題が今、政治・経済・市民社会を一挙に揺らしながら、噴出している。日本は安全保障のあり方と主権国家のあり方の両面で、岐路に立っている。

## 2．日本国憲法の基本構図

### (1) 人間の権利と国家の任務

「どこからの脱輪か」というとき、多くの議論が、2014年7月の閣議決定が1972年10月14日の参議院提出資料に示された政府見解からの解釈変更となる点をとらえている。これについて私たちは、「まずこのラインまでは引き戻すべき」という議論を立てると同時に、その先にある憲法論と憲法適合的な方策の模索を常に視野に入れていなくてはならない。こうした二段構えの議論については別稿で論じられているので、本稿ではそれを前提として考察を進める。

まず憲法全体がとっている基本の構図を確認しておくと、《国民（人権保障）のために国家の統治がある》という《目的と制度の関係》が憲法の全体を貫徹している。日本国憲法における平和主義も同じである。憲法前文の「平和のうちに生存する権利（平和的生存権）」と13条「生命権」からは、そこに生きる人間の生命を守ることが主（目的）であり、それを守るための手段として国家があるのだ、という逆転禁止のベクトルが確認できる。

戦争や紛争を食い止め平和を構築するという課題は、一国だけでは達成できず、国際社会の中での規範の共有と仕組み作りを必要とする。日本国憲法前文にはそのことの理解が込められている。21世紀に入ってから、この前文の意義が政府によって曲解されてきたが、憲法前文は日本の国際貢献について、軍事に向けては徹底した自制を求めている。「平和的生存権」も、軍事については《国家目的のために人間の生命・生存を犠牲にしない》という消極的要請であるため、国家の軍事活動への制約原理として働くが、この概念が戦闘型の軍事組織の存在やその装備・活動を正当化する根拠となるわけではない。

### (2) 非武装平和という選択の未達成

9条全体の意義と解釈については他稿に委ねるが、本稿では、「戦争」と名の付く内容・形式を伴う行為は、いかなる理由があろうと——「自衛」や「制裁」が名目であっても——禁止されているとの理解をとり、「戦争」と「応急の反撃」を一応区別する。まずは相手国との対話や周辺

国との関係共有を通じて衝突を回避すること、万が一不当な武力攻撃を受けたときにも、経済制裁など、戦闘以外で考えられる方策は多数ある。日本国憲法が本旨とするのはこの道である。その上で、それらの方策が万が一破られ武力攻撃を受けた場合にも、まずは救助と避難支援、受けた（受けつつある）攻撃の除去・無害化によって国民の生命を守ることができるならば、その道を選択すべきである。情報の収集も、無用の攻撃（誤想防衛や過剰防衛）を行わないためにも必要だろう。これらの事柄は他国の軍事活動に対処するという意味では「軍事」に属するものだが、それ自体としては憲法に違反する自衛手段ではない。これらの手段の組み合わせで「自衛」を構築する国際的知力と技術力を持つことが日本の課題だというべきなのだが、それはまだ人類にとって未達成の課題である。

　また本稿では、戦闘型軍事行動とその装備は「自衛」を名目とするものであっても法的には「違憲」であり、それは武力・戦力・実力のどれに当たるかの議論に左右されない、との原則をとりつつ、例外的に正当防衛としての自衛が成り立つ余地があることを認める。しかしそれは国家の権利としてではなく、国民・住民に正当防衛が認められる状況下で、国家がそれに代わって（国民・住民を避難させるために必要な行動として）とった自衛措置について、違憲性が阻却される場合がある、というものである。このとき、相手への殺傷可能性を含む行動が正当化されるのは、現実の国民の生命を現実の危害から守る場合に限られる。その限定を離れて、「国家の存立」ないし抽象的な「国民」を名目として行われる武力行使については、9条への違背を正当化することはできない。このことは、後に見る「集団的自衛権の行使」に関する議論の前提として確認しておきたい。

　1951年の日米安保条約締結と警察予備隊創設以来、日本の安全保障をめぐる政治はこの規（のり）と未達成の課題を逸脱しつづけてきた。

## 3．国際情勢に揺れた日本の安全保障

(1) 冷戦による卒業延期

　日本国憲法が制定されたとき、日本は文字通り、軍隊を持っていなかっ

た。ただし、主権回復までの間は「ポツダム宣言」にのっとって、「連合国」の——事実上は米軍の——占領統治下にあった。この占領を解かれ主権を回復することが第二次世界大戦敗戦からの「卒業」ということになり、1951年、これを正式に認める対日講和条約（通称サンフランシスコ条約）が締結される。しかしこのとき、国際社会の様相が第二次世界大戦終了時の構想とは異なり、二つの陣営に分かれて敵対視し合う「冷戦」の状態に陥っていた。「冷戦」の局地戦というべき朝鮮戦争の勃発（1950年）をきっかけにして、日本有事に備えた「警察予備隊」が作られ、これが現在の「自衛隊」となった。このとき（1954年）日本政府は、憲法制定時の合意から見解を変え、「自衛権」に基づく実力は「戦力」とは別のものであるため、日本国憲法には反しない、との見解を示した。

　これらと平行して1951年、対日講和条約の締結と同時に日米安全保障条約（第一次）が結ばれた。これによって日本とアメリカの協力関係が定められ、以来、米軍基地と米軍日本駐留はこの条約に基づいている。その後1960年にはこの条約が第二次日米安保条約へと改定され、基地の使用を容認する義務だけでなく、有事のさいの相互防衛義務が追加され、自衛隊はこの関係に組み込まれることとなった。以後、この条約と、この条約に基づいて行われている日本の軍事基地提供と米軍駐留、米軍と自衛隊の合同演習などの実情が、憲法問題となってきた。

　この1960年の日米安保条約には、5条（日本有事）と6条（極東有事）という二つの目的が掲げられている。日本政府が「自衛権」に基づいて国内向けに行ってきた説明では、もっぱら5条に焦点があったが、そこに6条が存在し、現在の活動範囲と活動内容の拡大の足場となってきたことに留意しておきたい。

　日米安保体制とは、日本の第二次世界大戦後の占領統治からの卒業を形式上認めつつも、情勢不安から卒業延期の措置をとったようなものである。それ以来、日本は卒業課題に取り組むことができないまま、カッコつきの主権国家であり続けている。

(2)　冷戦終了から21世紀へ

　(ア)　紛争の様相変化と、憲法の再確認　　冷戦終了後の世界では、従来

の「戦争」（国家同士の正式な戦争）には当てはまらないが、民族衝突による内紛やテロ組織による破壊活動が激化し、軍隊の出動を要する場面が増えている。さらに、資源や土地などの利害をめぐる争いだけでなく、アイデンティティや価値観をめぐる争いが目立ち、和解が困難になりやすいことが指摘されている。この傾向は21世紀に入って、深刻さを増している。

2001年のアメリカ、そして2015年の日本で強烈に意識されることとなった「テロとの戦い」も、国際法上の正式な「戦争」ではないが、安全保障上の真剣な関心事である。こうした変化の前で私たちは、日本国憲法は形式的意味の「戦争」だけではなく、人間の「平和的生存」を奪う状況（事実上の武力衝突・戦闘状態）全般を克服しようとしていることを確認すべきだろう。ここでは、「戦力」と「実力」とを区別すれば《実力＝合憲》の答が出てくるものではないし、自衛隊と日米安保体制という現実に対して《憲法外の存在だから憲法に基づく統制を考えるのは論外》ということにもならない。9条と前文を組み合わせた論理は、平和的生存への侵害と考えられるあらゆる国家行為に対して、人権侵害に関する最高度の懐疑（厳しい説明責任と違憲の推定）を課し続けると見るべきである。これは戦闘・殺傷にコミットすることを禁止し、例外的有事においても可能な限り回避するよう国家に命じ監視するルールとして具体化されなければならない。そしてそのルールは、主権者と議会による民主的コントロールと、司法による立憲的コントロールの両面から具体化されなくてはならない。

　(イ)　冷戦後の「国際貢献」と「有事法制」　冷戦への懸念から出発した自衛隊と日米安全保障体制は、本来であれば1989年の冷戦終了とともにその憲法適合性について見直し検討が行われねばならなかったはずだが、実際にはそうはならなかった。冷戦終了と同時に起きた第一次イラク戦争、21世紀の始まりと同時にアメリカで起きた同時多発の自爆テロ事件とこれに続く第二次イラク戦争など、国際的緊張が高まる出来事が続く中で、日本の平和・安全保障も、見直し検討とは逆の方向に向かっていく。

　　(a)　「国際貢献」　国連憲章42条や国連の決議によって行われる「国連平和維持活動（PKO）」は、武力行使までを認める活動である。日本国憲法の下では、日本がこれに参加することはできない。そこで日本は、

1990年の第一次イラク戦争後、・武・力・の・行・使・を・伴・わ・な・い・こ・と・を条件として自衛隊を海外に派遣することを定めた「PKO協力法」（「国際連合平和維持活動等に対する協力に関する法律」）を成立させた。その後、自衛隊はこの法律に基づいて、カンボジア（1992年）、シリアのゴラン高原（1996年）、第二次イラク戦争後のイラク（2003年）など世界各地に派遣される。

　これらの「国際貢献」は、日本国憲法制定時に目指されていた国際協調とは二つの点で異なる方向に進んだ。一つには、憲法前文の趣旨が先に確認した基本内容と異なる方向に、つまり軍事に関与する行動の正当化に用いられた。これについては、第二次イラク戦争後のイラクへの自衛隊派遣について、憲法9条1項に反する活動が含まれていたとする見解、および「平和的生存権」を具体的権利とする見解を示した名古屋高裁判決（名古屋高判平成20（2008）年4月17日民事第3部22頁）は注目すべき判決である。

　もう一つは、これらの国際貢献が、独立国家・民主国家としての主体的な判断に基づいていたのか、という点である。当時の日本の判断は、特定国との間の《断れない関係》によるものだったとの指摘が多い。

　　(b) **「有事」と日米安保体制**　　日本の防衛と日米安全保障については、北朝鮮の核ミサイル実験や不審船出没などをきっかけとして、「極東有事」に備える目的で「ガイドライン」が改定され（1997年）、この内容を受けた「周辺事態法」（「周辺事態に際して我が国の平和及び安全を確保するための措置に関する法律」）が制定され（1999年）、日米共同で事実上の軍事行動を行う下地が作られた。続いて2003年には「武力攻撃事態法」（「武力攻撃事態等における我が国の平和と独立並びに国及び国民の安全の確保に関する法律」）、2004年には国民保護法（武力攻撃事態等における国民の保護のための措置に関する法律）などが制定され、事実上の有事立法法制化が行われた。

　これらを受けて、「自衛隊法」に「武力攻撃事態」に対応する「防衛出動」が導入された。ここでは、自衛隊が「防衛出動」したときには「必要な武力を行使することができる」と明記されている（自衛隊法88条1項（旧法、改正法とも））。この規定は「武力の威嚇または行使」を禁止する憲法の規定に正面から衝突しているので、これが認められる場合とは、百歩譲っても、前述の意味での「正当防衛」（個別的自衛）の場合だけである。そこ

を踏み外せば、「武力の行使」はただちに違憲となる。

## 4．新たな緊張と2014年以後

(1) 法制度改変──「自衛」と「後方支援」の意味変容と拡大

(ア) 11の法律と7つの「事態」　2015年9月に採決された安全保障関連法は、10の法改正を含む「平和安全法制整備法案」と、新設された「国際平和支援法案」の合計11の法律を内容としている。「日本有事」「極東有事」の防衛と「国際社会の平和」の問題系のすべてにおいて自衛隊および日本国全体の軍事的協力のあり方を変更するものとなっている。

ここでは、これまで日米安保条約に基づいて「日本有事」「極東有事」と呼ばれてきた事態が、①日本有事、②日本と「密接な関係にある他国」の有事が日本の有事となる場合、の二つに編成しなおされた。①については事態が深刻度によって、ａ．「武力攻撃発生事態」、ｂ．「武力攻撃切迫事態」、ｃ．「武力攻撃予測事態」に分けられ、ａ．の発生事態では防衛出動と武力行使が、ｂ．の切迫事態では防衛出動が、ｃ．の予測事態では出動待機が可能となる。これらは「武力攻撃事態対処法」、「自衛隊法」などが規定している。

次に②の場面、つまり「集団的自衛」が具体化された場面では、事態の深刻度によって、ａ．日本と密接な関係にある他国への武力攻撃により日本国民の生命や自由が脅かされる「存立危機事態」、ｂ．周辺事態の概念を廃止し新たに採用する「重要影響事態」に分けられ、ａ．の「存立危機事態」では防衛出動と武力行使が、ｂ．の「重要影響事態」では他国軍後方支援が行われる。これらは「重要影響事態安全確保法」（以下、「重要影響事態法」）、「米軍等行動関連措置法」、「海上輸送規制法」、「国家安全保障会議設置法」といった法律が規定することとなった。これらの事態では、米軍以外の外国軍（具体的にはオーストラリア軍）を支援する方針も明らかになっている。

そして日米安全保障の枠とは別に、③国際社会の平和と安全を脅かす「国際平和共同対処事態」では、他国軍への支援がその都度の特別措置法

の制定なしに行われる。これは「国際平和支援法」(新設) に具体化された。
　このように、合計6つの「事態」と、それに応じた行動内容が法制化された。ここで明確化されなかった7つめの「事態」については後述する。
　　(イ)　**集団的自衛の憲法適合性**　　まず、②のaの「存立危機事態」では、従来日本が直接に武力攻撃を受けた場合に限定されていた「防衛出動」と「武力行使」が、集団的自衛のために行使される仕組みへと正面から変更された。これについては、2014年7月の閣議決定で「武力行使の新3要件」が示されていた。そこでは、①わが国と密接な関係にある他国に対する武力攻撃が発生し、これによりわが国の存立が脅かされ、国民の生命、自由、幸福追求の権利が根底から覆される明白な危険があること、②これを排除し、わが国の存立を全うし、国民を守るために他に適当な手段がないこと、③必要最小限度の実力行使にとどまるべきこと、という三つの要件を満たした場合には集団的自衛権に基づく武力行使が憲法上許されるとされていた。
　政府見解ではこの集団的自衛権は「自国の平和と安全」の問題とされ、その上で、上記の要件に絞れば現行憲法と両立するとされるが、結論から言ってこの議論は無理と言わざるを得ない。
　1960年の日米安保条約は、日米共同防衛は日本の領域内について行われるものとの合意を前提に締結され、国民にもそのように説明されてきた。2015年9月採決の法律は、そこで含意されてきた地理的・論理的歯止めを取り払ったことになる。
　「存立危機事態」における防衛出動については、まず要件①で憲法13条の「国民の生命、自由、幸福追求の権利」が根拠となっているが、もともと個人の権利であるこれらの権利を根拠にできるのは、当該の具体的国民が実際に攻撃にさらされている、という状況までで、集団的自衛までを根拠づけることはできない。さらにここに「生命」だけでなく広汎な内容をもつ「幸福追求の権利」が含まれ、その実質的内容の説明に経済的損失が含まれるとなると、もはや「自衛」という言葉に含意されてきた地理的・論理的歯止めはなくなる。
　2015年9月に採決された法律を見ると、正当化根拠であり抽象的限定で

ある要件①は事態対処法の第3条4項に記載があるが、より具体的な限定だったはずの要件②と③は、法的な歯止めとして機能しない。

　まず要件②のうち「他に適当な手段がないこと」という要件は、削除と復活の間で揺れ動いたが、最終的には事態対処法第9条2項1号の中にその文言が置かれた。しかしこれは、有事の際に政府の作成する「対処基本方針」にこの要件を「記載」せよ、という内容である。これでは、行われた武力行使が実際に「他に適当な手段がない」という要件を満たしていなかった場合、これを統制する根拠として機能しない。

　次に要件③について見ると、事態対処法3条4項は武力行使を「事態に応じ合理的に必要と判断される限度」で行使すると規定している。「必要最小限度」と「合理的に必要と判断」は、法的には重大な違いとなる。「存立危機事態」を排除するために「合理的に必要」と判断されれば可能だとする規定は、武力行使の広汎な許容として機能してしまう。

　ここでの大きな問題は、「集団的自衛」の名目で、目的不明の——憲法によっても、「自衛権」の論理からも正当化できない——軍事活動を日本が行う可能性があることである。

　軍事としての集団的自衛のシステムは、多国間で共有されればそれ自身の含意（軍事的合理性）をもって歩き出し、日本独自の憲法ルールによって歯止めをかけることはまず無理になるため、「自衛」を名目としつつ実態としては他国への無制約の軍事援助につながる可能性を排除できない。とくに「制裁戦争」や、「自衛」の名による「先制攻撃」その他の軍事介入を活発に行う国と軍事面において共働することは、これまで日本国内で共有されてきた「自衛」の観念とはまったく異質の覇権主義的軍事行動を余儀なくさせられる可能性を払拭できない。日米安保体制がアメリカの太平洋における安定的な主導権（いわゆる覇権）を維持するための多国間軍事同盟へと拡大・変容しているとの指摘は多い。2015年9月の採決より以前からすでに自衛隊が参加している海外合同演習（LIMPACKなど）は、その意味での軍事演習そのものであるとの指摘もある。

　㈦　「後方支援」の違憲性と危険性　　武力行使そのものではなく戦闘中の外国軍に対して行う後方支援については、「重要影響事態法」が定め

る米軍等への後方支援と、「国際平和支援法（新設）」と「改正国際平和協力法」（以下、改正 PKO 法）が定める国連等への協力活動とがある。

　まず日米安保の枠組みに属する「重要影響事態」では、「周辺」の概念が削除され、法律の名称もこれに合わせて変更された。もっとも、1999年の「周辺事態法」の段階で自衛隊の活動可能範囲はすでに「周辺」にはとどまらないグローバルなレベルに拡大していた。「周辺」という言葉を普通に読んだ場合、地理的制約があると思うほうが正常な認識だから、今回の法改正は名称を正確にしただけで内容は従来と変わらないとする政府の説明が正しいとすると、1999年の段階に戻って主権者の意志を問い直さねばならないことになるだろう。

　そして、ここで後方支援として行われる内容の中に、それ自体で違憲な戦闘活動となる行動、または実行すれば結果的に違憲な武力行使へ発展することが必至と考えられる行動が含まれる。論点は多岐にわたるため本稿ではそのうちの2点だけを取り上げるが、大きな議論を呼んだのが自衛隊法第95条の2第1項（自衛隊の施設の警護のための武器の使用）の改正によって、米軍等の部隊の武器等を防護するための「武器の使用」を自衛隊が行えるとした部分と、自衛隊法100条の6（米軍に対する物品役務の提供）の改正によって、これまで禁止されてきた武器・弾薬の提供のうち「弾薬」の提供が解禁されたことである。

　実際の戦闘では、武器弾薬の確保は最重要課題となるため、襲われる可能性も高く、その警護を武器をもって行うとなれば、警護活動がそのまま戦闘活動となることは必至と考えられる。これは供給・運搬についても同じで、実際の戦闘では「補給路を断つ」ために後方支援部隊が攻撃目標とされることが多く、「後方」が直接の攻撃対象となりうる。そのため、武力行使を余儀なくされる事態を自ら招来する可能性が増大する。ここで法文上「武器使用」と「武力行使」を区別していても、この区別は実際には意味をなさないとする指摘は多い。また弾薬提供については、戦闘用の道具の提供を戦闘ではないと開き直ることは法的に無理であり、この問題を「装備か消耗品か」の区別によって回避することはできないだろう。

　次に、「国際社会の平和と安全」のための自衛隊の活動は、大きく二種

類に分かれる。一つは国連の平和維持活動（PKO）の一部として、戦争終結後の地域で道路修復などのインフラ復旧活動と人道支援（住民への食糧の提供など）を行う活動である。もう一つは、前線には出ずに後方に身を置いて、現在戦争中の他国の軍隊に食料や燃料を補給する後方支援活動である。2001年アフガニスタン戦争時のインド洋における米軍への給油活動が代表例だが、活動内容が憲法に反するとの疑義が出され続けてきたものである。

　2015年「国際平和支援法」は、その両方の活動について自衛隊員の武器使用を容認する。PKO活動については任務遂行目的での武器使用を認め、後方支援については正当防衛に限定して武器使用を認める。

　海外派遣先で「武器使用も任務のうちである」「いざとなったら後方支援隊も反撃する」と法的に公言して現地入りする実力部隊となれば、攻撃対象となる可能性は格段に──イラク自衛隊派遣訴訟の過程を通じて明らかになった状況以上に──高まる。その危険性については、「重要影響事態」における後方支援と同じである。

　また、離れた場所にいる国連や民間NGOの職員、他国軍の兵士らが武装集団などに襲われた場合に武器を使用して助ける「駆けつけ警護」は、従来、憲法9条の禁じる武力行使に当たるとして認められてこなかったが、武器使用基準を緩和する今回のPKO協力法改正によって、可能となる。その実行の判断は自衛隊の部隊長の判断に委ねられる。9月採決の直後、政府は、アフリカの南スーダンに派遣している陸上自衛隊の武器使用基準を緩和し、翌5月の部隊交代に合わせて任務に「駆けつけ警護」を追加する方針を明らかにしている。

　後方での補給物資の中に弾薬が含まれることの危険性と違憲性の問題も、重要影響事態について述べたことと同じである。

　㈢　「グレーゾーン」　今回提案された法案で示された6つの事態に加えて、明確な法制化が示されなかったもう一つの「事態」がある。それは「グレーゾーン事態」として検討されてきたもので、今回の法制では、自衛隊の海上警備行動と治安出動に関する閣議手続きについて方針を示した2015年5月14日閣議決定と、改正自衛隊法第95条の2（平時の米国等に

対する武器等防護）に吸収されることとなった。野党側からは「領域警備法案」などの対案が出されたが否決され、政府案が可決された。

これは先に見た6つの事態には該当しないが海上保安庁のみでは対応できない事態があったときに自衛隊が出動するというもので、「シームレスな」安全保障という観点からは要となるものだが、明確な柱立てがないために国会審議でも紛糾を招いた。有事と言えない段階で軍事組織を投入することは事態のエスカレーションを招く危険が高く、しかもこれに関わる事態の認識と行動内容の決定を内閣に白紙委任する決定方式は、安全保障に対する民主コントロールを完全に失わせるものである。偶発的軍事衝突を招きやすいという意味では、この問題がもっとも日常的・潜在的に国民の安全の問題に直結するため、この閣議決定と自衛隊法改正の組み合わせは、最も深刻な立憲主義からの脱輪となるのではないだろうか。

(2) もう一つの「後方」——基地と住民、そして国民

(ア) **基地と住民**　自衛隊員が被る危険とともに、後方の後方たる「基地」とその近隣住民が被る危険および負担の問題も深刻さを増すことになる。とくに日本の基地の約74パーセントが集中することとなった沖縄には、この問題が凝集している。

日米安全保障条約に基づいて日本国内に米軍の軍事基地が設けられたことは、地域の住民に大きな受忍を求めることとなってきた。軍用機の騒音や墜落事故、実弾演習による山林火災、海洋の自然環境破壊などが、近隣住民の生活や環境への被害や不安を生み出し、こうした事件の裁判権について定めた「日米地位協定」がさらに住民の不条理感を高めている。こうした状況が続く中で1996年、日本政府とアメリカ政府は、市街地に隣接し飛行機事故の多い沖縄・普天間飛行場を返還することで合意した。この方針を受けて1999年、これに代わる米軍の移転先は名護市辺野古沿岸沖に決定された。しかしこの計画もまた、移転先の住民に新たな受忍を強いることになるため、住民の反対は強く、2015年現在も大きな政治的・社会的争点となっている。

2015年9月には、沖縄県知事が国連人権委員会に出席し、人権、とくに少数民族の「自決権」も意味する self-determination の角度から基地建

設反対の意向を表明している。

　軍事基地は、「後方支援」と同様、有事の際にはまず攻撃対象となることが考えられるため、軍備増強の舵きりは周辺住民の危険を高めることになる。現在の基地政策を含む安全保障政策は、沖縄の住民に対して各種の人権を一方的に制限・剝奪していることになり、憲法が許容する限界を超えていると言わざるを得ない。

　　(ｲ)　そして国民──民主政治の機能不全　　軍事技術のハイテク化と、テロ攻撃の偏在化が進んでいる今日の国際社会の中では、基地や武器を提供する国家の国民全体が被るリスクは、基地近隣住民が受忍する危険と同じものとなっている。

　「後方支援」のさらに後方にいる「国民」の問題は、こうした《被害者としての国民》の問題と、それをどう受け止め国政に反映させるのかという《主権者としての国民》の問題に分けられる。民主政治の担い手としての国民にとって、民主政治の機能麻痺の問題は深刻である。7月の衆議院と、これに続く9月の参議院での強行採決は、この問題を露呈させた。

　2015年の法制度には、民主的コントロールを抜き去る方向で、三つの改変が加えられている。一つは先に見た「国際平和支援法」が一般法として策定されたことである。二つめは先に見た「グレーゾーン事態」において議会のコントロールの及ばない決定方式が閣議決定されたことである。三つめは、「平和安全法制案」に先だって提出・可決された「防衛省設置法等の一部を改正する法律」の中で、「文官統制」と呼ばれてきた方式が改変されたことである。本稿では、「文官統制」廃止については民主的コントロールの抜き取り・後退となることを指摘するにとどめ、議会政治に直接かかわる問題系に絞って見ておきたい。

　「どこからの脱輪なのか」を振り返ってみると、2014年7月1日の閣議決定だけではなく、1950年代の転換以来、憲法からの逸脱が追分の分岐のように進行してきている。その過程で、議会政治においても、その前提となるべき一般社会においても、自衛隊と日米安全保障体制について考え論じるための機会と材料が国民から遮断されてきた。この問題を象徴する場面として、1971年11月、沖縄返還協定を審議中の衆議院特別委員会で核疑

惑を含む質疑が打ち切られ強行採決となった場面、1992年のPKO協力法の採決場面が挙げられる。2015年の7月と9月の採決がその上に積み重なるわけである。この9月の参議院での採決については、議事録に議決事項の記載がなかったことなどから、「議決不存在」の見解が多くの専門家から出されている。

議会政治の前提となる国民の情報共有に関しては、1970年代の沖縄基地「密約」問題の取材・報道に関する「西山記者事件」、そしてこの「密約」に関する文書開示を政府に求める情報公開訴訟（「開示せず」とした2審判決が2014年最高裁判決で確定）、といった問題が連なっているが、この分野に政府から決定的な形式がつけられたのが2013年制定・2014年施行の「特定秘密保護法」である。

今回の法制では、他国を武力で守るための防衛出動が発令される際には、「原則として」事前に国会の承認を得なければならないが、政府が「緊急」との判断をすれば事後でも可能となっている。日本の安全と直接に関係しない国際紛争で他国軍を支援する場合は「例外なく」事前承認が求められる。どの場合にしても実際には、事前には核心部分の判断材料が国民や議会に明かされないことが予想される。「違憲な武力行使を承認することになる」と考えられる事情が現場にあっても、公務員としての自衛官各員は、その事態を世に問うことは特定秘密保護法によって厳禁され、憲法99条の憲法尊重擁護義務の下で深刻な遵法の矛盾にさらされることになる。

ここには議会を追随的承認機関として位置づけ、民主主義を形骸化させる方向が見られるが、この進行を止める軌道修正が切望される。

(3) 司法の機能不全

最高裁判所は、自衛隊の存在や日米安保条約が憲法上許容されるものかどうか、まだ判断を示していない。

下級審では、自衛隊について憲法違反と判断した長沼事件・札幌地裁1973年判決や、「日米安全保障条約」に基づく米軍駐留を9条2項が禁じる戦力の保持にあたるとして憲法違反とした砂川事件・東京地裁1959年判決がある。これを除けば日本の裁判所は「統治行為」「高度な政治的問題」といった理由によって、自衛隊についての憲法判断を避けてきた。また

「日米安全保障条約」については、「高度な政治性」をもつため「一見極めて明白に違憲無効であると認められない限りは、裁判所の司法審査権の範囲外」としている（砂川事件・最判昭和34（1959）年12月16日刑集13巻13号3225頁）。この判決が2014年7月の閣議決定のさいに、最高裁も「集団的自衛権」を容認しているとする根拠とされた。しかし、この判決は日本の自衛の問題しか扱っていないので、これを集団的自衛権行使容認の根拠と見るのは、無理がある。

さらに、より根本的な問題として、これらの最高裁判決には、司法の独立を保障した憲法76条に反するような政治的干渉があったことが明らかになってきている。そうだとすれば、これらの最高裁判決は先例としても有権解釈としても参照するには不適切な判決ということになる。憲法と現実の裁判との間には依然としてギャップがあるが、これが政治的に作り出されてきたものだとするなら、今後提起されてくる違憲訴訟の筋道を歪めないためにも、早急に克服されなければならない。

## 5．日本が取り組むべき卒業課題

日本の主権回復の内実は、1951年以来、さまざまな面で延期されてきた。一方で、世界が対処しなければならない《負の遺産》は増殖してきている。こうした中で、日本が本来向き合うべき卒業課題は何か。いくつか、概観にとどまるが模索してみたい。

(1) 災害大国の安全保障

2011年3月の東日本大震災、2014年10月の御嶽山噴火、そして数々の台風・大雨による災害など、災害のニュースが流れるたびに、メディアでは自衛隊員の救出活動の様子が映し出される。そのたびに、「やはり自衛隊は必要」との気分が醸成される。しかし、そこでの私たちの感慨は、「やはり高度な装備と予算をもつ災害救助の専門部隊は必要だ」という話ではないだろうか。問題は、それらの装備と技能と予算が、事実上の軍事組織の専権事項となっていることである。

日本は常に多くの災害を抱える国であり、災害への備えと対処は臨時の

突発的事件としてではなく、国家統治の根幹に組み入れるべき事項である。憲法13条（生命の権利）、25条2項（生存権条項のうち、国民生活の諸側面について福祉政策を行う国家の義務）からすれば、国はこうした場合、当然に国民を守る義務がある。現行の消防・警察組織では対処しきれない高度な装備と特殊技能を備えた実働組織は、日本のような災害国ではたしかに必要だが、これを外国からの武力攻撃に備えて組まれた実力組織の一部門としておくことは、国民にとっても、そうした仕事に就いて貢献したいと考える志願者にとっても、大きなマイナスである。災害対処に関する国際協力はすでに検討されているが、日本がそうした役割を有効に果たすためにも、その機能を軍事から切り離して、憲法が容認する筋道へと整理していくべきだろう。

　現在、自衛隊の災害派遣については迅速に出動判断ができるようにとの理由から、「防衛出動」のような厳しい手続を要しないこととなっている。しかし、軍事的防衛を「主たる任務」とし「武力行使」を行うとされている組織にこの任務を委ねている限り、その出動や対処方法について、災害派遣等を名目とした違憲な軍事活動がないかどうかを常に厳しく疑わねばならない。海外派遣となればなおさらである。そのような形ではなく、国民の生存と環境を守るための政策として、災害に対応する技術組織をしかるべき省庁で編成する責任が国家にある。

　そして、自衛隊の憲法適合性に関わる議論は、災害に対処する国家の責任の問題と混同されることなく、それとして行われる必要がある。

(2)　技術立国の安全保障と経済倫理

　軍事から独立した高度災害救助組織の確立は、軍事的反撃によらない自己防御の技術（真に憲法適合的な専守防衛）を精錬することにもつながる。現在、自衛隊内には、爆発物を処理する専門部隊や、化学兵器や生物兵器の無害化に関する開発と実行を担う「化学科」という専門部隊が存在する。国内に持ち込まれてしまったその種の攻撃装置は、災害と同じで、攻撃者への反撃云々よりも、住民の避難誘導と攻撃物の解体・無害化のほうがまず必要である。これらの機能も、軍隊としての「自衛隊」の専権事項となっていることが、深刻な足かせになっている。

2014年4月に政府は、武器移転（輸出）を解禁することを閣議決定している。そして2015年10月1日には、防衛省内に「防衛装備庁」が発足した。これは装備品の「開発・生産・維持整備」を任務とする組織で、先の閣議決定と相まって官民共同で日本国製の高性能兵器を開発する機関となっていくことが予想される。国家として行えるのは「自衛」を目的とした装備の開発・生産のみであるはずだが、一方、民間企業が輸出できることとなった武器はそれには限定されていない。防衛装備庁が受け皿となる「開発・生産・維持整備」は、どの方向に向かうのだろうか。

　一例として、無人機（ドローン）とロボットの開発は、いまや日本の産業界の花形である。攻撃型無人機の発想は、日本の自衛隊でもすでに自走砲や追撃型ミサイルなどの装備である程度実現しているが、これが飛躍的に進歩する兆しがある。外国軍隊が購入した日本製の無人機に、日本が後方支援活動で提供した弾薬が装填される成り行きは、容易に実現しうるのである。

　民間人を巻き込む都市空爆とこれを強化する無人型爆撃機は、いま国際社会でその非人道性が大きな議論となっている。日本は、戦闘型軍事とは切り離したところで、武力衝突回避や攻撃無害化や被災者救出、インフラ復興にのみかかわる方向に向けて持てる技術を解放するべきである。現在のように政府が武力行使型の軍事へ傾倒している状況では、こうした技術開発も憲法が禁じる方向への転用の懸念が先になってしまう。こうした知的環境を打開するためにも、憲法が求める戦闘型軍事禁止の平和主義を経済と学術の倫理として共有し、あらためて国際社会に発信することが知的技術立国・日本の道ではないだろうか。

(3) 核の時代の平和構築と「抑止力」の見直し

　「抑止力」の見直しと転換も日本の課題である。

　核の時代の平和的生存は、単に「戦闘に巻き込まれないこと」という問題にはとどまらない。備えを持つことそのものの危険と環境への負担が、広範囲の人間の生存を脅かしているからである。その意味で、核兵器の脅威の除去は現在の国際政治と立憲国家の重要な課題である。

　冷戦中、いわゆる核保有国は、「抑止力」の名の下に、より破壊力の高

い核兵器の開発に腐心してきた。その結果、世界は軍拡競争を止める必要と、この競争から生まれた《負の遺産》としての各種大量破壊兵器を削減する責任を自覚するに至る。冷戦の《負の遺産》としての軍事的「抑止」思考は今、国際社会が脱却しようとしている（しなければならない）思考なのである。しかし冷戦終了後も、その開発・製造・保有を一挙にゼロにすること（全廃）はできず、力の均衡を考慮しながらの交渉によって段階的に削減していく方法がとられているが、その歩みは苦慮の連続となっている。

　日米安全保障の仕組みの中で、日本がアメリカの「核の傘」の中に入っていることは、周知の事実である。国際社会の課題と苦慮を考えるならば、日本はここに安座するのではなく、目標としての「全廃」を常に意識しながら、少なくとも削減方向の努力に逆行する動きに加担しないよう、軍縮努力を見守る役割において「貢献」するべきである。そのためには「抑止力」論そのものの見直しも必要となる。

　「抑止力」は現在、安全保障の強化や沖縄軍事基地の必要性について自明の理のように語られる言葉だが、その意味は曖昧である。とりあえず日本の事実上の軍事において、「抑止力」の話は大きく二つのレベルに整理できる。まず、《抑止力としての自衛隊、米軍駐留、沖縄基地は本当に必要か》という問題である。日本の自衛のために本当に必要不可欠であり実際に抑止の役に立っている、と言い切れないならば、それらの存在は正当化できない。例えば沖縄の米軍基地は、日本への脅威への抑止力よりも訓練場として便利という程度の理由で維持されている、との指摘がある。こうした問題は真剣に調査・討議されなくてはならない。

　次に、「抑止力論」そのものの見直しが必要である。冷戦時代に確立した軍事威嚇を内実とする「抑止力」の考え方は、日本国憲法が禁止し、国連憲章が「慎まなければならない」と言っている「威嚇」の路線に属する。つまり、今回のような軍事政策を正当化する理由として「抑止力」を唱える現在の日本は、憲法９条が禁止する「威嚇」を少々薄めたような概念に立脚していることになる。ここに立脚し、さらに仮想敵を前提とした同盟である「集団的自衛」による軍事行動を、演習や警備などの名目で常態化

することは、アジアにおける緊張を高めずにはおかないだろう。この背理を認識し、それではない「抑止」を模索することが日本の本来の課題である。まずは覇権の確保を動機とする軍事行動から身を引く決断が必要だろう。そしてその上で、無防備な者が生きることのできる物理的・規範的環境を国際社会の中に作り出すことに貢献するべきだろう。

これは、アメリカと敵対的に決別すべきだということではない。アメリカも（キューバとの国交正常化に象徴されるように）それ以外の先進国と同様、専断的で好戦的な国家と見られて孤立することは怖れている。日本がアメリカを含め諸々の国から、各種の提案のできる《知力》を持った国家として真に認知されることを目指すことが、日本国憲法に織り込まれている日本の卒業課題だろう。

## 6．おわりに

日本が憲法上選択している非武装平和は、そのような国家が存立していけるような知的技術の開拓と国際秩序作りを日本に課しているはずである。これは壮大な課題なので、一足飛びにどこまでを達成せよとは言えない。日本の平和主義が国民にとって具体的権利とは言えない、と言えるのはこの方向であり、日本国が「積極的に」何かを行うことができるのも、この局面のみだろう。

仮想敵国を想定した戦闘型装備の配備と行使と演習（威嚇的誇示）ではなく、急迫不正の攻撃を受けた際の当該攻撃の無害化とそのための情報共有に徹した非戦闘型の防衛が可能になる日が来たとき、こうした技術を（特定の国の参加資格を排除しないルールで）複数の国家が共有することを「集団的自衛」と呼び、その全世界的共有を「集団的安全保障」と呼ぶような構想が実現するならば、これらへの参加は、日本国憲法に違反しない可能性がある。

しかし、少なくとも現時点での安全保障政策は、そのようなものではなく、これまで見てきたとおりの戦闘型軍事である。新たに創設された「防衛装備庁」も、旧来どおりの戦闘型装備を関心事としているようである。

真の意味の専守防衛を達成しようとする気概と知力がここに組み込まれるのか、「自衛」と「国際貢献」の名の下でより効率的な戦闘用機器の生産と拡散が関心事となり続けるのか。日本の良心が問われている。

　さて、国家が、ある究極の事態を本当に考えるなら、武力による反撃は一時しのぎに過ぎないことを知っているはずである。国家や領土や資源や政権ではなく、国民の生命を守ることを真の目的とする限り、万が一の有事において考えるべきは、攻撃を受けた地域の人々の避難先を確保し、避難先での生活を保障することである。そして究極には、日本人が難民として海外に出たときに生きていける道作りをしておくことである。

　ところが日本は難民無関心国家と言われて久しい。もしも「積極的平和主義」という言葉を用いたいのであれば、そうしたところに関心を向け、そこから《世界にとって価値のある国家》という評価を得ることができたとき、それをもって自己の存立を守る命綱とすべきだろう。日本が自己に課してきた自己倫理から得てきた国際的信頼を、その意味で「外交資産」と評価する声も多い。この関連では、9月30日、国連総会で演説に臨んだ安倍首相がシリア難民問題へ約8.1億ドル（約960億円）の支援を表明したが、難民の受け入れについては検討しないと受け取れる姿勢を示した。軍事的協力については憲法9条を持つ国家として、「金を出すだけか」との冷評を甘受することに道理があっただろう。しかし難民問題については、どうだろうか。

　法案採決後の2015年9月末現在、この採決に対する「議決不存在」の見解が法律専門家から次々に出され、複数の団体が違憲訴訟の準備に取りかかっている。国会前の市民デモは採決前と変わらず続き、さまざまな団体からの抗議声明が表明されている。政治の領域では法律の廃止を求める複数の野党が次の選挙に向けて結束するかどうかが注目されている。安全保障問題をめぐって、劇的な数の市民が民主主義の担い手として目覚めた感がある。これが今後の日本をどう動かしていくのだろうか。

　主権者が発揮すべき良心と、国家が体現すべき政治道徳遵守の姿勢と、憲法前文の「名誉」は根底でつながっているべきものである。1950年代、1990年代にはまだ無理と思われた難題をあらためて課題として引き受け、

段階的にでもその達成を世界に示すことができたとき、日本は憲法前文が謳う「名誉」ある国家に向けて歩み出せるのではないだろうか。

**参考文献**
森英樹編『現代憲法における安全』〔日本評論社・2009〕所収の諸論稿
深瀬忠一・上田勝美・稲正樹・水島朝穂編『平和憲法の確保と新生』〔北海道大学図書刊行会・2008〕所収の諸論稿
半田滋・青井未帆・南野森・浦田一郎・水島朝穂ほか『集団的自衛権の何が問題か——解釈改憲批判』〔岩波書店・2014〕所収の諸論稿
水島朝穂編『立憲的ダイナミズム』〔岩波書店・2014〕所収の諸論稿
山内敏弘『「安全保障」法制と改憲を問う』〔法律文化社・2015〕
森英樹編『安保関連法総批判』（別冊法学セミナー2015年7月号）〔日本評論社・2015〕所収の諸論稿
2015年1月から9月末までの政府・与党案とこれをめぐる国会での議論については、新聞報道を参照した。（4月8日脱稿、10月3日校正）

# 14 「仁義なき戦い」の憲法学
## ──東アジアで考える立憲民主政・権威主義・ナショナリズム

### 松平　徳仁

「私は、自分のしたことがすべて正しいというつもりはないが、それらはすべて崇高の目的のためであった。ときには手を汚さざるをえず、同胞市民を裁判なしで牢屋にぶちこむこともあった。人事は棺を蓋うて定まる。私の評価はそれからにしてもらいたい。それまでは、私はまた愚かなことをしでかすだろうから。」（GRAHAM ALLISON ET AL., LEE KUAN YEW: THE GRAND MASTER'S INSIGHTS ON CHINA, THE UNITED STATES, AND THE WORLD 149（2013）.）

シンガポール建国の父、リー・クアンユー元首相（1923-2015）

## 1．はじめに──仁義と憲法

　2014年11月１日、沖縄大集会に参加した俳優の菅原文太は、会場に集まった３万人の聴衆にこう語りかけた。

　「……政治の役割は二つあります。一つは国民に飢えさせないこと、安全な食べ物を食べさせること。もう一つは、これが最も大事です。絶対に戦争をしないこと。
　……沖縄の風土も本土の風土も、海も山も風も全て、国家のものではありません。そこに住んでいる人たちのものです。
　……アメリカにも良心あつい人々はいます。中国にもいる。韓国にもいる。その、良心ある人々は国は違え同じ人間だ。皆手を結び合おうよ」
（樋口陽一「何がこわいのかね　ゴム長靴で行動する知識人・菅原文太」『菅原文太　反

骨の肖像』現代思想臨時増刊43巻7号22頁（2015））。

　菅原の遺言となったこの呼びかけは、東アジアで普遍的論理・価値としての立憲主義を擁護する者のジレンマを余すところなくあらわしている。国益という崇高な目的のために法治という名の力を「粛々と」発動する国家に対して、菅原は、法にさきだって存在する正しさ、すなわち「仁義」が認められる社会の存在を主張していた。その種の正しさを拒否し、「同じ人間」を異なる国民に分断し、「風土」を領土に変え、「国民に飢えさせないこと」を国家に飢えさせないこと（国家の自己保存）にすりかえる働きをしているのが、まさしく、法的に制度化された国益追求＝国家理性（raison d'État）だからである。そしていま、そうした国家理性から距離をおく社会が憲法をもつという逆説的な可能性が、沖縄で模索されている（高橋哲哉「琉球共和社会と無条件的なもの」思想1088号3頁（2014））。

　だが、それにしても、である。そもそも立憲主義は国家理性を否定しているであろうか。とりわけ2011年3月以降、東アジア各地で、原発・自由貿易・安全保障のあり方をめぐって、崇高な目的を振りかざす政府の行為に反発する学生と市民の抗議デモがくりひろげられている状況に、立憲主義ははたして応答しているであろうか。さらにいえば、東アジアで国家が崇高な自己目的のために立憲主義を、場合によっては国家理性をもかなぐり捨てて強権発動に走る状況は、やはりアジア的なのであろうか。

　これらはいずれも、憲法学者が慎み深さをもって答えるべき深遠な問いばかりである。しかし、このすべてに答える能力を本稿筆者はもちあわせていない。そこで本稿では、①普遍性と差異、②民主主義と国民主権、③ネイション・ビルディング、④グローバリゼーションと立憲主義の相互作用に即して考えることとする。

## 2．立憲主義における普遍性と差異

(1) 原理的普遍性
　日本における通説的見解は立憲主義（constitutionalism）を、法の支配に

もとづくリベラル・デモクラシーとほぼ同義的にとらえている（宍戸常寿「憲法の適用と『この国のかたち』」長谷部恭男編『「この国のかたち」を考える』〔岩波書店・2014〕140頁）。しかし、比較憲法学的にみれば、リベラル・デモクラシーの憲法体制である立憲民主政は、啓蒙的近代の所産であり、それがグローバルな普遍性を獲得したのは、1990年代のことである。したがって、立憲主義の普遍性は、立憲主義が歴史的には、君主政・寡頭政や形式的法治主義など民主主義の対抗原理と協働していたこと、また論理的には、それと緊張関係にあるほかの原理、たとえばイスラームの世俗的な部分と協働しうることを当然に否定するわけではない（CLARK B. LOMBARDI, STATE LAW AS ISLAMIC LAW IN MODERN EGYPT, 7-8（2006））。

　このように立憲主義はなによりもまず、政治権力＝国家の本能（生理）と限界（病理）を包括的にとらえる規範体系である。一般に、大規模な農耕民の共同体では、不平等と道徳の両方を組織する政治権力が生まれるといわれる（Bellah 2011: 209-11）。この種の政治権力には、権威にもとづくヒエラルキーを与えることでその安定性を確保しつつ、その赤裸々な自己表現を抑制する規範的秩序・構成が必要であるが、そういう意味の〈constitution〉は、古今東西に遍在する。したがって、聖徳太子が発布した「十七条憲法」も、明の洪武帝が制定した祖訓と律令も、〈constitution〉といえる（Chang et al. 2014: 9）。しかし、前近代的共同体における規範的秩序は、儀礼・タブー・物語の魔力によって個人を拘束する、共同体の神秘的権威の補完として構築されたものが多く、そのため政治権力の恣意性を有効に抑制できなかった。これに対して、立憲主義にもとづく憲法は、カール・ヤスパースの歴史観から着想をえた宗教学者ロバート・ベラーの議論を借りれば、個人の現世的・外向的超越（transcendence）を肯定する文明の「基軸的突破」（axial breakthrough）を所与として成型されたものであり、そうした超越に敵対的な権力の制約を最初から予定しているといえる。「基軸的突破」とは、公共世界における真理の適用を否定したうえで、個人が普遍的価値を根拠に所属共同体から離反することの正当性を認める思想的・宗教的変革を意味する（Bellah 2011: 474-80）。そして立憲民主政は、かかる個人の自律性・主体性＝尊厳と平等の原則を制度化したもの、とい

うわけである（樋口陽一『加藤周一と丸山眞男　日本近代の〈知〉と〈個人〉』〔平凡社・2014〕17頁、116頁以下）。すなわち、憲法により承認された諸個人を主権者とする国家は、構成員がひとしくアクセスできる最高級の公物（res publica）である。そして政府は、主権者から信託された国政＝公物の管理・運営について一定の独立性を有するが、公物へのアクセスを確保する主権者の利益を侵害するなど、受託者としての義務に反する行為は許さない。したがって、日本国憲法にもとづく民主政のもとでは、菅原のいうように、風土は国家のものではなく、「そこに住んでいる人たちのもの」なのである。憲法の前文に、主権と統治の区分および統治権内部の分立によって政治権力の抑制という、民主主義的な「政治道徳の法則」の普遍性が語られているのは、理由のないことではない（清宮四郎『憲法Ⅰ（第3版）』〔有斐閣・1978〕57頁以下）。

(2)　制度的個性

　しかし、憲法原理の普遍性は、各国憲法がそれぞれ個性をもつことを否定しない。ある憲法が同性婚の権利を認めているか否か、あるいは先住民族に固有の自治権を保障しているか否かは、その憲法が立憲主義的普遍性を有するか否かとは別問題である。たとえば、日本国憲法の前文と9条が掲げる平和主義は、戦争をただの暴力として価値剥奪し、各国憲法が国家間の暴力＝戦争を例外的に許容してきた背景にある国家の無謬性をも否定した点で、日本的個性を有する（鈴木一誌「暴力の使い途」現代思想臨時増刊86頁、102頁）。それゆえ、9条2項に定める戦力不保持の不徹底にもかかわらず、戦争放棄と集団的自衛権の否定を中核とした憲法の平和主義は、民意の強い支持で維持されてきたのである。また、1995年の「村山談話」以降、過去日本が行った戦争と植民地支配への詫びと再発防止の約束を表明した歴次の首相談話は、国家的潔白意識との決別を制度化した憲法の平和主義に依拠する点で、やはり日本的特色をもつものである。他方、憲法の平和主義は、欧米を含め、先進国の立憲民主政が帝国主義、植民地主義に加担していた過去への反省・贖いを率先して行っている意味で、普遍性を志向するものといえる。村山談話について哲学者のジャック・デリダが評したように、「その出来事がいかに不明瞭であろうと、そしてその動機が

いかに不純なままであろうと、その戦略がいかに計算づくかつ状況依存的であろうと、ここには人類とその国際法の、その学問と良心の歴史におけるひとつの進歩があ」るとすれば、それは、憲法共同体における普遍性と個性の齟齬と共振に帰すべきであろう（鵜飼哲「怪物のような『かのように』」『ジャッキー・デリダの墓』〔みすず書房・2014（初出2008）〕104頁、115頁）。

## 3. 立憲主義・アジア・中国

### (1) オリエンタリズムとしての立憲主義と東洋的専制

以上に述べたように、国家の文化的・社会的・経済的諸条件との齟齬と共振によって憲法が個性化するのは当然である。ではなぜ、憲法の普遍性に対抗するかたちでアジアという集合的アイデンティティが論じられてきたのか。

いま一つの説明は、立憲主義と異なる憲法原理を採用する国がアジアに多いからだ、というものである。たしかに、たとえばシンガポールは、一党支配の政権が国民の表現の自由と参政権を抑圧しているが、法治と選挙が定着している点で「権威主義的立憲主義」(authoritarian constitutionalism) といえる (Tushnet 2014: 38)。中国やヴェトナムなどは社会主義を建前とする一党専政体制であり、タイは寡頭政的権威主義体制である。そしてこれら諸国の憲法典は、精神的自由・経済的自由の保障を規定する一方、前文で立憲主義に対抗的な憲法原理を表明するのが通例である。しかし、これらの憲法は、共通のアジア的な原理を採用しているわけではない。

アジア的同質性を、同じアジア的語源をもつヨーロッパの対極に見いだそうとする試みは、古代ギリシアの政体論にさかのぼることができる。医師のヒポクラテスは、政体の決定における風土と気質の重要性を説き、戦争と自由を愛好する「西」＝ギリシアの民主主義と、平和と秩序を愛する「東」＝ペルシアの権威主義を対置させた。この図式を、比較憲法理論としての「東洋的専制」(oriental despotism) 論に発展させたのが、かのモンテスキューであった。その名著『法の精神』で彼は、中国を含むアジアの政体を、基本法 (lois fondamentales) の欠缺を特徴とする専制政と位置づけ

た（ジャック・ル゠ゴフ［菅沼潤訳］『ヨーロッパは中世に誕生したのか？』〔藤原書店・2014〕29-30頁）。その背景には、啓蒙期のフランスにおける「中世立憲主義」の再評価があった。すなわち、近代以前の象徴的・神秘的性格を保ちながら、法人化された近代国家の主権者として絶対化しつつあった王権を、国家の封建制・身分制的＝「社団的」構成とそれにもとづく特権を保障する「基本法」の遵守を通じて拘束する思想・仕組みが、フランスの「中世立憲主義」であった（川出良枝『貴族の徳、商業の精神　モンテスキューと専制批判の系譜』〔東京大学出版会・1996〕）。これに対してジャン・ボダンら絶対王政の支持者も、主権に対する統治の自律性を前提に、主権は領主の圧政から臣民を救済する純然たる対人命令権（imperium）であり、人間をもその対物支配権（dominium）の対象にしてしまうオリエント君主の専制とは根本的に異なる、との認識を示していた（Daniel Lee, *"Office Is a Thing Borrowed" : Jean Bodin on Offices and Seigneurial Government,* 41 POL. THEORY 409,426-29 (2013))。この論争をふまえモンテスキューが、基本法の重要性をきわだたせるべく反面教師＝大文字の他者として用意したのが、「東洋的専制」論であった。したがって、それがある意味で、サイードが批判したオリエンタリズムの所産であることは、否めない（EDWARD W. SAID, ORIENTALISM, 119 (1994) (1979))。

(2)　東洋的専制と中国的停滞

「東洋的専制」のコンテクストでモンテスキューが行った帝政期の中国に関する考察はその後、アダム・スミスやマックス・ウェーバーら社会科学の大家たちによってさらに発展され、のちにカール・シュミットが「資本主義的コロニアリズムに対する中国的＝アジア的防御」と呼ぶ、「中国的停滞」論の前提をなすにいたった（Carl Schmitt, *Theorie des Partisanen,* 2. Aufl., 1975, S. 62.）。その後も改訂を重ねてきたこの理論は、つぎのように要約することができる。

第一に、専制を必要とした政治的早熟さである。帝政期の中国は上部に専制君主政、下部に無数の農村共同体という秩序と混沌の二極構造をもつ大帝国であり、その中間を、文人官僚（mandarin）と郷紳からなる少数の士大夫集団がつなぎとめていた。西欧と日本の封建制では重要な組織的要

素であった中間団体は、ここでは政治を独占する国家に対する脅威を意味し、存在を許されなかった（Huang 1997: 220-21）。しかし、政治的分節化なしには政府は帝国全体を実効支配できない。そこで、「治人ありて治法なし」（荀子・君道）という古典の教えどおり、基本法＝法治ではなく、恐怖を原理とする専制＝人治に頼らざるをえなかったが、その効果は人口の多さと国土の広さによって大きく減損されていた（モンテスキュー［野田良之ほか訳］『法の精神(上)』141-43頁、174-76頁〔岩波書店・1987〕）。「天高く皇帝遠し」という俗語が示すように、中国の民は国家が無関心か無力な圏域で<u>無関係の自由</u>を有していた（HSIAO KUNG-CHUAN, RURAL CHINA: IMPERIAL CONTROL IN THE NINETEEN CENTURY (1960)）。

　第二に、経済的停滞である。18世紀の中国が誇っていた、世界産出の4分の1を占めるGDPと技術は、人口と空間の膨大さと相殺されてしまった。秩序の維持以外にほとんど社会的機能をはたさなかった小さな政府は、人口・土地に関する正確な統計をもたず、専門技術的合理性にもとづく国家の経営ができなかった。財とサービスの生産・流通・購入を全国規模の市場として組織する経済機構と法制度は、農村共同体的国家構造の崩壊につながると警戒され、採用されなかった（アダム・スミス［杉山忠平訳］『国富論(3)』327-28頁〔岩波書店・2000〕）。そのため、法律・金融などの専門家集団を維持するのに必要な資本が蓄積されなかった。したがって皇帝と文人官僚団は、公共政策の問題を解決するのに、まずそれを、彼らが得意とする道徳問題に「翻訳」する必要があった。彼らは、病気や貧困線上の生活に苦しむ農民を基準に、質素倹約を奨励し、消費を抑制することで、経済的格差の激化を防ごうとつとめた。にもかかわらず、国富が集中する東南部と貧しい北西部の格差を解消できず、経済は停滞したままであった（モンテスキュー『法の精神(中)』76頁、スミス『国富論(1)』129-31頁）。

　第三に、政治的専制と緊張関係にある社会的権威の存在である。古い中国では、忠孝を基調とする礼教とその実践を監督する世論が、共同体の価値秩序として機能していた。宗教的権威や高貴な血統にもとづく正統性をもたない帝国は、公の静穏・秩序という国家目的の達成によって正統性を調達しなければならなかった（宮澤俊義『法の精神』〔岩波書店・1936〕153頁）。

だが秩序は、恐怖によってではなく、権力者が民心を媒介とする「天命」に従うことではじめて確立されるものである。この点、儒教の民本主義的政治概念と家族的道徳観は、天命を「内なる対抗者」による恣意の制約 (contre-rolle) として規範化した権威主義といえるが、それは科挙制度や文学・戯曲のローカルな普及を通じて、礼教の共通理解にもとづく士大夫集団の批判的意見表明＝世論──ボトムアップの輿論を集約したもの──を可能にした。礼教をまもり、世論に配慮し互譲・互酬をすることで、官僚団は私的欲求を公的義務遂行への情熱に転換して立身出世をはたし、皇帝は国政の裁定者としての権威を獲得する。偽善的に思えるこの儀礼的所作の反復こそが、支配への文化的尊敬を確立する要諦であって、これを怠れば帝国はたちまち憲法危機に陥るであろう（Huang 1997: 199-202）。この「宗教・法律・習俗・生活様式の混同」は、皇帝による権力の恣意的行使を困難にする巧妙な柔構造であったが、これを魯迅が「人喰い礼教」と攻撃し、J・S・ミルが「社会的圧政」(social tyranny) と批判したことからわかるように、「十目の視るところ十手の指すところ」（礼記・大学）という政治的専制以上に、個人を抑圧する効果をもっていた点も否定できない。

(3) **中国によるオリエンタリズムの受容**

通説には反論がつきものである。まず、遊牧民の部族共同体から同君連合の大帝国に躍進した清朝のカリスマ的支配は、東洋＝中国的専制として一般化できるものではない（Mark C. ELLIOT, La Chine moderne: Les Mandchous et la définition de la nation, *Annales* 61,2006, 1465-67）。また、その点を無視しても、モンテスキュー自身が指摘したように、正統性への欲求から派生した制約をこうむる以上、専制は制限的なものとならざるをえなかった。「法治」と「人治」は、支配の規範的側面と人的側面にそれぞれ対応する概念であって、その質的相違を誇張すべきではない。1601年11月、かの有名な「黄金の演説」(golden speech) で、英国王のエリザベス一世は議会の要求に屈し、国王大権として堅持していた産業独占の一部撤廃の表明をよぎなくされた（岡田与好『独占と営業の自由』〔木鐸社・1975〕42頁以下）。同じ年、明の万暦帝は、文人官僚団の世論におされて寵愛していた次子の皇位継承を断念し、そして19年後、またも世論の圧力で大権事項であった鉱

税銀の撤廃を遺言で表明せざるをえなかった（Huang 1997: 190）。商業帝国の女王と農業帝国の皇帝を拘束していた「基本法」は、実質的にはさほど異なるものではない。

　つぎに、国富を生みだす市場メカニズムとその競争性と効率的な配分を確保する公序＝法制度の欠如、およびその担い手である専門職集団をはぐくむ中間層の不在は、「中国的停滞」の原因ではなく、その結果である。それらは帝国の二極構造と両立しないと考えられていたからである。また、そのような制度的・人的資本を熟成させるには、イギリスやフランスが行っていたように、植民地支配による物的資本の蓄積・投下が不可欠であったが（トマ・ピケティ（山形浩生ほか訳）『21世紀の資本』〔みすず書房・2014〕126頁以下）、中国はそれをしなかったのである。けっきょくこの議論は、なぜ中国が近代以前に近代化しなかったかを問題にするようなものであり、ピントはずれである（梶谷懐『日本と中国、「脱近代」の誘惑』〔太田出版・2015〕）。

　最後に、「人喰い礼教」について。たしかに、礼教・世論が権威主義として機能していたことは事実であるが、マクロヒストリーの観点からみれば、それは儒教のみならず老荘思想の底流をなしている内向的超越の反映にすぎない。宇宙論の用語でいえば、宇宙全般（自我 - 世界）の認識枠組みとして相対性理論（天下国家）より量子論（内心）を優先したようなものである。したがって、超越のビクトルを反転すれば、同じ儒教によって、個人が忠孝を破る道義・仁義を盾に、体制の不正を弾劾し、その是正と、不正の犠牲者に対する正義の償還（redemption）を権力者に求める可能性は開かれているのである。のちにルソーが『社会契約論』で「市民宗教」と「監察」として主題化した思想・仕組みを、すでに儒教が想定していたことになる。

　にもかかわらず、近代以降の中国エリート層は、想像であった東洋＝中国的専制を自分の姿としてうけいれ、それを克服すべく近代的ネイション・ビルディングを開始した。礼教・世論が清朝の例外的「人治」における専制と隷従の度合いを深めたことも、そうしたパラダイム転換を容易にしたかもしれない（JONATHAN SPENCE, TREASON BY THE BOOK (2006)）。そして、長年の政治的専制でバラバラになっていた個人に必要なのは、無関係

の自由ではなく、社会的結合と政治的自由と考えられた（FAN-SENG WANG, FU SSU-NIEN: A LIFE IN CHINESE HISTORY AND POLITICS 126-39（2000））。20世紀初頭から本格化したこの運動は、試行錯誤をくりかえし、革命と戦争で多くの悲劇を生んだが、「旧中国」との決別を決定的なものにした。帝政と科挙官僚制は消滅し、国家形態としての共和国は確立された。革命家、知識人とテクノクラートが、士大夫集団の心性を相続した（Huang 1997: 242）。彼らにとって、超越的公共性の内容をなすものは、もはや西欧起源の理念型──それが民主主義だろうと社会主義だろうとナショナリズムだろうと──しかありえなかった（Ying-shih Yü, *The Radicalization of China in the Twentieth Century,* 122 DAEDALUS 125（1993））。胡適は、個人の尊厳を蹂躙する女性の纏足やカースト制的差別に無抵抗な東洋の文明──内心を重視する儒教も来世を説く仏教も──には精神性がない、と断言した。個人の尊厳を制度化する社会を欠いたままネイション・ビルディングを強行しても、リベラル・デモクラシーの憲法原理が機能しないであろうことは、彼には痛いほどわかっていたのである（Hu Shih, *Social Changes and Science,* in ENGLISH WRITINGS OF HU SHIH 303,304（Chih-Ping Chou ed. 2013）（1962））。

## 4．一国民主主義としての立憲民主政

### (1) 民主主義と国民主権

こんにち、民主主義と国民主権の互換性を当然視する向きが強いが、この傾向はじつは特殊近代的なものである（Galligan 2013: 134）。古代ギリシアの民主主義は、平民・奴隷らを政治参加から排除する都市政治体＝ポリスの寡頭的支配に対応する政体概念であり、国民も主権も人権も知らなかった。しかし、ヒポクラテスが、秩序と従順さを特徴とするアジアの権威主義に反するものとして民主主義を位置づけていたことからわかるように、民主主義は、権威と秩序が破綻した特異点であるアナーキーに通じる論理を内在させており、そのため代替的補完（supplement）がなければ政体として成立しえない。したがって、民主主義にもとづく国民主権の意味する

ところは、何人もなしうる支配と集団的自己決定とを、そして民主的熟議とそうした熟議を打ちきる決定的な一撃とを結合させる原理的アポリア、あるいはパラドクスというべきものである。このような「国民主権」には無謬性が認められない（ジャック・ランシエール［松葉祥一訳］『民主主義への憎悪』〔インスクリプト・2008〕）。

さて哲学者のデリダによれば、「民」と「主」の間のずれを解消できない民主主義は、いかなる完成された理念型ももたず、絶対的他者の無視を禁ずる道徳法則の遵守によってのみ担保される「来たるべきデモクラシー」でしかありえない。また哲学者のＪ・ランシエールによれば、民主政とは、政治参加の主体としてカウントされていない無名の被支配民（demos）がなんらかの存在を名乗ることによって、政治に参加する当事者能力・適格を有する者の不在・不足を表象し、彼らは参加する資格と利益があることの承認を、会話的正義のレヴェルで求める争訟的過程＝「感性的なものの共有＝分割」である。いずれにしても、民主主義は、自然を無視して作為的に定義されるデモスによる支配という、アポリアあるいはパラドクスを抱えながら、思想的磁場を有する理論として存続したのである（松葉祥一「デリダ／ランシエール」『岩波講座・政治哲学(5)理性の両義性』〔岩波書店・2014〕127頁以下）。

(2) ルソーの―国民主主義

こうした民主主義がうちに秘める論理的過激さと困難さを認識したうえで、それを近代国家に対応する政体として再生させたのが、かのＪ＝Ｊ・ルソーであった。すでにホッブズをはじめ、近代国家の思想家たちは、古典的民主政における当事者（parties）を諸個人（individuals）に、そしてガバメント＝統治に関する理論を権力の源泉＝主権に関する理論に変えるという「二重のシフト」を行っていた。ルソーはこれを受容したうえで、客観法である正義を主観法である権利に、不在・不足の表象であるデモスを諸個人の観念的競合である人民（peuple）に置き換えるという、彼自身による二重のシフトをなしとげた（JACQUES RANCIÉRE, DIS-AGREEMENT: POLITICS AND PHILOSOPHY 77-8 (1999) (1995)）。ルソーはまた、前述した民主主義に内在する「ずれ」についても、政治社会の主体＝市民（citoyen）が、主

権者としてみずから制定した法律をまもる義務を負うかぎり同時に義務者＝臣民（sujet）であるのはなんら背理ではない、という自律の論理で克服しようとした。こうして政治社会＝国家、デモス＝国家主権者の全体という意味の国民という等式を提示したことで、ルソーの「一国民主主義」は近代国家をとらえたのである（山崎望「代表制のみが正統性をもつのか？」山崎望＝山本圭編『ポスト代表制の政治学』〔ナカニシヤ出版・2015〕91頁、110頁以下）。

　もっとも、一国民主主義では統治と主権の区別が維持されている以上、少数派同士の戦場である政治過程を制した特定の党派が、政府の掌握を通じて諸個人の主権を簒奪する事態は当然想定される。とりわけ、対外的に国家としてふるまう政府が、自然状態である国際関係における異形の覇権として、国家が獲得した人・物に対する生殺与奪の自由を国内で行使しようとする場合に、かかる事態は起こりやすいと考えられる（ベルナルディ[三浦信孝ほか訳]『ジャン＝ジャック・ルソーの政治哲学』〔勁草書房・2014〕126頁）。ルソーは、主権と人権の緊張関係を維持する法制度の構築で危機の解消を試みた。すなわち、主権者は、個人として支配されない自由（表現・集会・結社の自由）を行使することで政府による権力と正統性の独占を打破し、政府から政治社会をまもる主権者の権利を集団的に行使すること（集団的自衛権！）で国家に対抗し、社会契約の解除＝国家の解体を求めることができるとしたのである（ベルナルディ・前掲24頁以下）。ここで留意すべきは、会話的正義である統治の問題が問答無用である主権の問題にすりかえられたとはいえ、ルソーの「一国民主主義」では民主政に内在する反寡頭政的なモーメントが保存されていることである。2014年台北（ヒマワリ）と香港（傘）で起き、そして2015年の東京その他各地（SEALDsなど）で起きている学生運動——若者の政治運動というべきなのかもしれない——は、それぞれ独自のコンテクストをもち比較が難しいが、まさにその実践の試みであるといえる（Yun-han Chu & Bridget Welsh, *Millennials and East Asia's Democratic Future*, 26 J. DEMOCRACY 151（2015））。

(3)　一国民主主義の二類型——国民国家と政治社会

　近代的「共和国」の範型となったフランスとアメリカでは、ルソーの一国民主主義は変容を余儀なくされながらも、それぞれの憲法に根をおろし

た。フランスの場合、革命を主導した議会の指導者たち――身分の違いをこえて結集したエリート集団――は、反革命勢力と近隣列強の干渉と対決する過程で、封建制・身分制的社団で構成される旧体制とそれにもとづく特権の体系を、主権的国民国家とそれに対応する人権の体系を確立しようとした。そのため、主権者国民の代表という法的擬制が必要であった (Galligan 2013: 147)。資格なき民の政治参加は、投票価値の平等による代表民主政の正統性強化にすりかえられた (Pierre Rosanvallon, *Le sacre du citoyen,* 2001, 19ff)。その後のフランスでは、ドゴール将軍による第五共和政の樹立まで、政治的行きづまりを打破するための「主権の一撃」がたびたび発動されることになる。

　これに対してアメリカの場合、合衆国憲法は、奴隷制の問題を抱えながらも、君主政とそれにつながる身分的ヒエラルキーの完全な否定を前提に、三権分立と権利保障のほか、連邦・州・先住民部族が主権を競合的に行使する構造の採用を通じて、超越的な国民国家の拒否とその帰結である多元的な政治社会への選好を明確にした (Jack M. Balkin, Living Originalism 64-70 (2011))。主権と統治の両方における権力分立の徹底さは、フランスと対照的である。

## 5．ナショナリズム、グローバリゼーションと憲法

### (1) ネイション・ビルディングと憲法

　一国民主主義とナショナリズムの混同もまた、特殊近代的なものである。前者の場合でも、公物＝国家建設 (state building) の手段として国民形成が行われるが、後者は、目的と手段を逆転させる。ネイション・ビルディングには、一国民主主義に親和的な側面と、それに対抗的な側面がそれぞれ存在する。ネイションは、個人が自己決定として自分を閉じこめていた ethnos を捨て、新しい demos をつくる点では民主主義的であるが、儀礼・象徴・神話などの利用を通じて demos をふたたび ethnos の内部に回収してしまう点では、反民主主義的である。第一次大戦以降、経済的・軍事的国際競争とともに「民族自決」にもさらされる近代国家は、必然的

にネイション・ビルディングを推進していくことになるが、その過程で国家構成員に強いられる同化と排除の度合いが極端なまで高まれば、ネイション・ビルディングが実質的には民主主義を「揚棄」することになる（山室信一「繋ぐものと距てるもの」『現代世界　その思想と歴史(2)ナショナリズムとデモクラシー』〔未来社・2010〕61頁）。

　ところで対外的にネイションとして自己を主張するには、「チェック・リスト」を提示する必要がある。例えば「偉大な先祖と切れ目なくつながっていることを示す物語、国民的な美徳の鑑と見なされる英雄たち、一つの言語、文化的なモニュメント、民俗文化、いくつもの名所やお国自慢の風景、固有のメンタリティ、公式の表象――国家と国旗――、さらには視覚に訴えるアイデンティティ――民族衣装、名物料理、国のシンボルとしての動物――といった具合である」（アンヌ＝マリー・ティエス［斎藤かぐみ訳］『国民アイデンティティの創造　18～19世紀のヨーロッパ』〔勁草書房・2013〕5頁）。このチェック・リストには、国家の形態・構成要素・政体も含まれているが、ネイション・ビルディングにおいてそれらは決して自己目的ではなく、国民統合という目的を達成する手段としての重要性を有するにすぎない。統治機構が主権者から高度の独立性を保っている場合には、なおさら主権の担い手にこだわる必要はない。そうした認識のもとで、国法学者のG・イェリネックが、国権・国民・国土の三要素説で憲法原理の違いを相対化しようとした。19世紀ヨーロッパのネイション・ビルディングでは君主制をとった諸国でも、選挙を実施し憲法を制定するのが常であったが、それは如上のコンテクストで理解されなければならない。

　ところが、19世紀後半に台頭した社会主義とその社会経済的格差を超越するプロレタリアの概念に競り勝つために、イスラーム法学者が批判するところの、「領域国民国家というナショナリズムと法人概念と結びついた特殊な幻想」は、さらに領域的排他性を強めていき、凶暴化した（内田樹＝中田考『一神教と国家』〔集英社・2014〕158頁［中田発言］）。法人である国家は、固有の領土に永住する農民の不変性から派生した絶対的な古来性に根拠をおくことで有機化する。そして有機体となった国民国家は、病気と衰弱におびえるようになる。そこで、外来の病害には民族主義、退廃には国粋主

義を処方すべきだとする言説が登場した。とくに、言語・文化・血統による国民の境界確定＝人種的純化・排除を内容とする前者は、フィヒテやゴビノーといったナショナリストによって、アジアに進出した帝国主義列強であった、イギリス・ドイツ・フランスの社会に撒きちらされてしまった。これは、この時期にネイション・ビルディングを経験した列強だけではなく、これら諸国の海外進出・侵略で「文明開化」＝自己認識のパラダイム転換が行われた地域にも、自己免疫を装うこの毒素が侵入したことを意味する。「本家」ではのちに、これは植民地主義やレイシズム、ファシズムとして全開し、二回の世界大戦とホロコーストの惨禍を引きおこすことになる（ティエス・前掲164頁、236頁以下）。

　ひるがえって東アジアに視線を移すと、同質性・画一性を好むこの地域のなかでも、政治権力の組織化・分節化がいちばん進んだ日本は、フランスとドイツが本格的な国民国家建設に着手した1870年代に同じ運動を開始し、驚異的な速さで国民国家・帝国主義列強の参入に成功した。これは、同種の毒がやがて、日本の対外侵略と植民地支配を通じて中国・台湾・朝鮮半島に行き渡るであろうことを意味する。21世紀になってもなお、尖閣（釣魚台）諸島をめぐる日中台間の、そして独島をめぐる日韓間の領有権紛争に、法学的国家三要素に潜んでいるnationalisticな執念を見てとることができる。

　ネイション・ビルディングがもたらした災厄への応答・反省として、「西」側の憲法はその後、個人の尊厳を制度化した立憲民主政の原点を参照しつつ、一方で参政権の拡大、社会権の承認と経済的自由の規制を目的とする立法とそれにもとづく制度設営＝ステート・ビルディング（公共財の提供や権利の保障などのサービスを行う行政国家）を、福祉国家（welfare state）として正統化し、他方で主権簒奪の防止策として権力の分立を徹底すべく、司法審査による「政治の司法化」（judicialization of politics）を推進してきた。たしかに、以上の施策で少数者による富と政治過程の寡占も、そして社会的差別も解消されるわけではない（ピケティ・前掲378頁以下）。しかし、このことは逆説的に、憲法が「感性的なものの分割＝共有」を行っていることを示している。一国内で資本主義、民主主義、ナショナリズム

とそれらに反対する勢力が対立しながら共存する状態を可能にする仕組みは、幸か不幸か、立憲主義にもとづく憲法しかないのである。

(2) グローバリゼーションと国家の重力崩壊

1990年代、司法審査を搭載した立憲民主政＝「法の支配型立憲主義」が、冷戦末期の政治経済的構造変動に乗じてグローバル・スタンダードとなったが、その構造変動はこんど、一国民主主義の存立基盤を崩し、比較政治学者が「民主主義の不況」(democratic depression) と呼ぶ事態を招いている（松平徳仁「立憲民主政の心・技・体と防災設計」論ジュリ9号77頁、82頁(2014)）。商品・マネー・情報通信のグローバリゼーションは、新自由主義による資本主義の先鋭化を意味する。それは憲法によってかろうじて維持されている勢力均衡を破壊し、憲法を無力化する。そして憲法による制御を失った裸の政治権力は、エスニック・ナショナリズムと国家なき民主政の両極に放出され、権威主義に回収されてしまうのではないか、との懸念が語られている。

グローバリゼーションは、それを推進する政府と企業（法人資本）の期待どおりに、「民主主義のコスト」や「人権のコスト」を削減するにとどまらず、権利の機能的等価物として、取引による利益の配分と技術による欲望・需要の満足を可能にした。たとえばかのスターバックスは従業員に、組合結成などの労働基本権を認めないが代わりに、ストックオプションや医療・年金・教育の給付を提供している。またツイッターとフェイスブックは、匿名性と通信の秘密を確保する技術力で意見の自由市場を実現しているかにみえるが、それは憲法が想定する表現の自由とは質的相違がある。これらの企業はいずれも政治的にはリベラル派であるにもかかわらず、である。もう一つの好例は皮肉にも、「民主主義の不況」とは対照的に「権威主義のルネサンス」を演出している中国である。シカゴ学派の処方箋を採用して経済改革を断行した中国は、「資本主義的コロニアリズム」を抱擁した。共産党支配のもとで形成されたもろもろのローカルな組織の相互競争を促し、党と政府を含む経済主体間の取引による私人の財産的利益の保護を認めることで、中国は、権威主義体制のまま高度経済成長を達成したのである（RONALD COASE & NING WANG, HOW CHINA BECAME CAPITALIST 153,

221 (2013))。

しかし他方、市場とSNSのグローバリゼーションは、企業・国家の期待を尻目に、それ自身の法則で動き出している。前者は、個人の拠りどころであった社会的関係を解体し、従来型の経済成長と福祉国家の維持を不可能にする。後者は、メディアと代表制による民意表出の濾過・寡占を困難にし、紋切型や誤解を内包する潜在的な社会的認知がネット時代の社会的圧政に動員されるのを容易にする。その結果、各国はいま、福祉国家＝戦時の総動員国家から脱却し、常在戦場的な市場国家（market state）とその補完としての安全保障国家（national security state）へと憲法を実質的に書きかえることを迫られている（長谷部恭男『憲法とは何か』〔岩波書店・2006〕54頁以下）。しかも、前世紀の総動員国家とは異なり、安全保障国家は軍事力のアウトソーシングと無人化で、戦争が国民におよぼす影響を最小限に抑えることができるといわれる（Mary L. Dudziak, *War and Peace in Time and Space*, 13 SEATTLE J. SOC. JUSTICE 381 (2014))。したがって、新自由主義にもとづく国家の経営を強いられている各国政府にとって、社会経済的不平等の拡大にともなう「痛み」と「行きづまり」をネオコン的な安保政策で緩和することが、資本課税による社会国家の再生より、安価で、容易に実行でき、かつ短期間に効き目を期待できる魅力的選択肢である。日本が参加の意思を表明しているTPP（環太平洋経済提携協定）は、まさに市場国家＝安保国家の相生関係とそれによる憲法の相対化を如実に示すいい例である。

(3) 裸になったナショナリズムと民主主義

市場国家と安全保障国家をつなぎとめるのが、もはや憲法ではなく、重力崩壊した国家の高密度な、「国民的」中心核である。19世紀いらい、同じ国民＝人種であることが、社会経済的不平等に苦しむ個人の逃げ場として機能していた。その意味でエスニック・ナショナリズムは、国境と国民、主権と人権をなぎはらうグローバリゼーションの分身とすらいえる（ティエス・前掲238頁、292頁）。現時点これに対抗しているのが、グローバル・ジャスティスの運動である。その原基となるラディカル・デモクラシーの理論は、台湾・香港の学生運動や日本の一部の社会運動にも一定の影響を与

えている。この理論は、意見・利害が衝突する他者との共生を目的とする国家をもはや想定していない点で、「国家なき民主政」といえる。そこでは、憲法秩序でさえ、場合によっては「法措定的暴力」と見なされ、自律的・他律的拘束力を否定される。そして国民主権と人権は、統治への関与を求める群衆（multitude）と正義の問題として再分解される（山崎・前掲115頁以下）。これはある意味で、西欧的異議申し立ての伝統がグローバル化したものといえるが、それが東アジアで人心・民心をとらえた背景には、個人の尊厳を圧殺すると同時に、「万方罪あらば罪は朕が躬にあらん」（論語・堯曰）という、民の無辜・無答責を認める東洋的専制の影響があったことも見逃してはならない。しかし、専制君主でさえ免れなかった罪・咎め・責任の引受けをしない裸の人民主権は、マディソンが警告したように、「暴政の定義そのもの」である（THE FEDERALIST No. 47（James Madison））。

　他方、市場国家と安保国家を従える新しい権威主義体制も、荒れた人心・民心に応答する術を知っていた東洋的専制の再現ではありえない。孔子は、その名言「均しければ貧しきこと無く、和すれば寡きこと無く、安んずれば傾くこと無し」（論語・季氏）をもって、富の過度な集中の是正で傷ついた人心・民心を癒し、安定させることに失敗した国家が、戦争ごっこでその失敗をごまかそうとして崩壊する危険性を指摘していた。すくなくとも彼は、ひたすら責任を他者に転嫁するポピュリズムを賢明と決して思わなかったであろう。

## 6．結びにかえて──東アジアにおける「日本の衝撃」の意義

　文明開化と富国強兵の手段としてスタートした明治憲法体制が招いた破滅を目のあたりにしたフランス文学者の渡辺一夫は、つぎのように書きのこしている。

　「外国のすぐれた文化の結果だけを拝借して、その結果を生み出した根元を忘れたら、正に猿真似であろう。なにも文化殿堂を生むために、外国にあった通りの悲劇や惨劇を、我々もぜひ持たねばならぬというのではな

い。悲劇や惨劇のあった事実と、こうした事実のなかからなおも生れざるを得なかった成果とに対する敬虔な念願と、これを受け継ぐ意思とを把握せねばならないのである。しかし、このことは、我々からはまだまだ、はなはだ遠いところにあるものと考えてよいが、これにむかって一歩でも二歩でも、いや一寸でも一分でも、我々は近づかねばならぬのである。」(渡辺一夫「東条元首相の写真」堀真清編『原典で読む日本デモクラシー論集』〔岩波書店・2013（初出1995）〕83頁、89頁)

　ベラーは日本を、非基軸的 (non-axial) 共同体が近代化に成功した例と考えた (Bellah 2011: 654-55)。日本列島の代表的な政治権力は古くから、東アジアの基軸的文明が築いた政治体制の模倣には熱心であったが、その共同体超越的価値を無視していた（新田一郎『日本の歴史(11)太平記の時代』〔講談社・2009〕46頁以下)。ところが近代以降の日本は、驚異的な組織力を誇る伝統的共同体を維持したまま近代化をなしとげ、帝国主義と植民地主義を模倣することで、かつて自分の師であった東アジアに抱いていたアンビバレントな感情を発散しようとした。そのため不可避となったリベラル・デモクラシーとの戦争に、ファシズム同盟に加わった日本は、組織密度を限りなく強める精神総動員で勝とうと試み、敗北した（片山杜秀『未完のファシズム　「持たざる国」日本の運命』〔新潮社・2012〕209頁以下)。なるほど「日本の衝撃」で、中国・台湾・韓国がネイション・ビルディングと立憲主義の受容に動き出したことは事実である。しかし、それを日本の功績とするのは、東京裁判で有罪判決をうけた軍部指導者の一人が戦後述べたように、「自己満足」(岡敬純・元海軍中将) にすぎない（「A級戦犯が語った戦争」日本経済新聞朝刊2010年 8 月18日、34面)。

　にもかかわらず、反ファシズムの連合国が発したポツダム宣言は、ドイツに許さなかった「国民ノ間ニ於ケル民主主義的傾向ノ復活強化」(同宣言10条) を日本に許し（ブルース・アッカマン［辻健太＝川岸令和訳］「立憲主義への三つの道」法時87巻 5 号98頁、102頁 (2015))、9 条に批判的な旧軍人の識者も認めたように、個人の尊厳と幸福追求に根拠をおいた新憲法によって「日本が全世界の賞讃羨望の国家として発展を遂げつつある」(大井篤・元海軍

大佐)ことを祝福した(大井篤『大井篤海軍大尉アメリカ留学記』〔角川書店・2014〕101頁)。これとは対照的に、中国語圏では、「人喰い礼教」は打倒されたが、解き放された欲望と憎悪を制御する道徳的自律は生みだされなかった。体制転換的正義として期待された立憲民主政は、負荷過重で機能不全に陥っている。そしてグローバリゼーションの進行で法の外に放出されてしまったポピュリズムとナショナリズムは、憲法をもつ社会に仁義なき戦いをいどみ、人々を権威主義体制に追いたてている。この深刻な現状に試行錯誤の先進国として応答する責任を負うならば、日本は、戦後憲法もできなかった、「人喰い組織」とエスニックな同質性が織りなす「未完のファシズム」の清算・克服を徹底的にすべきであろう(松平徳仁「「自粛」とナレーションとしての日本型共同体主義」憲法問題24号86頁(2013))。

## 参考文献

Bellah, Robert N. (2011). *Religion in Human Evolution.* Cambridge, MA/London: Belknap Harvard.

Chang, W. C. et al. (Eds.) (2014). *Constitutionalism in Asia: Cases and Materials.* Oxford/Portland, Oregon: Hart Publishing.

Galligan, Denis J. (2013). "The People, the Constitution, and the Idea of Representation", in D. J. Galligan and Mila Versteeg, eds., *Social and Political Foundations of Constitutions.* Cambridge: Cambridge University Press.

Huang, Ray. (1997). *China: A Macro History.* Armonk. NY/London: M. E. Sharpe.

Tushnet, Mark. (2014). "Authoritarian Constitutionalism", in Tom Ginsburg and Alberto Simpser, (Eds.)., *Constitutions in Authoritarian Regimes.* Cambridge: Cambridge University Press.

# 15 | 国家・国民・外国人

柳井　健一

## 1. はじめに——「日本人」と「日本国民」

　2014年、「日本人」研究者三名がノーベル物理学賞を受賞したことに沸く日本社会の片隅で、国籍に関する興味深い議論が行われていた。それは、受賞者の一人がアメリカ合衆国市民権を取得していたからである。青色発光ダイオードの実用化に先鞭をつけながら、日本での研究環境に必ずしも恵まれなかったその研究者は合衆国の大学に籍を置くことになり、生活面あるいは研究の遂行上等の必要性や便宜からも、そのような選択をしたのであろう（実は、2008年のノーベル物理学賞受賞の際にも同様のケースがあった）。当該研究者が「日本人」であることは疑いないにせよ、「合衆国市民」としての地位を取得した彼の法的地位をどのように考えるのか、というのがここでの問題であった。

　日本国憲法は、「第10条　日本国民たる要件は、法律でこれを定める。」と、それを受けて国籍法は以下のように規定している。「第11条　①日本国民は、自己の志望によつて外国の国籍を取得したときは、日本の国籍を失う。」関連して、戸籍法も以下の規定を置いている。「第103条　①国籍喪失の届出は、……国籍喪失の事実を知つた日から1箇月以内（届出をすべき者がその事実を知つた日に国外に在るときは、その日から3箇月以内）に、これをしなければならない。」実際、在アメリカ合衆国日本大使館のウェブサイトは、一般的な説明として「例えば、自己の志望（帰化申請）により、米国市民権を取得した方は、米国市民権を取得した時点で、日本国籍を喪失したことになりますので、所定の届出書2通に以下の書類を添えて、在

外公館（日本大使館・総領事館）または日本国内の本籍地を管轄している市区町村役場へ『国籍喪失届』を提出する必要があります」との記載をしている。

　この問題には、一筋縄ではいかない法的論点が存在している。他国の市民権（国籍）を取得した者について、「日本人」であるという事実から「自国民」と見なすことは単純にはできないのである。換言すれば、「日本人」であることと「日本国民」であることとが必然的に合致するわけではない。後に述べるように、法的に見て日本国民であるか否かは、第一次的には日本国籍の有無によって決まることになっている。そして、憲法という法領域においては、このような相違は権利保障に関わるさまざまな局面での極めて重要な帰結に直結する。本稿では、多数の構成員の存在を前提とする政治共同体としての国家と当該国家の構成員の地位を法的に具体化する国籍との関係を、実際に日本社会で問題とされた事例を踏まえながら検討する。それによって、我々が暮らす国家のありようについて考えることができればと思っている。

## 2．国家と国民

　我々は、21世紀である今日においても依然として、近代国民国家（主権国家）という政治共同体の存在を前提に暮らしている。国際秩序についても、このような主権国家が併存しながら各々が共通のルールに基づいて相互に他国の主権を尊重し合うことで形成されていると考えられてきた。17世紀に成立したウェストファリア体制と呼ばれるものである。そして、一般的に国家三要素説といわれる説明によれば、それは一定の領域（領土、領海、領空）と国民に対して主権的な統治を行う政治共同体であり、国家にとっては人的構成要素である国民の存在が不可欠であると考えられている。このように国家というものが、多数人によって形成される政治共同体であるとすれば、そこには当然に当該共同体の構成員としての地位＝メンバーシップを画定するための装置が必要となる。それを法的に制度化するものが国籍ないし互換的に用いられる市民権である。この法的地位は、個

別の主権国家単位で、各々の国籍制度によって決められる。人が出生により一つ以上の国籍を取得すべきことは、現在国際法上も確立された原則となっているが、そのありようは大きく分けて二つの方法による。一方は当該国家の国民を親として生まれた者は、その国の国籍を取得するという血統主義であり、他方は当該国家の領域内において出生した者はその国の国籍を取得するという出生地主義である。これを帰化等の伝来の国籍取得が補完するとことになっている。国籍制度は、法的に誰が自国民であるのかを画定するための制度であり、後に詳しく述べるように、これと相補的に存在する在留制度と相俟って、当該国家の特質とりわけ自己認識を如実に反映する制度である。冒頭で紹介したエピソードは、日本という国が自国の同胞市民についての認識に際して、日本人であること＝血統を強く重視するという傾向をもっていることを端無くも示したものだとも評価できる。

## 3．外国人の人権

さて、既述のように政治共同体たる国家にとって、その構成員である国民の範囲を画定することは極めて重要な問題であるわけだが、国民の範囲が決まることによって国民ではない者＝外国人が誰であるのかも自ずと決まることになる。そして、外国人については、入国・在留にはじまり、憲法上の権利や各種の法的権利の享有について、国民との対比でさまざまな区別や制約が存在している。

このような議論は、憲法学においては「人権の享有主体」というトピックスのうち、「外国人の人権」論として扱われる。代表的な憲法教科書によれば、以下のように説明される。「人権は、人種、性、身分などの区別に関係なく、人間である以上当然に享有できる普遍的な権利である。しかし、日本国憲法は、世襲天皇制を定め、また、第3章には『国民の権利及び義務』という表題をつけ、文言上、人権の主体を一般国民に限定するかのような外観をとっている。そこで、一般国民のほかに、いかなる者が人権を享有するかが問題となる」（芦部信喜著・高橋和之補訂『憲法（第6版）』〔岩波書店・2015〕87頁）。人権とは、ここでも指摘されているように人が人であ

るがゆえに生まれながらにもつ当然の権利であるとされている。そして憲法とは人権を保障することを主たる目的としているのだとすれば、単に法律によって決められる国籍の有無によってその保障の程度に差異が生じるのはおかしいのではないか、という疑問が出されそうである。

　だが、厳密に考えれば、憲法は普遍的な人権をすべての人に対して保障しているものではない。より具体的に言い換えるとすれば、日本国という一主権国家の最高法規である日本国憲法が、全人類に等しく人権を保障することは原理的にも現実的にも不可能である。日本国憲法は、日本国という政治共同体を対象に、そこでの権利保障と統治のあり方の基本を決めているに過ぎない。たしかに、近代以降の人権概念は、元来、人が人であり生来の権利を有しているという普遍性を前提に成立した。だが、それがそのまま実定憲法制度として実現されるわけではない。個別の主権国家の存在を前提に、「これをひとびとが憲法秩序に適合するように飼いならすことによって『人権』は『憲法が保障する権利』とな」ったと考えられる（奥平康弘『憲法Ⅲ　憲法が保障する権利』〔有斐閣・1993〕20-21頁）。つまり、「実定憲法内在的な『基本的人権』が、超憲法的『人権』観念に道徳的根拠を求めつつ、なおそれとは区別される何かであることが、個別の解釈論では前提されているように思われる。……『憲法の人権規定は、人権理念を実定法化したものであり、人権を実定法システムにより保障することを宣言した意味をもつ』としたうえで、解釈論の対象は、人権理念そのものではなく、『憲法上の権利』であることを明らかにする方が生産的」である（宍戸常寿「『憲法上の権利』の解釈枠組み」安西文夫ほか『憲法学の現代的論点（第2版）』〔有斐閣・2009年〕233頁）。近時の憲法学で、「基本的人権」よりも、「憲法上の権利」や「憲法が保障する権利」、あるいは単に「基本権」という用語が使われることが多いのも、以上のような理由による。

　本稿のテーマに即していえば、実定憲法上の権利は、第一次的に日本国籍を有する日本国民を対象として保障されたものであり、外国人についてはその保障の範囲や程度が日本国民とは異なるのは原理的に止むを得ない、というのが憲法「解釈論」での一般的な理解である。「憲法は、人である以上、当然に保障すべき権利をすべての人に保障しようとしているわけで

はなく、もともと同国人という特定の人々の権利のみを保障しようとするものであり、その上で、そうした権利の保障をどこまでそれ以外の人々に拡張して適用することが可能かという問題が学説や判例によって議論されてきたのではなかろうか」（長谷部恭男『「外国人の人権」に関する覚書』同『憲法の理性』〔東京大学出版会・2006〕118-119頁）と指摘される所以である。憲法とは「国のかたち」（司馬遼太郎）を決めるものである。その憲法自身が所定の構成員を前提とする政治共同体たる国家の基本法である以上、当該構成員である国民とそうでない外国人とを比べた場合に、個人と国家との間の法的関係の規律の仕方が原理的に異なるはずであるとの理解がここにはある。また、一般に近代憲法が政治共同体の構築を目指す個人の自発的意思の発露と集合的合致によって国家の形成を説明するという社会契約論を前提にしているという事情も相俟って、このような「解釈論」が帰結されるとも考えられる。「民主制はまさしく自らを正統に権威づけている人々を拘束すると見なされる法を制定するので、その民主的正統性の範囲は自らを所与の領土における国民として画定したデモスを超えて広がることはない」のであろう（セイラ・ベンハビブ著、向山恭一訳『他者の権利　外国人・居留民・市民』〔法政大学出版局・2006〕202頁）。

　実際にも、外国人には、自国以外の国家に入国・在留する権利はないというのが広く受入れられている国際法上の一般的原則であるし、憲法上の権利の保障は第一次的には当該国家の国民を対象としたものに過ぎず、外国人に対しては個別の権利の性質に応じて保障可能と考えられるもののみが及ぶというのが通説であるとともに判例でもある。この問題についてのリーディングケースである「マクリーン事件判決」（最大判昭和53（1978）年10月4日民集32巻7号1223頁）は、これらの点について以下のように判示している。「憲法上、外国人は、わが国に入国する自由を保障されているものでないことはもちろん、……在留の権利ないし引き続き在留することを要求しうる権利を保障されているものでもない。」「憲法第3章の諸規定による基本的人権の保障は、権利の性質上日本国民のみを対象としていると解されるものを除き、わが国に在留する外国人に対しても等しく及ぶものと解すべきであ」る。このような、「外国人にも、権利の性質上適用可能な

人権規定は、すべて及ぶ」〔芦部・前掲92頁、強調は原文〕という考え方を権利性質説という。

　一見したところ外国人に対する権利の積極的な保障に資するかのように見えるこの立場も、しかし、憲法上の権利保障の第一次的対象が日本国民であることを無批判に受入れた場合には、逆に外国人に対する権利制限を安易に正当化する危険性もある（柳井健一・後掲「外国人の人権論」158頁以下）。実際にも、近代以降の歴史の中で、人間が人間として尊重されるために、国家に帰属していることがどれほど切実に重要であるのかについては、20世紀を代表する政治思想家であるハンナ・アーレントの次の指摘が端的に示している。「譲渡することのできぬ人権、つまりいかなる特殊な政治的身分とも関わりなく人間であるという単なる事実にのみ由来する権利などというものがそもそも存在するのか」（ハンナ・アーレント、大島通義・大島かおり共訳『全体主義の起源2』〔みすず書房・1981〕274頁）。「人権の喪失が起るのは通常人権として数えられる権利のどれかを失った時ではなく、人間世界における足場を失ったときのみである。この足場によってのみ人間はそもそも諸権利を持ちうるのであり、この足場こそ人間の意見が重みを持ち、その行為が意味を持つための条件をなしている。自分が生まれおちた共同体への帰属がもはや自明ではなく絶縁がもはや選択の問題ではなくなったとき、……そのような人々にとっては市民権において保証される自由とか法の前での平等とかよりも遙かに根本的なものが危うくされているのである」（同・280頁）。このような指摘は、構成員であることを法的に示す国籍ないし市民権を持たずにこの国に暮らす人々についての権利保障のあり方を論ずる外国人の人権に関わる日本国憲法の「解釈論」を行うに際しても、今なお、重い問題提起をし続けているといえるだろう。

## 4．国民の／外国人の参政権

　とはいえ、ユダヤ人であるがゆえに生命の危険にさらされ、故国を逃れて合衆国へと渡ったアーレントの置かれた状況を、現在日本で暮らす外国人にそのまま準えることはできない。先に見たとおり、外国人に対して一

定の範囲で憲法上の権利の保障が及ぶことは通説・判例とも当然視している。また、社会権については、学説のみならず、判例においても「限られた財源の下で福祉的給付を行うに当たり、自国民を在留外国人より優先的に扱うことも許される」（「塩見訴訟最高裁判決」、最判平成元（1989）年3月2日判時1363号68頁）として、権利の性質に鑑み自由権に比して相対的にその保障が困難であると考えられている。その社会権についても、とりわけ難民条約（「難民の地位に関する条約」と「難民の地位に関する議定書」）への加入に伴い制定された「難民の地位に関する条約等への加入に伴う出入国管理令その他関係法律の整備に関する法律」に見られるように、立法および実務による運用のレベルで、相当程度の権利の実現が図られるに至っている。他方、この20年来、とりわけ議論の対象とされてきたのは、外国人に対する参政権の保障の是非をめぐる問題であった。「国民の国政に参加する権利」（芦部・前掲84頁）として説明される参政権が、政治共同体としての国家のメンバーシップと直結する権利である以上、国籍を持たない外国人が当該権利を保障されないことは当然、あるいはさらに保障することは違憲であるとする立場が、とりわけ判例上は明確にとられてきた。参政権のうちで、地方選挙権および公務就任権が問題とされた二つの最高裁判決に照らして説明してみる。

　第一は、特別永住者である原告らが、憲法の二つの条文「第15条①　公務員を選定し、及びこれを罷免することは、国民固有の権利である」、「第93条②　地方公共団体の長、その議会の議員及び法律の定めるその他の吏員は、その地方公共団体の住民が、直接これを選挙する。」を根拠に自らが地方公共団体の選挙において選挙権を保障されているはずである旨を争った、いわゆる「外国人地方参政権判決」（最判平成7（1995）年2月28日民集49巻2号639頁）である。上記論点に関して、最高裁は以下のように判示した。

　「憲法15条1項にいう公務員を選定罷免する権利の保障が我が国に在留する外国人に対しても及ぶものと解すべきか否かについて考えると、憲法の右規定は、国民主権の原理に基づき、公務員の終局的任免権が国民に存することを表明したものにほかならないところ、主権が『日本国民』に存

するものとする憲法前文及び1条の規定に照らせば、憲法の国民主権の原理における国民とは、日本国民すなわち我が国の国籍を有する者を意味することは明らかである。そうとすれば、……憲法15条1項の規定は、権利の性質上日本国民のみをその対象とし、右規定による権利の保障は、我が国に在留する外国人には及ばないものと解するのが相当である。」

「前記の国民主権の原理及びこれに基づく憲法15条1項の規定の趣旨に鑑み、地方公共団体が我が国の統治機構の不可欠の要素を成すものであることをも併せ考えると、憲法93条2項にいう『住民』とは、地方公共団体の区域内に住所を有する日本国民を意味するものと解するのが相当であり、右規定は、我が国に在留する外国人に対して地方公共団体の長、その議会の議員等の選挙の権利を保障したものということはできない。」

ただし傍論ではあるが、「憲法第8章の地方自治に関する規定は、民主主義社会における地方自治の重要性に鑑み、住民の日常生活に密接な関連を有する公共的事務は、その地方の住民の意思に基づきその区域の地方公共団体が処理するという政治形態を憲法上の制度として保障しようとする趣旨に出たものと解されるから、我が国に在留する外国人のうちでも永住者等であってその居住する区域の地方公共団体と特段に緊密な関係を持つに至ったと認められるものについて、その意思を日常生活に密接な関連を有する地方公共団体の公共的事務の処理に反映させるべく、法律をもって、地方公共団体の長、その議会の議員等に対する選挙権を付与する措置を講ずることは、憲法上禁止されているものではないと解するのが相当である。しかしながら、右のような措置を講ずるか否かは、専ら国の立法政策にかかわる事柄であって、このような措置を講じないからといって違憲の問題を生ずるものではない」という、当時の議論状況からすれば画期的ともいえる判断も示されている。

他方、韓国籍の特別永住者であり、東京都において保健師として勤務してきた原告が、日本国籍の不保持を理由に管理職選考試験の受験を拒否されたことについて、受験資格の確認と精神的苦痛に対する損害賠償を求めたいわゆる「東京都管理職選考試験判決」(最大判平成17(2005)年1月26日民集59巻1号128頁)では、以下のような判断が示されている。

「地方公務員のうち、住民の権利義務を直接形成し、その範囲を確定するなどの公権力の行使に当たる行為を行い、若しくは普通地方公共団体の重要な施策に関する決定を行い、又はこれらに参画することを職務とする……公権力行使等地方公務員」の職務遂行は「住民の権利義務や法的地位の内容を定め、あるいはこれらに直接間接に重大なかかわりを有するものである。それゆえ、国民主権の原理に基づき、国及び地方公共団体による統治の在り方については日本国の統治者としての国民が最終的な責任を負うべきものであること（1条、15条1項参照）に照らし、原則として日本の国籍を有する者が公権力行使等地方公務員に就任することが想定されていると見るべきであり、我が国以外の国家に帰属し、その国家との間でその国民としての権利義務を有する外国人が公権力行使等地方公務員に就任することは、本来我が国の法体系の想定するところではない。」

　これら二つの重要判決の判示から明らかになるように、判例および学説のおそらくは多数が依拠している基本的な判断枠組は、以下のような構図である。国民主権は日本国憲法の根幹をなす重要な基本原理であり、この国民主権とは当該国家の構成員である国民すなわち国籍保持者による統治に関わる作用の確保の必要性を意味する。それゆえ、日本国籍を保持しない外国人は当該国家の政治的意思決定ないし統治作用に関わる権力行使に原理上関わることができないのであり、これらを権利として保障する参政権も当然に日本国籍保持者のみに保障されるべき権利である。このような見解の最大の特徴は、国民とは誰であると考えるかという問題について、国籍の保持という指標のみに基づいてそれを画定していることであり、その意味で形式的構成員性の側面を極めて重視する考え方である。

　他方、一定範囲で外国人に対しても参政権の保障を及ぼそうと試みてきた学説は、国民主権に言う国民の範囲を画定するに際して、生活実態すなわち日本国で暮らし、その統治権に服さざるを得ない立場にある者をも含めて再構成するべきであるという実質的構成員性を重視した議論を展開し、そのために永住資格等といった在留法上の地位や日本での一定期間以上の居住歴等を指標として採用すべきことを主張してきた（辻村みよ子『市民主権の可能性　21世紀の憲法・デモクラシー・ジェンダー』〔有信堂高文社・2002〕240頁

以下参照)。

　筆者も、一定の範囲の外国人に対しては参政権の保障を当然に及ぼすべきものとの立場をとるが（柳井・後掲「国民と外国人の間」21頁以下参照)、それでも、この問題についての議論を展開するに際しては、以下のような問題についての原理的考察が必要であると考えている。

　それは外国人の参政権を考えるに際して、「国民」＋「主権」といういわば複合概念である国民主権原理とどのように対峙するかという問題である。既述のように、外国人の参政権保障に積極的な議論の傾向は「国民」概念を単純に国籍の有無という形式的指標によって判断せずに、実質的指標を重視することでその範囲を拡張することに努めてきた。他方、「主権」という原理によってどこまで当該国家の構成員たる法的地位を有しない外国人がこの領域から排除されるべきであるのかという問題についても併せて考える必要がある。例えば、この問題についておそらくは世界一センシティブな議論を蓄積してきたフランスにおいても、学説も憲法院（DC du 23 juillet 1991）もともに、公務員に関しては「主権の行使と分離可能である」、あるいは「公権力の行使に直接・間接に関わらない」職務でない限りは、たとえヨーロッパ連合の構成員であったとしても外国人は就任できない（1983年7月13日法律5条の2）と判断している。いかに外国人に対して参政権を保障することが望ましいと考えようとも、主権の本質的属性の中核をなす権力作用については、法的な意味で当該国家の十全な構成員に担保されるべきであるという命題には、我々が主権国家という政治共同体の存在を前提に生きている以上、一抹の真理が含まれているようにも思われる（例えば、アメリカ合衆国連邦憲法第2章第1条第5項は、大統領への就任要件として生来の合衆国市民であることを求めている）。

　他方、このような命題を過度に広範に通用させることなく、当該制限は例外的な場合にのみ適用される旨をも論証しなければならない。この点、日本におけるこの問題に関わる議論において、主権主体の排他性といわれる論点がある。すなわち国民主権という重要な近代憲法原理の成立について検討する文脈の下で、君主主権との対抗関係の下で生成した国民主権の概念は論理必然的に君主主権を排除するという議論である。判例に顕著に

見られる国民主権を根拠として外国人を排除する立論は、いわばマクロなレベルでの主権の帰属に関わる論点を、主権者たるべき国民をいかなる形で定義・画定するべきかというミクロなレベルにまでこの議論を拡張して読み込むという誤謬を犯すことで、不必要かつ過度に外国人を排除しているのではないだろうか。

## 5．「国民であること」の意味と重要性

　他方、日本国籍を有する日本国民であることとその日本国民が主権の行使に参与することが決定的に重要であることを示す二つの判決が出されている。

　第一は、いわゆる「在外邦人選挙権判決」（最大判平成17（2005）年9月4日民集59巻7号2078頁）である。この裁判では、その当時の公職選挙法上、在外国民は衆議院議員の総選挙における小選挙区選出議員の選挙と参議院議員の通常選挙における選挙区選出議員の選挙について投票することができなかったことが問題とされ、この点についての違憲確認と投票ができなかったことについての損害賠償の是非が争点とされた。判決は、「国民の選挙権又はその行使を制限することは原則として許されず、国民の選挙権またはその行使を制限するためには、そのような制限をすることがやむを得ないと認められる事由がなければなら」ず、「そのような制限をすることなしには選挙の公正を確保しつつ選挙権の行使を認めることが事実上不能ないし著しく困難であると認められる事由でない限り、上記やむを得ないと認められる事由であるとはいえず、このような事由なしに国民の選挙権を制限することは憲法15条1項及び3項、43条1項並びに44条ただし書きに違反する」として、次回の選挙において在外選挙人名簿に登録されていることに基づいて投票できることを確認するとともに、「国が国民の選挙権の行使を可能にするための所要の措置を執らないという不作為によって国民が選挙権を行使することができな」かったことを理由に国に対して5000円（および損害遅延金）の賠償を命じた。

　第二は、この問題との関連は些か間接的であるが、国籍法違憲判決（最

大判平成20（2008）年6月4日集民第228号101頁）である。平成20年法律第88号による改正以前の国籍法3条1項は、「父母の婚姻およびその認知により嫡出子たる身分を取得した子……は、……法務大臣に届け出ることによって日本の国籍を取得することができる」と規定していた。これに対して、婚姻関係にない日本国民たる父と外国人である母の下に出生し生後認知を受けた原告が日本国籍を有することの確認を求めたのがこの裁判である。最高裁は、「日本国籍は、我が国の構成員としての資格であるとともに、我が国において基本的人権の保障、公的資格の付与、公的給付等を受ける上で意味を持つ重要な法的地位でもある」として、出生後の認知によっては生来の国籍取得を認めていなかった国籍法3条1項を憲法14条の平等保障条項に違反するとして、無効との判決を下した。

　前記マクリーン判決以来、国民こそが十全な憲法上の権利の享有主体であるという理解を前提に、当該国民とは国籍の保持によって決定されるのであり、だからこそ国籍を保持するという国民の法的地位を極めて重視するとともに、国民の選挙権が極めて手厚く保障されるべきとの立場が判例の一貫した姿勢である。その意味で、この二つの判決は、国民主権－国籍保持者としての国民－国民のみに保障される参政権という鉄のトライアングルが強固であることを傍証しているといえるだろう。

　だが、日本国という政治共同体が抱える歴史的あるいは社会的現実等に鑑みた時、このような理論構成にそもそも説得力はあるのだろうか。国家が閉じた政治共同体である以上、必然的にそのメンバーシップをもった国民が存在するという抽象的理屈それ自体が一般性をもつことは否定できない。だが、実在する各主権国家は、このような理論的共通性を共有しつつも、現実には各々の国家形成の具体的あるいは歴史的条件に規定される形で国民の範囲を画定せざるを得ない。国籍制度は一定の基準（血統もしくは出生地）を前提にせざるを得ないにしても、それ以外にも考慮すべき国家形成にまつわる独自の特質を抱えているはずである。ここに、必然的に齟齬が生じる余地がある。そこで、国籍制度自体が自ずと抱えざるを得ない制度上の限界を指摘したい。

　第一に、制度上は例外的であるはずだが、実際にはしばしば国籍の抵触

といわれる問題が発生する。二重国籍や無国籍と呼ばれる法的状況である。このような状況が惹起するのは、個人の生活というものが、必ずしも国籍制度の想定の通りには行われない場合があるからである。国籍制度が個人の国家への帰属を決定するための制度として正当性をもち得るのは、国籍の保持という形式的要素と国籍国において当該国籍保持者が生活を営んでいるという実態的要素が合致するはずだとの蓋然性もしくはフィクションが維持される限りにおいてであることを銘記するべきであろう。

　第二に、先発の近代国家の大部分は国民国家であると同時に植民地を保有する帝国でもあったことから、本国→植民地、植民地→本国という人の移動が常態化していた。脱植民地化という歴史的文脈の下で、各国は旧植民地出身の人々を国籍制度上どのように処遇するのかという難問に直面した。事実、イギリスやフランスはこれらの人々に一定の方途で国籍を付与し、自国民として法的に処遇するという選択を行った（イギリスの事例について、宮内紀子「1948年イギリス国籍法における国籍概念の考察　入国の自由の観点から」関西学院大学法政学会『法と政治』第62巻第2号〔2011年〕163頁以下を参照）。日本で、特別永住者（平成3（1991）年11月1日施行の「日本国との平和条約に基づき日本の国籍を離脱した者等の出入国管理に関する特例法」により定められた在留資格）とされている旧植民地出身者とその子孫たちと実質的に同様のカテゴリーに属する人々である。このような、ある意味不自然な法的地位が存在するのは、「我が国には、終戦前から引き続き居住し、昭和27年の日本国との平和条約の発効に基づき日本の国籍を離脱した在日韓国・朝鮮人及び台湾人並びにその子孫が多数在留しておりますが、これらの人々の我が国社会における定住性がますます強まりつつある今日、これらの人々が我が国の社会秩序のもとでできる限り安定した生活を営むようにすることが重要であると考えられ」るがゆえに、「在日韓国・朝鮮人及び台湾人並びにその子孫を対象として、その歴史的経緯及び我が国における定住性を考慮し、これらの人々の法的地位のより一層の安定化を図るため、出入国管理及び難民認定法の特例を定めることを目的とする」からである（「第120回国会衆議院法務委員会議録第9号」平成3年4月9日、2頁、左藤恵法務大臣答弁）。諸般の事情があるにせよ（大沼保昭『在日韓国・朝鮮人の国籍と人権』〔東信堂・

2004年〕3頁以下参照)、こと日本側に関する限り、敗戦に伴う他律的な植民地喪失という状況の中で、日本人以外の日本〔帝国〕臣民を排除しようとした心性の爪痕が、この「特別永住者」という不自然な法的地位に如実に刻まれている（田中宏『在日外国人（第3版）―法の壁、心の溝』〔岩波新書・2013〕54頁以下）。これらの人々について、未来永劫外国人として処遇し、憲法上の権利保障について国民と隔絶した取扱を続けるべきなのだろうか。

諸事情により外国において生活する日本国民が参政権を保障されるべきことそれ自体は、憲法の見地からもそれなりに正当な判断であると考える。だが、この国で幾世代にもわたって他国の国籍を維持しながら生活している人々が構造的に存在しているとき、日本国籍の不保持を理由にその参政権を原理的に否定する一方で、国籍を有する国民であることのみを理由として掲げつつ、選挙権を行使できなかった事態をもたらした立法不作為を国賠法上の違法とまで判断するのは、日本国という政治共同体の構成原理である国民主権についての理解として、些かバランスを欠くのではないだろうか。国籍という法的地位は、このような国民主権原理の解釈を支えきれるだけの説得力をもつほど制度として完全でもなければ精緻でもない。

## 6. むすび

国籍制度は、当該国家の自己認識や国家形成の歴史的経緯を反映する制度である。とはいえ、各国家がいわば理念型のような国民のみによって構成されているわけではもちろんない。近代以降、政治共同体としての国民国家という範型が一般化したにもかかわらず、その多くは同時に植民地を保有する帝国であったし、国家というある種の静態的モデルの背後で人の移動はあらゆる時代に共通して見られた現象でもあった。先進各国の多くが何らかの形で直面した旧植民地出身者の国籍をめぐる問題も、一つの時代におけるこれらの現象の帰結である。

その意味では、「グローバリゼーション」といわれる現在の状況も、少なくとも人の移動という局面に着目する限りでは、近代以降恒常的に惹起してきた現象の現代的な表出であるといえるかもしれない。最近の日本で

は、人口の減少化や一定職域での労働力不足等を契機に、とりわけ介護や看護労働等の領域を念頭に、移民労働者の積極的導入を主張する声があがっている。そのような中で近時、「入国管理政策のあり方と同時に、国内に居住する外国人および民族的少数者に対する政策」を検討する「移民政策」と呼ばれる分野の確立と発展の必要性が実務家・研究者によってクローズ・アップされている（移民政策学会HP, http://iminseisaku.org/top/about.html、2015年8月31日閲覧）。もし、一定の政策的目的の下で、日本が構造的に移民労働者を受入れることになれば、国家のあり方に対して少なからぬ影響をもたらすであろうことは、第二次大戦後に「ガスト・アルバイター」と呼ばれる政策をとってきたドイツ等の経験からも明らかである。このような選択をするのであれば、「日本人」ではない人々とともに国家を形成していくという自覚が当然に求められるはずである。

　この問題に関しては、実は平成2（1990）年の在留資格制度の改正によって「定住者」というカテゴリーが創設されている。元来、単純労働や未熟練労働については在留資格が認められないとされてきた。だが、この「定住者」については、法務大臣が特別な理由を考慮して一定の在留期間〔5年を超えない範囲で〕を指定して居住を認める者として、日本人の子孫として日本と特別な関係にあることに着目してその受入れが認められた。現在、ブラジル人やペルー人を中心として数多くの日系定住外国人がこの在留資格をもって日本で生活している。ここでは、「日本人であったこと」が当該在留資格の創設の大きな梃となっており、それが在留法上本来は想定していなかった単純ないし未熟練労働者の流入につながったといわれている。

　このように、国籍および在留法制の領域では、「日本人」であることがさまざまな形でその規定要因となっている。だが、政治共同体としての国家が、いかなる国であり、またいかなる国であるべきかについての議論は、とりわけ近代の社会科学においては、理性的かつ合理的なものであるべきはずである。人権の尊重という普遍的価値とそれを実現することのできる合理的な制度構築こそが、ここで語られるべき議論の本質であるべきではないか（樋口陽一『憲法　近代知の復権へ』〔平凡社ライブラリー・2013〕240頁以

下)。他国の市民権を取得した研究者について、漫然と自国民と同様にノーベル賞受賞を言祝ぐこと、あるいは過去の事例だが、他国の国家元首まで務めた人物について日本国籍を認定して庇護をあたえ、当該人物が日本の国政選挙に立候補まですること。考え過ぎだといわれればそれまでかもしれないが、これらの現象には、端無くも本来理性的に語られるべき国家の構成員としての国民と「日本人」であることとをあまりに単純に同一視してはいないかという違和感を覚える。「国民国家体系によって画定された政治共同体の境界線は、もはや成員資格を規制するのに十分ではなくなっている」(ベンハビブ・前掲1頁)としても、憲法学は国家という枠組に踏みとどまりながら、「自由主義体制の核心にある構成的なディレンマ、すなわち、一方における主権的な自己決定の要求と、他方における普遍的な人権原則の支持とのディレンマ」(同・2頁)の原理的解決の方途を探らなければならない。

### 参考文献

近藤敦編著『外国人の人権へのアプローチ』〔明石書店・2015〕

長谷部恭男ほか「日本国憲法研究　第3回・外国人の選挙権・公務就任権」『ジュリスト』1375号〔2009年〕

柳井健一「外国人とは誰か?」陳天璽ほか編著『越境とアイデンティフィケーション　国籍・パスポート・IDカード』〔新曜社・2012〕所収

柳井健一「外国人の人権論　権利性質説の再検討」愛敬浩二編『人権の主体』〔法律文化社・2010〕所収

柳井健一「国民と外国人の間　最高裁判例法理における外国人の人権論の再検討」関西学院大学法政学会『法と政治』60巻1号〔2009年〕

# 16 復興と憲法学
## ――公私の再考

### 巻　美矢紀

## 1. はじめに

　東日本大震災から4年が過ぎ、5年という「集中復興期間」(政府は、復興期間を10年とし、復興需要の高まる最初の5年間を集中復興期間として、全額国庫負担としている)が早くも終わりを迎えようとしている。

　現段階では、ライフライン（水道・電気・ガス）、道路・学校・病院・交通機関などのインフラの復旧はほぼ完了しているが、個人の暮らしについては、復興どころか復旧さえ大幅に遅れているといわれている。個人の暮らしの基礎であり、まさに私的領域の中核にある住まいとしての災害公営住宅の建設が予定より大幅に遅れ、仮設住宅から抜け出せない被災者が7万6千人もいるとのことである（2015年5月段階「復興の現状」（平成27年6月24日付）復興庁HP）。また復興需要により失業率は災害前に比べ低くなっているものの、地場産業の中核であった水産加工業は販路が奪われ停滞したままで、復興需要終了後の雇用が懸念されている。そして何よりも、家族をはじめ、これまで築き上げてきた、かけがえのないものを一瞬にして失ってしまった無力感、喪失感は、悪夢のようであり、被災者はなかなか現実に向き合えず、被災者の心はいまだ癒されていない。

　マグニチュード9.0の巨大地震、そして千年に一度の大津波、さらにレベル7（国際原子力機関が定める国際原子力事象評価尺度）と認定された史上最悪の原子力事故という、未曾有の広域複合的大災害は、これまでの社会のあり方や、私たちの生き方にさえ問い直しを迫るものであった。しかも、今回の被災地は既に高齢化・過疎化が進んでいた地域であり、日本が抱え

る社会問題を劇的な形で顕在化させた。しかし、震災から4年が過ぎた現在、被災地外の人々の多くは日常を取り戻し、問い直しなどすっかり忘れてしまったかのようで、被災地の人々は取り残されてしまった感がある。

　未曾有の大災害は、憲法学に対しても根底的で多様な問いを突きつけた（奥平康弘＝樋口陽一編『危機の憲法学』〔弘文堂・2013〕）。ここでは、喫緊の課題である復旧・復興に関する問題と、福島県民に重い十字架を背負わせることとなった福島第一原発事故の問題について、憲法学の視点から考えてみることにしたい。

## 2．憲法学における「復興」の位置づけ

### (1) 国家の存在意義

　昨今のグローバル化の中で、主権国家は「もはや時代遅れ」との誹りを受けてきたが、今回の未曾有の大災害で存在意義を示したのは——その意義を十分に発揮しえたかどうかともかくとして——「撤退」が叫ばれていたはずの国家であった。震災直後の救援段階では、自治体の長や職員が亡くなり、機能不全に陥った自治体もあった。またその後の復旧・復興段階でも、圧倒的な財政力とノウハウの蓄積をもつ国家は、指導的な役割を果たしたのであった。

　もっとも、救援や復旧・復興といった、災害対応に関する問題を憲法学が論じることには「違和感」があるといわれている。というのも、災害対応は国家の作為を要求するが、近代以降の憲法を憲法たらしめている立憲主義は、国家権力を制限し、国家に不作為義務を課すものだからである。

　しかし、憲法学においても、国家の作為に関する議論はある。その典型が、社会国家論である。19世紀末以降の現代国家は、社会経済的弱者保護や経済の舵取りといった社会経済政策のために社会に積極的に介入するようになり、経済的自由についてはそうした制約も許されるようになる。さらに社会権は国家に憲法上の作為義務を課し、その中でも日本国憲法25条の生存権はさらに、それに対応して、国民に抽象的であれ国家に対する作為請求権を付与する。

もっとも、注意しなければならないのは、国家の作為を要求する憲法学上の議論は、現代の社会国家論にとどまらないということである。近代国家もまた、警察・消防など、国民の生命や健康に対する危害を防止するために社会に介入することを許されていたことを想起すべきである。さらに近代国家には、自然権、換言すれば生命をはじめとする重要な利益を保護する責務さえある。というのも、そもそも近代憲法の思想的淵源の一つとされる標準的な社会契約論によれば、自然状態では人間が生まれながらに有する自然権が弱者には十分に保障されず、自然権をよりよく保障するために政府が設立されたからである。

　以上のように憲法学においても国家の作為を要求する議論の蓄積はあり、これらをふまえ、復旧・復興は憲法学においてどのように位置づけられるか、考えてみることにしたい。

　(2) 「復興」とは何か？

　「復興」という言葉は一義的ではない。そこで、ひとまず「東日本大震災復興基本法」（平成23年6月24日法律第76号、以下「基本法」とする）の定義を参照することにしよう。基本法でも明確ではないものの、基本理念を定める2条の1号において、復興は復旧と区別されている。復旧については、「被害を受けた施設を原形に復旧すること」とされる。他方、復興については、「単なる災害復旧にとどまらない活力ある日本の再生を視野に入れた抜本的な対策及び一人一人の人間が災害を乗り越えて豊かな人生を送ることができるようにすることを旨として行われる復興のための施策の推進により、新たな地域社会の構築がなされるとともに、二十一世紀半ばにおける日本のあるべき姿を目指して行われるべきこと」とされている。

　一般的にも、復旧は、ライフライン（水道・電気・ガス）、および道路・学校・病院・公共施設・公共交通機関といったインフラの原状回復を意味するのに対し、復興はそれを超えて、災害などの前の状態より活性化することを意味する。

　こうした区別を前提に、まず復旧が憲法学においてどのように位置づけられるか考えてみることにしたい。「インフラ（infrastructureの略）」は文字どおり社会生活の基盤であり、その回復にはスピードが求められるが、

市場では十分に供給されにくい公共財あるいは公共財的性格を有する。それゆえインフラの回復自体、あるいは民間のものについては回復の支援は、公権力の正統な行使と解される。さらにインフラは、もはや憲法25条によって保障される「健康で文化的な最低限度の生活」、すなわち生存権の内容の一部を構成していると解されうるのであり、ひとたび提供したからには、制度後退禁止の原則により、正当な理由がない限りインフラの復旧が憲法上要請される。そして、この憲法上の要請は、民間についても原則として妥当する。そもそも憲法は国家を名宛人とするものであるが、当該地域でほぼ独占的に公共財あるいは公共的性格を有する財を提供する主体については、国が規制権限を通じて深く関与していることから、民間であっても、憲法が適用されるものと解される。

　こうした憲法解釈論が、インフラすべてに妥当するかは議論の余地があるが、ライフラインは文字どおり生命に直結するものであり、少なくともライフラインには妥当しうるであろう。また学校（施設や環境などのハードとともに人員などのソフトも含む）の原状回復も、少なくとも義務教育段階については憲法26条が妥当し、憲法上の要請と解される。

　これに対し、「復興」が何を意味するかは論争的であり、既にみたように基本法では、「復興」の名のもとに、「活力ある日本の再生」までが示され、産業の活性化が基軸の一つとされている。阪神・淡路大震災の復興でも、復興予算を使って、神戸空港や地下鉄が建設され、都市再開発が行われた。また今回の東日本大震災の復興でも、宮城県では漁業の市場開放が行われ、「復興」の名のもとに、頓挫した構造改革が進められたとの批判がある。さらに、復興予算が、復興とはおよそ関係のないような、過激な反捕鯨団体対策に流用された問題は、「復興」がいかようにも解釈されうるマジック・ワードであることを端的に示しているといえよう。「復興」という異論を唱えにくい錦の御旗をかかげて、平常時では抵抗が強い増税や政策に乗り出すことには問題がある。また巨額の赤字財政にも鑑みると、復興ではなく、あくまで復旧でよいのではないかとの議論もありうるところである。

　しかし、災害前から高齢化・過疎化が進んでいた東北では、単なるイン

フラの原状回復といった文字通りの復旧では、震災によって拍車がかかった人口流出に歯止めがかけられず、復興でもってはじめて震災前の状態を回復する、との見解は説得的である。復旧と復興は理論的には区別されうるとしても、実践的には区別困難である。また震災3か月後に東日本大震災復興会議により示された「復興への提言──悲惨のなかの希望」(平成23年6月25日)の副題が端的に示すように、今回の震災は、家族をはじめ、かけがえのないものを奪い、まさに悲惨で、絶望させうるものであり、希望こそが生きていく力をもたらすことからすれば、被災者が再び希望を持ちうるような復興が求められるであろう。したがって、「人間の復興」以前の「人間の復旧」のために、復旧をベースにしつつも、復興の要素を切り捨てることはできないであろう。そもそも現代の社会国家においては、社会経済政策が許容され、ときに憲法上の要請とまで解されるのである(小売市場判決参照)。

　もっとも、復興は多様な個別的政策の集合であり、その合憲性・適法性は、個別具体的に検討されなければならない。憲法学的には、具体的な政策が憲法上の権利を規制する場合は、その合憲性が検討されなければならない。例えば、既述の復興特区の規制緩和による漁業の市場開放は、憲法29条1項の財産権を侵害するのではないかが議論された(中島徹「既得権と構造改革」前掲『危機の憲法学』)。具体的な政策が憲法上の権利を侵害する、あるいは憲法上の客観的原則や制度に違反する場合を除けば、とりわけグローバル化を背景とした経済政策の具体的内容それ自体は、民主的政治過程を通じた判断に委ねざるをえない。それでも、権限や手続に関する統制、財政的観点からの統制は可能であり、インフォーマルな公論による統制も可能である。例えば、既述の復興予算流用問題は、マスメディアによる情報公開請求を契機とした、公論による統制の成功例といえよう。

　この点、復興政策の中でも、被災者にとっては直接的で心強いものでありながら、そうであるだけに、憲法上の平等原則や制度の保障との関係でその合憲性が議論されてきた政策が、被災者に対する公的給付金である。

## 3．被災者に対する公的給付金の合憲性
### ——公私のせめぎ合い

　被災者に対する公的給付金については、平等原則の他、いわゆる「焼け太り禁止の原則」との関係で違憲との否定的な見解が、近年まで主張されていた。しかし、阪神・淡路大震災後の1998年に「被災者生活再建支援法」が制定され、年収500万円以下の世帯に100万円を給付することを定め、2007年の改正では、収入要件が外されるとともに、家屋全壊や長期避難の世帯には300万円が給付されることになった。

　「焼け太り禁止の原則」なるものは、憲法29条1項を根拠に主張された。通説によれば同項は、私有財産制度という客観的な制度を保障したものと解されており、被災者に対する公金支出は、私有財産制度に反するというのである。

　これに対し、合憲論としては、棟居快行教授が定式化したように、「自由権的アプローチ」と「生存権的アプローチ」が考えられる（棟居快行「大規模災害と権利保障」公法研究76号（2014）43頁以下）。棟居教授は、災害による財産被害は個人の運・不運の問題であり、その負担は国家ではなく個人に帰属することを前提にしつつ、上記アプローチにより、公的給付金を憲法上正当化しようとする。以下、この定式化の基本的発想をベースに、財産権の再考を通じて私見を述べることにしたい。

　「生存権的アプローチ」は、その名称から比較的容易に想像しうるであろう。それは被災者への公的給付金を、憲法25条の「健康で文化的な最低限度の生活」の保障として憲法上正当化するものである。この手法のメリットは、国家に憲法上の作為義務を課すとともに、生存権に関する統制とされる制度後退禁止の原則の転用により、国家自らが制度を後退させたのではないにせよ、憲法上の具体的な作為義務として制度の原状回復を要求しうることである。この手法は既に、インフラ、とりわけライフラインの復旧を、現在の「最低限度」の生活の保障として、国家に憲法上の具体的な作為義務を課した際に使用したものである。

　しかし、所得要件を外した公的給付金を生存権保障として構成すること

には、憲法学上、それこそ違和感がある。生存権は文字通り「最低限度」の保障だけではないにしても、社会国家論を背景とした所得の再分配に依拠する、社会経済的弱者の権利だからである。インフラの復旧との関係では、インフラがそもそも公共財的性格を有するものであり、また富裕層にとっても「健康で文化的な最低限度の生活」の保障で、インフラの復旧がなければ富裕層でも社会的経済的弱者と解されうるが、公的給付金との関係では、それを富裕層にとって「最低限度」の保障と構成することは、やはり困難であるように思われる。

　それでは、「自由権的アプローチ」とは、どのようなものか。こちらはそれほど容易には想像しえないであろう。それは自由権行使の基盤たる制度に着目し、被災者に対する公的給付金を制度の再構築として憲法上正当化するものである。この手法のメリットは、自由権に依拠しつつも、自由権行使の基盤としての制度の再構築と構成することで、公共的正当化が可能になり、さらに社会の根底にある大文字の公共財の原状回復として、国家に憲法上の作為義務を課しうることにある。

　そもそも財産権は私的領域たる市場の主要素であり、近代では自然権の典型と観念されていたが、それは幻想に過ぎない。財産権の中核は社会の慣習に依拠しており、だからこそ当該社会では「自然」権と観念されるにすぎない。財産権に関する技術的部分や周辺部分は法制度による具体化が必要であり、また効率性の観点から中核たる慣習も法制度化されるのであり、財産権は法制度の設営を前提とする、人為的・政治的な「構成的自由」なのである。

　また現代的財産権の中核とされる利用権保障の趣旨、あるいは近代的財産権の中核とされる所有権保障の趣旨もまた、物の効率的利用により社会全体の利益を促進することにある。この点、今回の震災のように、広域にわたって大規模に財産権の滅失や機能喪失が生じた場合、社会全体の利益は著しく低下するとともに、財産制度、ひいては市場それ自体が機能不全に陥りかねない。したがって、財産制度の速やかな機能回復により、市場という大文字の公共財を速やかに再構築するものとして、被災者に対する公的給付金は憲法上正当化される。こうした議論は、市場の結果に介入す

る社会国家論ではなく、再構成されたものとはいえ、あくまで「近代国家の論理」に収まっていることに留意すべきである。

また、この手法は、表現の自由の基盤たる制度の再構築として、インフラとの構成が微妙な公立図書館や公共放送などの復旧にも利用されうることに留意すべきである。

さらに、この手法は、私人の住まいの憲法上の位置づけを豊かなものにする。住まいは暮らしの物理的基盤であるだけでなく、憲法35条の住居の不可侵が示唆するように、まさに私的領域の核心で精神的基盤であり、さらに自由権行使の基盤でもある。こうした理解からすれば、災害公営住宅の建設、さらに速やかな入居の確保は単なる復興政策ではなく、憲法上の要請と解されうる。

以上のように、富裕層も含めた被災者に対する公的給付金の合憲論のポイントは、形式的には特定の私人に対する金銭給付であるが、実質的には機能不全に陥った市場、すなわち大文字の公共財の速やかな再構築として構成することにある。

## 4．復興の主体と手続

2．でみたように、復興政策の具体的内容それ自体については、憲法上の権利を侵害する、あるいは憲法上の客観的な原則や制度に違反する場合を除けば、政策的裁量に委ねられ、憲法上の統制は困難であるが、権限や手続に関する統制を通して、間接的に公共性を確保していくことが考えられうる。そこでまず、復興に関する憲法上の権限について考察すべく、復興の主体について、憲法学的視点から検討することにしたい。

(1) 「団体自治」再考——国と地方の適切な役割分担

既述のとおり、とりわけ救援の段階では、国家の存在意義が改めて認識されたが、復興の現段階では、国家の存在が逆に大きな壁として立ちはだかり、それが復興の遅れの主たる要因となっていると指摘されている。その典型が、防潮堤問題や高台移転である。

たしかに、基本法2条2号は、「国と地方公共団体との適切な役割分担

及び相互の連携協力並びに全国各地の地方公共団体の相互の連携協力が確保されるとともに、被災地域の住民の意向が尊重され、あわせて女性、子ども、障害者等を含めた多様な国民の意見が反映されるべきこと」を定めている。また復興計画の具体的内容の決定は、自治体に委ねられてはいる。しかし、国の規制権限や圧倒的な財政力を背景に、復興計画は結局、国の復興の方針と既存の法律に拘束され、硬直化し、一体誰のための復興かわからなくなってしまったり、復興が大幅に遅れてしまったりしている地域がある。

　防潮堤問題の発端は、今回の震災後2011年６月に、国の中央防災会議によって示された「多面防禦」の方針である。それによれば、レベル１の津波（数十年から百数十年に一度発生する津波）に対応すべく、シュミレーションに基づいた高さの防潮堤を建設するとともに、レベル２の津波（東日本大震災のように千年に一度発生する最大クラスの津波）による侵水域を予測し、災害危険区域として住宅など生活に関する建築物を禁止し（建築基準法39条）、高台移転など、いくつかのレパートリーを示している。

　しかし、被災地は、地域ごとに地形や産業、文化が異なっている。例えば、観光を主力産業とする地域では、海が見えないほどに巨大な防潮堤は、観光にとって大打撃となるだけでなく、海とともに生きてきた文化に影響を及ぼす。また漁業を主力産業とする地域で、高台移転せざるをえない場合、住まいが生業の場たる海から遠くなってしまい、ライフスタイルに大きな影響を及ぼすだけでなく、高齢化が進んでいる漁業産業の衰退が懸念されている。さらに陸前高田市では、地形の構造上、高台に土地がなく、盛土を選択せざるをえなかったが、その造成工事は前代未聞の大工事で８年も要するとのことであり、人口流出の加速化が懸念されているなどなど。このように、国が示した「巨大防潮堤ありき」の復興のレパートリーでは、個々の被災地の実情に十分に対応しきれない。

　そもそも、復興はまちづくりだけでなく、産業、文化などから構成される地域の未来、さらに個々の住民の日常生活にまで影響を与えるものである。それだけに、復興については、まさに基本法２条２号の「国と地方公共団体との適切な役割分担」が求められる。この「適切な役割分担」は、

基本法ではじめて登場したのではなく、地方分権改革により、地方自治法に定められたもので、住民に身近な行政は地方に委ね、国は外交・防衛等の国が本来果たすべき役割を重点的に担うべきであるとする原則である（地方自治法1条の2・2条11〜13項）。注目すべきは、「適切な役割分担」が法律上のものにとどまらず、憲法92条の「地方自治の本旨」に含まれるとする見解である。すなわち、「地方自治の本旨」には、「団体自治」と「住民自治」が含まれると解されてきたが、さらに「適切な役割分担」が含まれるというのである。最高裁は東京都特別区長選挙事件で、地方自治の保障が「住民の日常生活に密接な関連をもつ公共的事務は、その地方の住民の手でその住民の団体が主体となつて処理する政治形態を保障せんとする趣旨に出たもの」（最大判昭和38・3・27刑集17巻2号121頁）と解していたことを想起されたい。

　上記の憲法解釈論からすれば、地域の将来、ひいては住民の日常生活を根底的に左右する復興は、憲法上、地方公共団体に主たる権限があり、国にはあくまで財政やノウハウの支援という補完的な権限が配分されるにすぎないと解されよう。したがって、関連法も憲法適合的に解釈されなければならず、国の復興の指針も、あくまで指針にとどまるよう最大限、配慮しなければならない。

　また復興の遅れの主たる要因は、さらに国の立法権との関係での、不適切な権限配分にあると解されている。この点、たしかに復興特区法により復興特区での規制は緩和されたが、それでも十分には対応しきれていない。例えば、高台移転を選択したとして、移転先の土地の取得に時間がかかっている。高台の土地は権利関係が複雑で、相続手続が完了していないものが多く、権利者の確定が困難を来しているというのである。その後、通達により権利取得手続が緩和されているとのことであるが、いちいち国を介さずとも、自治体の判断で対応しうる「上書き条例」の活用を提唱する行政法学説が注目される。それによれば、自治事務に関する、条例による法令の「上書き権」は、役割分担原則を解釈指針として導かれる。役割分担原則を憲法上の要請と解すれば、自治事務に関する、条例による法令の「上書き権」は、憲法上の要請と解されうることになる。

以上のように、「適切な役割分担」原則のもと、復興については、基本法上や地方自治法上だけでなく憲法上もまた、地方公共団体に主たる権限があると解されるが、地方公共団体とは憲法上いかなるもので、どのように位置づけられるか、検討することにしたい。

(2) 　中間団体の光と闇

　今回の震災では、主たる被災地が東北という土地柄もあってか、土地を基礎にした「領域自治」が改めて注目された。震災直後、地域による地縁団体（町内会・自治会、地方自治法260条の2）、地域自治区（同202条の4～9）等の地域自治組織、そして地域コミュニティでは、共助が理想的な形で行われ、コミューン的なユートピアが出現した。

　というのも、地域団体は、近年、政治学や公共政策において注目されている「社会関係資本（ソーシャル・キャピタル）」の一つだからである。社会関係資本とは、アメリカの政治学者ロバート・パットナムによって社会学を参照して定式化された概念で、社会における信頼関係や人間関係などのネットワークのことである。パットナムによるイタリアの実証的研究によれば、社会関係資本の蓄積のある地域では、協調行動がスムーズで、社会の効率性が高く、民主主義がよりよく機能しているとされる（ロバート・D・パットナム著／河田潤一訳『哲学する民主主義』〔NTT出版・2001〕）。

　このように地域団体は社会関係資本として、さらに後述の熟議の条件を充たしうるものとして、「住民自治」をよりよく機能させ、また当然ながら地域の実情に通じていることから、公共性をよりよく追求しうることが期待される。したがって、地方公共団体の中でも、地域団体をベースとする基礎自治体としての市町村こそが、復興の主体とされるべきである。最高裁も既述の東京都特別区長選挙事件で、憲法上の地方自治体の要件として、自治体の諸権能の他、「住民の共同生活」・「共同体意識」を示している。この判例は50年以上前の古いもので、要件としての「共同体意識」は時代遅れと批判されてきたが、その意義は社会関係資本の視点から再構成されよう。

　しかし、復興における地域団体の関与には懸念も示されている。とりわけ東北地方の地域団体には先祖代々のしがらみがあり、地域の実力者が弱

者を抑圧する傾向があると指摘されている。また、社会関係資本のメリットとされる協調行動は、同調圧力が働いているともとれるからである。

したがって、復興の主体として基礎自治体が、住民自治により公共性をよりよく追求しうるためには、社会関係資本としての地域団体を関与させるとともに、地域団体の闇、すなわち私的権力の圧力や同調圧力を緩和する手続が重要になる。

⑶ 「住民自治」再考——私的市民と熟議

近年の政治学において、公共性をよりよく追求しうる手続として、熟議（deliberation）すなわち理由にもとづく議論が注目されている。「他者」を納得させるためには、公共的な理由が求められるからである。こうした熟議には、いくつかの条件がある。

まず、そもそも私人を熟議へと駆り立てる状況が必要になる。アメリカにおける熟議民主主義の代表的論者である憲法学者のブルース・アッカマンによれば、人々は「私的な市民（private citizen）」とされる。すなわち、公共心に充ちて常に公益を追求するわけではないが、かといって常に私益のみを追求するわけでもなく、必要な状況になれば市民として行動するとされる。アメリカの憲法史を振り返れば、人民が熟議に駆り立てられたのは、創建期、南北戦争後の再建期、そしてニューディール期とされる。この点、今回の震災後の状況は、市民としての顔を引き出させ、熟議へと駆り立てる状況といえる。もっとも、震災直後は、熟議しうる状況ではないと指摘されている。復旧にはスピードが必須であり、だからこそ国の役割が期待されるが、復興は地域の未来を左右するものであり、それだけに、スピードが最優先されるわけではない。

次なる熟議の条件としては、「フェイス・トゥ・フェイス（面と向かうこと）」の確保がある（ブルース・アッカマン＝ジェイムズ・S・フィシュキン著／川岸令和＝谷澤正嗣＝青山豊訳『熟議の日』〔早稲田大学出版部・2015〕）。そもそも熟議には私的権力の圧力の排除をはじめとする「相互尊重」が必要であり、それはフェイス・トゥ・フェイスによって実現されうるからである。この条件を安価に調達しうるのは、小規模かつ、構成員が集まりやすい地域団体である。

さらに熟議をよりよく機能させるための条件として、異質な他者の存在に留意すべきである。異質な他者を納得させるためには、公共的な理由が必要だからである。この点、地方の地域団体は同質性が高い。だからこそ、同調圧力も高くなるのである。したがって、同調圧力を緩和するとともに、公共性をよりよく追求しうるためには、異質な他者の存在を人為的に作出する必要がある。この点、復興計画の策定に関与する地域団体での話合いには、「気づき」をもたらしてくれる専門家の存在が重要となる。
　注目すべきことは、フェイス・トゥ・フェイスと異質な他者の存在という条件を充たした熟議は、「世代間公平」にも資するということである。実際、防潮堤問題においては、建設費用は全額国庫負担であるものの、管理費用は地方の負担となりうることから、世代間公平の問題が懸念されているが、地域団体の話合いで、専門家に世代間公平の問題を指摘され、参加していた将来世代を目の前に、防潮堤建設の是非について、反対に転じた者もいたという。
　以上のように、こうした条件を充たした熟議は、私的権力の圧力や同調圧力を緩和し、公共性をよりよく追求しうるのであり、世代間公平にも資する。
　しかし、熟議にも陥穽がある。熟議それ自体が操作される危険性がある。熟議は手続的正統性を有するだけに、操作された場合、正統性が詐取されたことになる。例えば、阪神・淡路大震災では、一部の自治体の復興計画において、まちづくり協議会での議論がまちづくりの専門家に操作され、自治体の判断にお墨付きを与える役割を演じたとの指摘がある。したがって、熟議の操作を防止するためには、司会者や専門家の資質が問題となり、その選出には慎重な手続が求められる。
　以上の考察から逆に、フェイス・トゥ・フェイスを安価に調達しうる地域団体をベースとする基礎自治体は、比較優位的に熟議を確保し、公共性を追求しうるからこそ、憲法上の地方公共団体と解されているものと再構成されよう。地域団体の公的決定過程への組み入れは、私的な地域団体の自治を害し、多様性を喪失させるとの懸念もありうるが、復興を典型とする、地域の将来を左右する公的決定過程には、憲法上の住民自治の観点か

ら、地域団体を関与させるとともに、その限りで熟議の条件を制度化することが、憲法上要請されるものと解する。

## 5．福島第一原発事故——公私のせめぎ合い

### (1) 健康リスクに対する不安と「ふるさとの喪失」

　史上最悪のシビア・アクシデントと認定された福島第一原発事故は、被災地の中でも福島県を際立った苦境に陥らせ、私たちに原発のリスクを改めて思い知らせた。津波被害者は復興に向けて悲惨の中にも希望の光を見出せるが、原発事故の被害者は、低線量被ばくの健康リスクに対する不安を抱え、さらに、復旧しようにも復旧すべきふるさとへの帰還が法的にあるいは事実上困難な者もおり、先がまったく見えない状況にある。

　なお、ときに原発事故の被害者に対する心無い「同意」論を見かけるが、飯舘村のように原発立地交付金（電源三法交付金）の恩恵に与ったことのない自治体にも深刻な被害が及んでおり、またその恩恵を受けてきた自治体との関係でも、仮に真の同意の前提条件（正確な情報提供など）が具備されていたとしても、そもそも生命をはじめ人格に関わる利益について同意論が妥当する余地はない。

　原発事故の被害に対する法的救済としては、1961年に制定された原子力損害賠償法があり、原子力事業者の無過失責任が定められている（同法3条1号柱書）。事故から約5月後の8月5日、原子力損害賠償紛争審査会（同法18条1項）により、損害賠償に関する自主的な解決のための中間指針が公表された。原賠法には賠償されるべき損害の範囲について何ら定めがないため、一般法たる民法に依拠することになるが、中間指針は交通事故をベースとする従来の不法行為損害賠償法理論の枠組みに依拠しており、史上最悪の原発事故による、多様で広範な被害をきちんととらえきれていない。中でも、低線量被ばくの健康リスクに対する不安、そして「ふるさとの喪失」は、従来の枠組みではとらえきれないと指摘されている（第四次追補における「故郷喪失慰謝料」は、帰還困難区域のみを対象とする、現行慰謝料の一括払いと解されている）。例えば、ふるさとの喪失について、原子力損害賠

償紛争解決センターがこの分を増額した和解案を示したところ、中間指針にないものを賠償することは不公平であるとして、東京電力側が拒否したとのことである。こうしたことから、訴訟を提起する者が1万人を超えており、迅速な救済が困難な状況にある。

このような状況に、法学はどう関わりうるか。一つは、不法行為損害賠償法などの専門家による、従来の理論枠組みの見直しであり、実際に、そうした試みが進められている（淡路剛久ほか編『福島原発事故賠償の研究』〔日本評論社・2015〕など）。もっとも、従来の不法行為損害賠償法理論が固く、裁判所としては新たな解釈を受け入れない恐れもある。そのような場合、憲法解釈により、固い不法行為損害賠償法理論に風穴を開ける法的戦略が考えられる。

たしかに憲法は国家を名宛人とするものであり、私人たる東京電力には適用されない。しかし、憲法解釈論として私人間への憲法の間接適用、すなわち不法行為規定に憲法上の価値を読み込んで解釈することが考えられる。また、国策としての原発推進、原発設置等に関する行政の関与、事故後の政府による巨額の資金投入を考慮すれば、東京電力の純粋な私人としての地位は疑問であり、直接適用も考えられうる。

それでは、中間指針では認められていない上記の損害は、憲法学的にはどのようなものと位置づけられうるか。不法行為損害賠償法理論の見直しの試みを参照しつつ論じることにしたい。

低線量被ばくの健康リスクについては諸説あるが、いわゆる「原子力ムラ」の問題はおくとしても、今回の原発事故に関する専門家や政府の対応（事故直後の「メルトダウンはありえない」との専門家の発言や、SPEEDIなどの情報の遅すぎた提供など、枚挙にいとまがない）を目の当たりにし、科学的専門知や、少なくとも原発事故の対応に関する政府への信頼が大きく揺らいでしまった現在、健康リスクに対する不安やストレスは、「センシティブ」という意味で特殊な人に限らず、通常の一般人を前提にしても合理的なものと解される。まして被ばくの影響が大人より大きいとされる子どもをもつ親は、自主避難に踏み切る者も、自主避難をしなかった者も、不安と罪の意識（前者は自分たちだけ避難してきた負い目、後者はわが子に対する負い目）に苛まれ

ていることに変わりはなく、いずれにせよ、様々な要素を複雑に衡量した上での、苦悩に満ちたギリギリの決断なのである。

そもそも生命・身体や精神的平穏に関する利益は、憲法13条により人格権として保障されるものと解されているが、健康リスクに対する不安は、生命・身体という人格の基礎に直結するだけに心を深く蝕むものであり、精神的平穏の侵害と解される。また自主避難に関する問題も、こうした侵害を回避する一つの合理的な選択であることを前提に議論すべきである。そして、人間存在としてのギリギリの決断に追い込んだこと自体が、人格権の侵害なのである。

また、「ふるさとの喪失」でいうところの「ふるさと」とは、生まれ育った環境にとどまらず、暮らしや生業の基盤であり、自然環境、伝統・文化、景観人間関係のネットワークを含む、人生そのものの基盤であり、そしてさらに、金銭賠償による回復が困難であり、そもそも市場では適正に評価しえない「かけがえのないもの」も含めた総称と考えられる。

帰還困難区域にある自治体について「仮の町」が提唱されているのも、行政サービスの便宜にとどまらず、「ふるさと」は物理的環境と切断されたとしても、根底的、包括的に人生の意味に関わる、かけがえのないものだからなのである。したがって、「ふるさとの喪失」は、包括的な人格権の侵害と解される。

以上のように、憲法解釈としては、従来の不法行為損害賠償法理論ではとらえきれない上記の損害も、憲法13条で保障される人格権の侵害と解される。もっとも、憲法を直接的であれ間接的であれ、あえて適用しなくても、民法2条の定める解釈指針である「個人の尊厳」にもとづいてきちんと解釈しさえすれば、民法上の人格権（「包括的生活利益としての平穏生活権」）侵害と解されよう。既述の不法行為損害賠償法理論の見直しは、まさにこうした解釈と位置づけられる。

次に、既述のとおり原子力事業者に深く関わっている国家の、原発事故に対する責任を検討することにしたい。

(2) 国家賠償請求の可否

原子力損害賠償法は、原子力事業者に責任を集中させ（同法4条1項）、

政府については、賠償措置額をこえる場合、損害賠償のために「必要な援助」を行うことを定めている（同法16条1項）。そのため、国家賠償責任は同法により否定されているのではないかが問題となる。

原賠法の目的として、「被害者の保護」と「原子力事業の健全な発達」が規定されているように（同法1条）、責任集中原則の立法理由としては、原発推進と被害者救済があげられている（なお、保険の複数加入による賠償額の減少の防止もあげられている）。すなわち、原子力事業に関わる設計者、部品製造業者、運搬業者などの責任を免除することにより、資材・役務の供給を円滑化するとともに、賠償請求の相手を特定することにより明確化し、被害者の救済に資するためのものとされる。そうであれば、立法理由からは、国家損害賠償請求を否定することはできない。とはいえ、国家には既述のとおり原賠法上、「必要な援助」が課されており、被害者の救済としては十分であるとの見解もありうる。

しかし、国家賠償請求は被害者に対する救済だけでなく、違法性を宣言することにより、象徴的な意味だけでなく、将来における国家の違法行為を抑止する実践的意義もある。原発事故の文脈では、原発の安全を確保するための規制権限等の不行使の違法性を追求し、将来における規制権限の行使を期待しうることから、仮に被害者救済が十分に行われるとしても、国家賠償請求を肯定する意義は大きい。

そもそも国家賠償請求権は、戦前の「国家無答責の原則」を否定すべく、憲法17条により保障される憲法上の権利であり、国家賠償法という一般法によって具体化されている。最高裁は国家賠償責任を免除・制限した郵便法の規定を、憲法17条違反と判断しており、憲法17条は単なるプログラム規定ではなく、立法裁量を限定する法規範性を有するものと解されている（最大判平成14年9月11日民集56巻7号1439頁）。そもそも、国家賠償請求権は国家に対する作為請求権であり、法制度を前提とする抽象的権利であるとしても、他の抽象的権利と比較し、損害賠償請求権という性格上、その具体化の選択肢は限定されているのである。

国策として原発を積極的に推進し、設置許可をはじめとする規制権限を有し、しかも賠償能力もある国家に、損害賠償責任を否定する規定あるい

は解釈には立法目的との関係で合理性すらなく、憲法17条違反と解されよう。

　そもそも原発事故による損害は、仮に原賠法による国家の「必要な援助」の規定がなく、また国家の規制権限不行使等による不法行為が認定されないとしても、社会全体の利益のために国家が課した「特別の犠牲」として、憲法29条３項の類推解釈や勿論解釈などにより、公平の見地から損失補償の対象となることは忘れてはならない。

　原発は、哲学者の高橋哲哉が定式化したように、「犠牲のシステム」といえる（同『犠牲のシステム　福島・沖縄』〔集英社新書・2012〕）。原発は、それによって利益を受ける者——いわゆる「原子力ムラ」の住人だけでなく、「低」コスト（巨大な賠償額や真摯な安全対策を含めると、もはや低コストといえるか大いに疑問である）で電気を利用しうる産業をはじめとするすべての消費者——のために、リスクがひとたび現実化すれば、一部の者に、包括的な人格権の犠牲を強いるシステムといえる。

　こうした犠牲は、弱いところ、弱い者へと押しつけられていく。産業の発展していない弱い地域は、原発設置の「同意」へと追い込まれ、健康リスクの高い原発作業員は、子会社ですらない下請け業者に属する地元住民が中心となる。そして原発事故後には、事故の影響で職を失った周辺住民が、健康リスクが飛躍的に高まった廃炉作業に加わっていく。また、飛散した放射性物質の中間貯蔵施設は、高濃度汚染された帰還困難区域に押しつけられ、この調子で最終処分場も押しつけられることが懸念される。ひとたび押しつけられた「犠牲のシステム」は、将来世代に対しても、どこまでも犠牲を要求し続けてくるのである。この人格に対する屈辱感、そして「やるせなさ」は、償いようのないものである。

　廃炉への道のりは、公表された工程表通りに進んだとしても40年もかかる。原発を推進した者は、これを見届けることはない。原発の是非それ自体は憲法学が扱いうる問題ではないとしても、「犠牲のシステム」としての原発は、構造的に一私人たる原子力事業者のみが責任を負いうるものではない、ということはいえよう。

## 6. むすびにかえて

東日本大震災が憲法学に突きつけた根底的な問い、それは公私の再考といえるのではないか。公共心も稀少な資源であり、未曽有の大災害を契機として、私的市民の市民としての側面が顕在化したとしたら、それは被災地にとってはもちろん、日本の未来にとっても一筋の希望の光となろう。

**参考文献**

東日本大震災が、憲法学をはじめ公法学に突きつけた問いに関しては、本稿で検討した、棟居快行「大規模災害と権利保障」公法研究76号（2014）43頁以下をはじめ、日本公法学会での報告が掲載されている公法研究76号が示唆に富む。また奥平康弘＝樋口陽一編『危機の憲法学』〔弘文堂・2013〕は、とりわけ憲法学に突きつけられた問いを定式化し、探究するものとして、興味深い。

福島第一原発事故に関する法的救済については、淡路剛久ほか編『福島原発事故賠償の研究』〔日本評論社・2015〕が、従来の損害賠償法理論の見直しや国家賠償責任の可否について論じており、憲法学的考察にとっても有意義である。

# 17 | 日本の立憲主義と憲法第9条

佐々木弘通

## 1．はじめに

　本稿執筆の2015年春現在、安倍政権は日本の安全保障法制を全面的に見直す諸法案を準備中だが、この動きは、憲法9条解釈の変更を行う2014年7月1日の閣議決定（以下、本閣議決定）に基づいている。本閣議決定に先立つ歴代内閣は、9条が、個別的自衛権の行使のみを容認し集団的自衛権の行使を禁止すると解釈してきた。この従来の政府解釈によると、集団的自衛権を行使するには9条の改正が必要だ。だが本閣議決定はこの憲法解釈を変更し、9条は集団的自衛権の行使をも一定範囲内で容認するとした。つまり、憲法改正でなくただ憲法解釈の変更だけで、集団的自衛権の行使を憲法上可能としたのだ。

　この解釈変更は立憲主義に反する、と多くの論者が批判した。だが本閣議決定のような憲法解釈もありえないではないと感じる国民も少なくないようだ。それは、9条の規範的な意味内容が国民の間で不分明になっているからであり、正にこの点こそが立憲主義の危機の根本なのである。

　本稿の主題は、今日、9条についての立憲主義を国民がどう理解すべきかの解明にある。ここで「立憲主義」とは、憲法に従って統治を行うべしという原理のことである。憲法的思考は基本的に〈国家と社会の二元論〉に立つが、そこでの「社会」とは、諸個人が社会契約により構成した〈「国民」というまとまり〉であり、憲法制定者（制憲者＝主権者）たる「国民」に他ならない。この二元論の用語法に拠ると、本稿の主題は、「国家」（＝公権力担当者）と区別された「社会」（＝「国民」）の側の実践すべき立憲

主義の解明にこそある。後述のように、特に9条の場合、憲法に拘束される公権力担当者と、憲法を制定しその憲法を公権力担当者に遵守させるべき「国民」とでは、公に語りうる「立憲主義」の内容に違いが出てこざるをえないのである。

　本稿は、まず、9条の規定文言を見た後（→ **2.**）、憲法制定時に制憲者国民がどんな規範意味を持つ条文として9条を定めたかを確認する（→ **3.**）。9条の原意は、文字通りの「戦力」不保持を定める非武装平和主義にある。次に、従来の政府解釈について、その内容の確認の後（→ **4.**）、9条「解釈」としてこの規範内容を説くのは9条の原意に照らして無理であることを説明する（→ **5.**）。

　ところで今日の国民が、9条が何を意味するのか判らなくなってきたのは、胸を張って〈9条は非武装平和主義の規定だ〉と主張する自信を失ってきたことと表裏であり、この自信喪失は、そう主張することが非現実的だという見方を一因としている。この自信喪失はまた、非武装平和主義という特殊な規範が遵守されていなくても、他の憲法規範が遵守されていれば、日本は立憲主義の国だと言える、という漠たる想定と結びがちである。そこで本稿は、まず後者の想定に対して、日本においてはその肝心の立憲主義そのものが非武装平和主義の憲法規範とセットだったがゆえに採用されたことを説明する（→ **6.**）。次に前者の、非武装平和主義の憲法規範が非現実的だとの見方に対して、この憲法規範がどう現実的だったか・現実的であるかをそれぞれの歴史的時点について説明する（→ **7.**）。最後に、今日「社会」が実践すべき9条についての立憲主義は、従来の政府解釈を、一方で違憲と評価しつつ、他方で当面の憲法規範として容認・活用するという、立体的な構造のものであることを示す（→ **8.**）。

## 2．9条の規定文言

　「第9条　①　日本国民は、正義と秩序を基調とする国際平和を誠実に希求し、国権の発動たる戦争と、武力による威嚇又は武力の行使は、国際紛争を解決する手段としては、永久にこれを放棄する。

② 前項の目的を達するため、陸海空軍その他の戦力は、これを保持しない。国の交戦権は、これを認めない。」

9条1項は、「戦争」と、ほぼそれと同義の「武力の行使」、さらにこの両者の前段階となる「武力による威嚇」、この三つを等しく――「国際紛争を解決する手段としては」という限定句をかけて――放棄している。

9条2項は、前段が「戦力」の不保持を定める。「陸海空軍その他の」とあるから、実質的に「軍」に当たるもの全てが「戦力」である。後段は「交戦権」を否認する。1項は「戦争」等を直接に放棄するが、2項後段は戦争を交える（＝「交戦」の）「権〔利〕」を否認する。その否認は限定句のない無条件的なものである。

国家レベルの争いに関する以上の諸規定を、人間レベルの争いに置き換えよう。すると、1項の「戦争」等の放棄とは、喧嘩をしないことで、2項前段の「戦力」不保持とは、喧嘩のためのナイフ・拳銃等の武器を持たないこと、そして2項後段の「交戦権」否認は、喧嘩に関する権利を認めないことである。9条は簡潔な条文だが、1項・2項前段・2項後段、と様々な角度から畳み掛けるように、二度と戦争をできないように国を縛っていることが判る。

## 3．9条の制憲者意思（制憲時の理解、原意）

憲法制定時に制憲者がどんな意味内容を込めてある憲法条文を定めたかを踏まえずに、好き勝手な意味内容をこの憲法条文に読み込むのは、憲法の「解釈」と言えない。では1946年の日本国憲法の制定時に、制憲者はこの9条をどんな規範内容の条文として定めたか。日本国憲法は国民主権を建前とするから（前文・1条）、憲法制定者は国民である。だがこの憲法は、大日本帝国憲法73条の改正手続に従って制定されたので、この制定過程のどこに、主権者国民の意思を見出しうるかが問題となる。この制定過程に関与した機関のうち、帝国議会の衆議院のみが、男女普通選挙制に基づく国民代表議員により構成されたという点で民主的正当性を持った。帝国議会での審議は、まず政府案を衆議院が検討し若干の修正の上可決し、それ

を貴族院が検討し若干の修正の上可決し、衆議院が貴族院のその修正に同意して完了した。ゆえに、国民意思の把握を行う目的で衆議院の意思を把握するのに、衆議院のみならず貴族院での審議状況も検討対象とするのがよいと考えられる。そこで以下では、帝国議会の両議院が、憲法案を提案した政府により、9条がどんな意味内容を持つとの説明を受けて、この条文を承認したかを検討する（以下、引用は清水伸編著『逐条日本国憲法審議録第二巻』〔有斐閣・1962〕から、その頁数を記す）。

　まずは、1946年6月26日衆議院委員会における内閣総理大臣・吉田茂の有名な答弁を引用する（82-83頁）。

　「戦争抛棄に関する本案の規定は、直接には自衛権を否定はして居りませぬが、第九条第二項に於て一切の軍備と国の交戦権を認めない結果、自衛権の発動としての戦争も、又交戦権も抛棄したものであります。従来近年の戦争は多く自衛権の名に於て戦われたのであります。満州事変然り、大東亜戦争亦然りであります。今日我が国に対する疑惑は、日本は好戦国である、何時再軍備をなして復讐戦をして世界の平和を脅かさないとも分らないというのが、日本に対する大なる疑惑であり、又誤解であります。先ず此の誤解を正すことが今日我々としてなすべき第一のことである」。

　上記趣旨を、憲法担当国務大臣・金森徳次郎の複数の答弁で肉付けする。

　9条1項が自衛戦争を禁止していない点について、同年9月13日貴族院委員会でこう説いた（75頁）。「第一項は「他国との間の紛争の解決の手段として」と云う条件が附いて居ります。従って防禦的戦争と云うものが……言葉としては入って居ないと云う風に解釈出来る……。処が第二項の場合に於きましては、一切の場合に於ける手段を封鎖して居ります」。

　9条2項前段の「戦力」の意義については、同年7月15日衆議院委員会でこう答弁した（65頁）。「第九条は第一項も第二項も共に戦争と云うことに着眼して居る……。随って国内の治安を維持する為に実際上の力を用いることは禁止しては居りませぬ……。併しながらどの程度までが警察権であり、どの限度を越えますれば陸海空軍の戦力となるか、許さるべき範囲と許されざる範囲と云うものが起って来て、是は理論的に何処かに境界線が明白に存する……。唯実際に於きまして若しも国内治安維持の為の警察

力と云うことに言葉を藉りて、陸海空軍の戦力其のものに匹敵するようなものを考えまするならば、やはり此の憲法第九条違反となります。」

　ここでは、国内の治安維持を目的としそれに応じた実体を備えた人的物的組織体である「警察力」と、外敵との戦闘を目的としそれに応じた実体を備えた人的物的組織体である「戦力」とを、対比的に捉えている。「戦力」と「警察力」の間に「境界線」があるから、「戦力」は「警察力」を超える実力だと解される。

　9条2項後段の「交戦権」の意義については、同年9月13日貴族院委員会でこう説いた（73頁）。「交戦権と云うのは……戦争を行うと云うことに基いて生ずる種々なる権利である」。その具体例として、「戦争中に外国の船舶を拿捕すること」、「其の占領地〔に対する〕国際公法に認める保護」、に言及した。

　そして9条2項全体（前段と後段）の働きについて、同日同委員会でこう述べた（74-75頁）。「第二項……前段は事実力を持ち得ざらしむるのであります。武力と云うのは……物的なものと……人的も含みますが、兎に角何か働きをする、有形的なものと考えて居ります。後段の方は法律上の保護を現して居ります。……是は規定致します時に、物的の面だけで戦争の防止をするように考える、又併せて法律的な方面のもの、手段迄も封鎖して、戦争の起らないようにすると云うこと、が問題になるのでありまして、原案者は矢張り物的と法律的との両方面から、戦争の起らないようにすることが、適当であろうとした」。さらに問われて、2項後段の働きについて、こう説明を加えた。「平素から武力を保存してはならぬ。……併し極く切羽詰った場合に、此の規定の精神を破って、急に間に合せの武力を何等かの方法で手に入れて、事を始めると云うことが……懸念をすれば有り得……。……そう云う場合にそんなことをやって見たって、国際法上の利益を持ち得ない。国内的秩序の建前から言えば、持ち得ないとする方が宜いかと云う、斯う云う問題」、と。

　まとめると、9条に関する制憲時の理解はこうだった。1項は国家の自衛権を否定しない。だが2項前段が戦争を行いうる実力の保持を禁止し、2項後段が、万が一の戦闘行為に際しても国際法上の権利主張までを禁止

する。だから自衛権の発動としても、日本はもう決して戦争をしない、と。ここでは１項よりも２項の前段と後段こそが、日本を断固として不戦国家へと枠づけている。

## 4．1954年以降の政府の9条解釈

### (1) 54年政府見解

　憲法施行後、９条に関する当初の政府解釈は、制憲時の理解のままだった。政府は、正にそういう内容で帝国議会に憲法案を提出してその承認を求め、承認を得た後はその内容理解で憲法運用に当たったのだ。

　ところが政府は、1950年の朝鮮戦争の勃発後、連合国軍最高司令官（SCAP）の要求に従いポツダム政令として警察予備隊令を発し、警察予備隊を設置した。そしてこれを52年、平和条約発効に伴う日本の主権回復後、保安庁法の制定により保安隊と警備隊に改組し、さらに54年６月の自衛隊法制定により自衛隊に再編した。当然、まず警察予備隊、次に保安隊・警備隊、さらに自衛隊が、９条２項前段の禁止する「戦力」に当たらないか、問題とされた。

　政府は、警察予備隊までは何とか、それを警察力に止まると説明した。だが、さすがに自衛隊になるとその説明は通らない。そこで、どう見ても警察力以上の実力を保持する自衛隊が、にもかかわらず「戦力」に当たらず合憲であることの、できる限り説得的な説明が必要となった。この必要に応えたのが、1954年12月10日に発足した鳩山一郎内閣が、同月22日の衆議院予算委員会で示した政府統一見解である（以下、54年政府見解）。これが、その後の政府の９条解釈の基礎となった。その骨子は次の通りである（以下、引用は阪田雅裕編著『政府の憲法解釈』〔有斐閣・2013〕から、その頁数を記す）。

　①「自衛権は国が独立国である以上、その国が当然に保有する権利である。憲法はこれを否定していない」。②「憲法は戦争を放棄したが、自衛のための抗争は放棄していない。……他国から武力攻撃があった場合に、武力攻撃そのものを阻止することは、自己防衛そのものであって、国際紛争を解決することとは本質が違う。従って自国に対して武力攻撃が加えら

れた場合に、国土を防衛する手段として武力を行使することは、憲法に違反しない」。③「自衛隊は現行憲法上違反ではないか。憲法第9条は、独立国としてわが国が自衛権を持つことを認めている。従って自衛隊のような自衛のための任務を有し、かつその目的のため必要相当な範囲の実力部隊を設けることは、何ら憲法に違反するものではない」(9-10頁、記号①〜③は引用者)。

以上の論理は、まず、「独立国……が当然に保有する権利」である「自衛権」を、日本もまた持つ、「憲法はこれを否定していない」、という点から議論を出発させる。次に、憲法が自衛権の保持を否定していないということから、以下の二点を導く。第一に、自衛のために「武力を行使することは、憲法に違反しない」。第二に、「自衛……目的のため必要相当な範囲の実力部隊を設けること」も、憲法に違反しない。自衛隊は、正にそういう実力部隊だから合憲である。

54年政府見解は、見かけ上は確かに「憲法」・「憲法第9条」論である。だがその議論の実質を支配するのは、実は「憲法」でも「憲法第9条」でもなく、憲法に明文規定のない「自衛権」の観念である。54年政府見解の、②の引用部分からは、政府が、9条1項の「国際紛争を解決する手段としては」の文言に限定的意味を持たせる制憲時の理解を踏襲していることが読み取れる。だが、制憲時の理解では、9条の「第一項に於きましては自衛戦争を必ずしも禁止して居りませぬ」ことに対して、2項の前段と後段で「物的と法律的との両方面から、戦争の起らないようにする」、という二重の防壁を築いていた。一体これをどう乗り越えて、自衛のための「実力部隊を設けること」や、自衛のために「武力を行使すること」が、憲法上可能になるのか。この点、54年政府見解そのものは、「自衛権」観念に大きく寄りかかって、憲法9条の明確な条文解釈を行っていない。9条2項解釈論の提示は、別の機会に委ねられた。

(2) 54年政府見解に基づく9条2項の解釈論

まず、9条2項前段の「戦力」の意義について、こう説く。「憲法第9条第1項で自衛権は否定されておりません。その否定されていない自衛権の行使の裏づけといたしまして、自衛のため必要最小限度の実力を備える

ことは許される……その最小限度を越えるものが憲法第9条第2項の戦力である」(13頁、1972年11月13日参議院予算委員会における内閣法制局長官の答弁)。

　ここでは「戦力」を、自衛力(＝「自衛のため〔の〕必要最小限度の実力」)を超える実力、と捉えている。制憲時の理解は「戦力」を、警察力を超える実力だとしたが、それを変更した。かく解することで、自衛隊は「自衛力」であり、憲法上禁止された「戦力」ではない、と説明するのである(この趣旨の9条2項前段の解釈論は、54年政府見解の前日・翌日の、同年12月21日・23日の法制局長官答弁で示されていた。参照、渡辺治編著『憲法改正問題資料・上』〔旬報社・2015〕資料Ⅰ・21。だがこれが政府解釈として確立するのはもっと後のことである。浦田一郎『自衛力論の論理と歴史』〔日本評論社・2012〕315-316頁参照)。

　次に、9条2項後段の「交戦権」否認規定は、自衛権の行使としての武力行使を否認しないのか。この点はこう説く。「我が国を防衛するため必要最小限度の実力を行使すること……その行使として相手国兵力の殺傷及び破壊等を行うことは、交戦権の行使として相手国兵力の殺傷及び破壊等を行うこととは別の観念のものである。……例えば、相手国の領土の占領、そこにおける占領行政などは、自衛のための必要最小限度を超えるものと考えられるので、認められない」(47頁、1985年9月27日、衆議院議員の質問に対する答弁書)。

　ここでは、「交戦権」とは戦時国際法上交戦国が有する諸権利だ、という制憲時の理解が維持されている。ゆえに、戦争を行う過程で例えば「相手国兵力の殺傷及び破壊等」を行うことを、国際法上正当な権利として日本が主張することは(＝「交戦権」の主張)、憲法上否認される。だが、自衛権の行使としての武力行使に伴う「相手国兵力の殺傷及び破壊等」を、国際法上正当な権利として主張することは(1969年2月21日参議院予算委員会の答弁では、これを「自衛行動権」と呼ぶ。46頁)、「交戦権」主張とは異なるものであり、憲法上許される。ただ例えば「相手国の領土の占領」は、「自衛のための必要最小限度を超える」から、「自衛行動権」の主張となりえず、憲法上許されない。

## 5．従来の政府解釈は憲法「解釈」として可能か

　一般に、立憲主義を標榜する政府（＝「国家」）は、自らの活動を違憲だと認めれば、当該活動の是正を余儀なくされる。政府がある活動を開始し続行するためには、当該活動を合憲だと説明するしかない。正に自衛隊の存在と活動を続行するために、政府は54年政府見解を打ち出し、その後これを基礎に、9条の政府解釈の精緻化・体系化に努めると同時にその整合性を保つのに腐心してきた。この政府解釈を、政府は9条の「解釈」だとする。そのことは、自衛隊の存在と活動を続行する立場に立つ政府として当然だ。だがその内容は、制憲時の理解――憲法を制定した「国民」の理解――と、重要な部分で異なる。そこで、国家と社会の二元論における「社会」――制憲者「国民」――も、「国家」とともに、政府の9条解釈を憲法「解釈」と認めてよいかが問題となる。

　政府解釈は制憲時の理解とどこがいちばん違うか。制憲時の理解も政府解釈と同じく、日本が憲法上自衛権を持つ点を承認する。だが制憲時の理解では、憲法上有する自衛権の裏づけとなる武力の保持と行使を、9条2項の前段と後段の明文で禁止・否認した。それに対して政府解釈は、憲法上自衛権を有する以上、その裏づけとなる武力の保持と行使もまた憲法上許されるとし、それに合うように9条2項の前段と後段を解釈する。政府解釈は、残余の部分は全て制憲時の理解の構造を維持しつつ、ただこの1点にのみ変更を加えたものだ。だがこの1点は、制憲時の理解が明確に意図したことを真っ向から否定している。それを政府解釈は、「解釈」の名の下に9条2項から引き出すのだ。

　しかしそれは、9条の「解釈」としては成り立たないと言うほかない。一般に憲法条文の文面は、制憲者が「国家のありようをこう定めよう」と意図して、その意図した内容を表現すべく、一定の文面として書き表したものである。この制憲者意図の少なくとも中核的内容は、その条文の意味内容として維持されねばならない――いかに憲法解釈にそれなりの柔軟性が認められるべきだとしても――。その中核的内容まで、「解釈」の名の下に自由に変更できるとすれば、「国民」が憲法制定により何を決めても、

それを後から「解釈」の名の下に公権力担当者が否定できてしまうことになる。そんなことを、憲法を制定した「国民」自身が認めることは、ありえない。その中核的内容を変更する必要ありと「国民」自身が判断すれば、憲法改正手続を経ればよいのである。

## 6．日本の立憲主義と非武装平和主義

　一般には、文字通りの「戦力」不保持を要請する非武装平和主義は、立憲主義の不可欠の構成原理とされていない。現に他の立憲主義諸国の憲法は、軍の存在を正面から認めた上でそれに対する統制を及ぼすのを基本姿勢とする。だが日本で立憲主義を語るとき、抽象的に立憲主義を語ってもそれこそ非現実的であり、国民主権・権力分立・人権保障を基本原理とする立憲主義（以下、〈真正の立憲主義〉とも言う）に基づく国家の統治構造を現実に日本社会にもたらした日本国憲法に即して、立憲主義を語るほかない。そして歴史的にその日本国憲法が成立できたのは、それが非武装平和主義の憲法規範を持つからこそだった。ゆえに日本の立憲主義を考えるときに、他の立憲主義諸原理と非武装平和主義原理とを切り離すべきでない。日本の立憲主義とは、既に形式的にその定義上、（9条を含む）日本国憲法に従って統治を行うべしとの原理であるが、実質的にも、9条2項を明文改正しない限りは、非武装平和主義の憲法規範に従って統治を行うべしとの原理だと理解せねばならない。以下、敷衍する。

　日本は、1946年制定の日本国憲法によって初めて、天皇主権に基づく〈外見的立憲主義〉の大日本帝国憲法（旧憲法）を克服し、国民主権に基づく〈真正の立憲主義〉を採用した。だが残念ながら46年の大多数の国民は、自力では旧来の天皇主権の発想を脱せなかった。それなのに日本国憲法が〈真正の立憲主義〉を体現できたのは、GHQ（連合国軍総司令部）草案を原案としたからだ。そしてこの憲法は、非武装平和主義をその内容に含むからこそ、自らを46年の国際社会と日本国内社会の両方に受容させるのに成功したのである。

　まず、国際関係。——連合国軍による日本の占領統治の目的は、ポツダ

ム宣言に記されている。同宣言は、旧憲法下の日本の、対外的な「無責任ナル軍国主義」（同宣言6項）の根絶と、そのための対内的な「民主主義的傾向ノ復活強化」及び「言論、宗教及思想ノ自由並ニ基本的人権ノ尊重〔ノ〕確立」（同10項）を、求めていた。SCAP は、1946年2月の時点で、日本政府の改憲草案が天皇主権の発想に止まるものだと知り、憲法改正過程への関与を強めて、ポツダム宣言の要求する国民主権に基づく〈真正の立憲主義〉の憲法案を GHQ で作成して、これを日本政府に提示することにした。その際に SCAP は、円滑な占領統治のために天皇制を存置する決断をした。一方、天皇制の存置に反対し、昭和天皇の戦争責任を東京裁判で追及すべきだという他の諸外国の動向があった。この動向に鑑みて GHQ 草案は、天皇から一切の政治的権能を剥奪する象徴天皇制を規定すると同時に、旧憲法下の天皇と軍との結合を一挙に解消すべく、非武装平和主義の9条を規定したのである。9条は、日本が天皇制を維持しても再び「無責任ナル軍国主義」に陥らないことを確保して、予め国際社会からのこの憲法案への反対論を封じる決め球だった。

　次に、国内関係。――1946年の日本「国民」は、日本国憲法をどのように歓迎して受け入れたのか。上述の GHQ 草案の起草経緯からも明らかな通り、諸国の立憲主義憲法と比較すると、日本国憲法は、〈真正の立憲主義〉を採用する点に普遍性を持つ一方で、象徴天皇制と非武装平和主義を採用する点に個性を持つ。概して46年の「国民」にとって日本国憲法は、「千円しか期待していなかったところ一万円が出てきたお年玉袋のようなもの」（安念潤司）だった。その中で特に46年の「国民」の心に響いたのは、〈真正の立憲主義〉の部分よりむしろ、非武装平和主義の部分だった。非武装平和主義の9条は、死屍累々の廃墟のさなかで身に沁みて「もう戦争は懲り懲りだ」と実感する人々に、強い希望を与えた。戦争を生き残った「国民」は、この規定を、自分たちにとって良かったと感じただけではない。彼らは、戦闘員あるいは非戦闘員として死んだ数多の戦没者の無念に、戦後日本がいちばん真っ当に報いる途が、9条を生かすことだ、と受け止めたのである。

## 7．非武装平和主義の現実性と、9条の現実的課題

　非武装平和主義は非現実的だとの批判について、制憲時の1946年、主権回復時の52年、そして現在、の3つの時点それぞれについて考察しよう。

　まず、憲法制定時の1946年。――この文脈では、非武装平和主義の採用は非現実的だったと言えない。なぜなら当時の日本は、帝国陸海軍を完全に武装解除されて現実に非武装だったからだ。そして連合国軍の占領統治下にあった。その意味で、9条の現実性が真に問われるのは日本の主権回復時においてである。46年の時点では、日本が一人前の主権国家として国際社会に復帰するその将来時点において、9条でやっていけると、政府も帝国議会も、そしてSCAPも、考えたからこそ9条は制定された。具体的には、国連憲章43条の兵力提供義務を留保の上で国際連合に加盟し、その集団安全保障体制に与ることが想定されていた（大状況として、当時はまだ冷戦の本格的開始前だった）。その趣旨は、前文第2段落第1文に表現されている。その上で日本は、国際社会の平和の実現のため、軍事的貢献ができない分ますます、非軍事的な貢献を積極的に行う旨の決意表明を、前文第2段落の第2・3文で行っている。つまり、①〈9条〉は②〈それを可能とする国際環境〉とセットであり（別言すれば、9条ゆえにこそ「一国平和主義」は不可能であり）、その国際環境を日本だけの力で整備・統御するのは無理だが、憲法前文は、9条を可能とする国際環境の形成に向けた非軍事的な活動を積極的に行うべしと、国に要請しているのだ。

　次に、主権回復時の1952年。――憲法は、日本が国際社会に独立国家として復帰するときに、9条の非武装平和主義の規範を守りながらそうすることを要請していた。だが現実には、政府・国会は、「全面講和」ではなく（平和条約を締結しなかった諸国との間に法的には戦争状態が継続する）「片面講和」を選択の上、日米安保条約とその下での再軍備により自国の安全保障を図る方針を採った。当時の特に国際関係の文脈において、日本が前記の憲法上の要請に従いつつ国際社会に復帰することが、はたして、またどのように、可能であったかは、今日では国際政治史学上の研究対象となる。ここでは、もし政府・国会が前記の憲法上の要請に従うことが現実的でな

いと判断したなら、その理を国民に何度でも説明して憲法改正を実現する責任があった、という点を指摘するに止める。現実には政府は、その再軍備が違憲でないという立場をとり、その正当化論として54年政府見解を示した。だが既述の通り、客観的には、54年政府見解は憲法「解釈」として成立しない。たぶん当時の政治家の多くはそのことを自覚していた。実際、54年政府見解を示した当の鳩山内閣は、その２か月後の55年２月総選挙を、主要争点に９条改正による自主防衛体制の整備を掲げて戦った。だがその結果は、むしろ革新４党が議席を伸ばして戦後初めて改憲を阻む３分の１を獲得する、というものだった。翌56年の参議院議員選挙も、事実上改憲の是非を争う選挙となり、その結果ここでも改憲反対勢力が３分の１の議席を獲得した。制憲者「国民」は、９条改正に反対したのである。

　そして、現在。――憲法条文面では、９条は改正されずにそのまま存続している。他方の法現実面では、政府・国会は、基本的には54年政府見解の枠組みの下で、自衛隊の実力を格段に強化し、また特に1990年代以降、自衛隊の海外派遣を認めるなど、自衛隊の活動範囲も拡大してきた。こういう現実の中で、９条が非武装平和主義を要請すると主張することは、具体的には何を意味するか。それは、自衛隊法をはじめとする違憲の諸法律を即座に廃止して自衛隊を解散すべし、という単純かつ乱暴な主張ではありえない。９条が働きかけの対象とする現実は、①自衛隊の存在と、②そのことを踏まえて現に在る国際関係、この両者のセットにより構成されている。それに対して、①非武装の日本のありようと、②それを可能とする国際関係のありよう、この両者をセットとする現実的ヴィジョンを、明確な目標として提示した後、相応の時間をかけてその目標に向けて現実を動かしていくべし、というのがその主張の具体的意味である。その際の日本による国際環境への働きかけは、あくまで非軍事的方法で行うべし、という憲法上の要請があることもまた重要である。もし、前記の目標たるヴィジョンが現実的なものとしておよそ構想不可能なら、非武装平和主義を憲法規範として捉えることは非現実的である。だがそうではあるまい。確かに実現の容易でない目標だが、そういう「志望目標（aspiration）」としての性格は、どんな憲法規範も多かれ少なかれ持つものなのである（例えば、

「1票の較差」の解消や男女共同参画社会の実現はなかなか果たされないが、だからこそ平等の憲法規範をいっそう高く掲げて前進努力を継続すべきである）。

## 8．9条についての立憲主義の立体的構造

　今日の文脈では、9条の非武装平和主義の規範内容そのものは、「志望目標」としての性格を色濃く持つ。その「志望目標」に向けて現実に対して働きかけるに際して重要になるのが、54年政府見解に基づく政府の9条解釈の位置づけである。政府解釈を、政府（＝「国家」）は9条の「解釈」だとする。それに対して「国民」（＝「社会」）は、それを原意に照らして違憲だと評価する。しかし「国民」が現実を一歩ずつ「志望目標」に近づけていくには、その違憲評価ゆえに政府解釈を突き放してしまうのではなく、むしろ政府解釈をたぐり寄せ、それに一定の憲法規範性を承認し、そして積極的にその規範性を用いて現実を律し・枠づけ・統制していくことが不可欠である。従って、9条についての立憲主義は、二段構えの規範構造で公権力を制約する形となる。第一段目は非武装平和主義の規範であり、それは現実には主として「志望目標」として機能する。第二段目は、54年政府見解による規範であり、これは第一段目の規範が通用力を持つような現実を構築できるまでの暫定的な規範であるが、それまでの間、現実の憲法的な規範として機能する。

　54年政府見解に基づく規範を、このように9条についての立憲主義の第二段目の規範として位置づけうるのは、この規範がそれ自体としては、「普通の国」と比べて格段に「平和主義」的なものだからである。この規範によると、武力行使は、「自国に対して武力攻撃が加えられた場合に、国土を防衛する手段として」行われるもの——専守防衛のもの——に限って、憲法上許される。集団的自衛権の行使としての武力行使や、国連総会の勧告や国連安保理の容認を後ろ盾とした武力行使、非伝統型PKOの活動を行うPKFに加わっての武力行使などは、国連憲章上は違法でないが憲法上禁止される。9条についての立憲主義の、第二段目の規範に関する課題は、第1に、この規範を固守してそれが「普通の国」の規範へと後退

するのを阻止することである。その上で第2に、この規範の下、現実を一歩ずつ「志望目標」へと近づけていくことである。

今日の文脈で「社会」が実践すべき、9条についての立憲主義は、以上のようなものである。そして本来は「国家」もまた、この内容の立憲主義を、公言はできないがその内心に抱懐しつつ、統治を実践すべきである。

## 9．おわりに

日本の特に1990年代以降の「普通の国」の方向への動きは、それでも54年政府見解に基づく規範（9条の第二段目の規範）の下で進行した。だが本閣議決定はその規範自体の変更を行い、9条についての立憲主義を深刻に損なった（なお、本閣議決定が従来の政府見解として引く、いわゆる72年見解は、基本的には54年政府見解を、集団的自衛権との関係で説明し直すもの）。

今日、9条は非武装平和主義を定めたものだという真っ当な事実への言及が、影を潜めている。確かに今日、「我、自衛隊を愛す　故に、憲法9条を守る」（箕輪登・竹岡勝美・小池清彦）立場との政治的連帯が、9条についての立憲主義には不可欠である。しかしそもそも9条についての立憲主義の心臓部分は、その第一段目の規範にある。機能的には、「国民」が第一段目の規範を真面目に追求することが、第二段目の規範をその「平和主義」的な内容のまま維持する力となる。価値的には、第一段目の規範の明文化である9条は、先の大戦で数多の戦没者が迎えた不条理な死を社会的に意義あるものへと昇華させる道筋を鮮やかに提示する。日本国民が初めて〈真正の立憲主義〉を採用した際の初志は、戦没者の無念に報いることにあった。そして日本の立憲主義は全体として、もし1946年の歴史的文脈を忘れるなら、糸の切れた凧のようなものなのである。

**参考文献**
奥平康弘『憲法を生きる』〔日本評論社・2007〕第4・5章
佐々木弘通「非武装平和主義と近代立憲主義と愛国心」憲法問題19号87頁（2008年）
水島朝穂『戦争とたたかう　憲法学者・久田栄正のルソン戦体験』〔岩波書店・2013〕
山内敏弘『「安全保障」法制と改憲を問う』〔法律文化社・2015〕

## 【編著者紹介】

**佐々木　弘通**（ささき・ひろみち）
東北大学大学院法学研究科教授
1988年東京大学法学部卒業。1997年東京大学大学院法学政治学研究科博士課程修了。博士（法学）。1998年成城大学法学部専任講師。同助教授、教授を経て、2009年より現職。『論点体系　判例憲法1』〔共著、第一法規・2013〕、『憲法訴訟の現状分析』〔共著、有斐閣・2012〕、『ケースブック憲法』〔共著、有斐閣・2011〕ほか。

**宍戸　常寿**（ししど・じょうじ）
東京大学大学院法学政治学研究科教授
1997年東京大学法学部卒。東京大学大学院法学政治学研究科助手、東京都立大学法学部助教授、首都大学東京法科大学院助教授、一橋大学大学院法学政治学研究科准教授、東京大学大学院法学政治学研究科准教授を経て、2013年より現職。
『憲法裁判権の動態』〔弘文堂・2005〕、『憲法　解釈論の応用と展開（第2版）』〔日本評論社・2014〕、『憲法学の現代的論点（第2版）』〔共著、有斐閣・2009〕、『憲法学読本（第2版）』〔共著、有斐閣・2014〕、『憲法演習ノート』〔編著、弘文堂・2015〕等。

## 【著者紹介】（執筆順）

**1．宍戸　常寿**　編著者紹介参照

**2．辻　雄一郎**（つじ・ゆういちろう）
筑波大学人文社会系准教授（法学専攻・国際地域専攻）
2002年3月京都大学大学院法学研究科修士課程を修了後、2005年5月にカリフォルニア州立大学バークレー校修士課程を修了（LL. M, Master of Law）、2006年12月に同大学ロースクール法学博士課程修了（J. S.D, Doctor of the Science of Law）。
『情報化社会の表現の自由：電脳世界への憲法学の視座』〔日本評論社・2011〕、ワルター・ハラー原著・平松毅、辻雄一郎、寺澤比奈子訳『スイス憲法―比較法的研究―』〔成文堂・2014〕。

**3．二本柳　高信**（にほんやなぎ・たかのぶ）
専修大学法学部准教授
東京都立大学大学院社会科学研究科基礎法学専攻博士課程単位取得退学
「利益集団と立法(一)～(三・完)」東京都立大学法学会雑誌41巻1号～42巻1号(2000～2001)、「エントレンチメントと合衆国憲法の契約条項」産大法学46巻4号(2013)。

**4．中川　律**（なかがわ・りつ）
埼玉大学教育学部准教授
明治大学大学院法学研究科博士後期課程退学
「合衆国の公教育における政府権限の限界――ロックナー判決期の親の教育の自由判

例／マイヤー判決とピアース判決に関する考察──」憲法理論研究会編『憲法学の最先端〈憲法理論叢書⑰〉』〔敬文堂・2009〕、「教師の教育の自由」法学セミナー712号18頁（2014）。

**5．田代　亜紀**（たしろ・あき）
専修大学大学院法務研究科准教授
東北大学大学院博士課程修了
「リベラリズムとフェミニズムの対話可能性──ポルノグラフィをめぐる議論についての一試論（一）・（二・完）」法学72巻1号96-157頁・2号126-173頁。

**6．遠藤　美奈**（えんどう・みな）
早稲田大学教育・総合科学学術院教授
早稲田大学大学院政治学研究科満期退学。
『憲法（第3版）』〔共著、青林書院・2011〕、「憲法に25条がおかれたことの意味」季刊社会保障研究41巻4号（2006）。

**7．岡田　健一郎**（おかだ・けんいちろう）
高知大学人文学部准教授
2012年一橋大学大学院法学研究科博士課程退学（修士〔法学〕）。
「日本公法学における『警察』についてのメモ──経済的自由規制目的二分論を出発点として」一橋法学7巻2号（2008）、「戦後ドイツ公法学における『暴力独占』論について──『国家による安全』を考えるために」一橋法学10巻3号（2011）。

**8．山崎　友也**（やまざき・ともや）
金沢大学人間社会研究域法学系准教授
北海道大学大学院法学研究科博士課程満期退学
笹田栄司・原田一明・山崎友也・遠藤美奈『トピックからはじめる統治制度──憲法を考える』〔有斐閣・2015〕、「革命と国家の継続性」長谷部恭男・土井真一・井上達夫・杉田敦・西原博史・阪口正二郎編『岩波講座憲法6　憲法と時間』〔岩波書店・2007〕。

**9．上田　健介**（うえだ・けんすけ）
近畿大学大学院法務研究科教授
京都大学大学院法学研究科博士後期課程中退（博士〔法学〕）
『首相権限と憲法』〔成文堂・2013〕、「首相・内閣に対する統制」憲法問題26号（2015）ほか。

**10．片桐　直人**（かたぎり・なおと）
大阪大学大学院高等司法研究科准教授（博士〔法学〕）
2002年京都大学法学部卒業ののち、近畿大学法学部准教授を経て、2015年4月より現職。
「財政再建下の復興財源」『別冊法学セミナー　3.11で考える　日本社会と国家の現在』136-143頁〔日本評論社・2012〕、「日本銀行法改正問題・再論」論究ジュリスト5号142-149頁（2013）など。

**11．木下　昌彦**（きのした・まさひこ）
神戸大学大学院法学研究科准教授
2004年東京大学教養学部総合社会科学科国際関係論分科を卒業し、2007年東京大学大

院法学政治学研究科法曹養成専攻修了、同年に同研究科助教、2010年同研究科講師を経て、2011年より現職。
「自由・権力・参加(1)――地方公共団体の法的地位への批判的研究」新世代法政策学研究16巻353頁（2012）、「法概念としての所有権(1)：所有権の二つのパラダイムと表現の自由」神戸法学雑誌64巻2号1頁（2014）。

### 12. 大林　啓吾（おおばやし・けいご）
千葉大学大学院専門法務研究科准教授
慶應義塾大学大学院法学政治学研究科博士課程修了
『憲法とリスク――行政国家における憲法秩序』〔弘文堂・2015〕、『アメリカ憲法と執行特権――権力分立原理の動態』〔成文堂・2008〕。

### 13. 志田　陽子（しだ・ようこ）
武蔵野美術大学造形学部教授
早稲田大学大学院法学研究科博士後期課程・博士（法学）
『表現者のための憲法入門』〔武蔵野美術大学出版局・2015〕、『文化戦争と憲法理論――アイデンティティの相剋と模索』〔法律文化社・2006〕。

### 14. 松平　徳仁（まつだいら・とくじん）
神奈川大学法学部准教授
1998年東京大学法学部卒業、2008年ワシントン大学ロースクールLL. M.（法学修士・比較法）、2012年東京大学大学院法学政治学研究科博士後期課程単位取得。
「シュ・ダオリンによるシュミットの批判的受容」臼井隆一郎編『カール・シュミットと現代』〔沖積舎・2005〕、「立憲民主政の心・技・体と防災設計」論究ジュリスト9号77頁（2014）。

### 15. 柳井　健一（やない・けんいち）
関西学院大学法学部教授
早稲田大学大学院法学研究科博士後期課程・博士（法学）
『イギリス近代国籍法史研究――憲法学・国民国家・帝国』〔日本評論社・2004〕、「外国人とは誰か？」陳天璽他編著『越境とアイデンティフィケーション――国籍・パスポート・IDカード』〔新曜社・2012〕。

### 16. 巻　美矢紀（まき・みさき）
千葉大学大学院専門法務研究科教授
東京大学大学院法学政治学研究科博士課程（博士、法学）
安西文雄・宍戸常寿・巻美矢紀『憲法学読本（第2版）』〔共著、有斐閣・2014〕、「公教育における平等と平等における公教育の意味」奥平康弘・樋口陽一編『危機の憲法学』〔弘文堂・2013〕。

### 17. 佐々木　弘通　編著者紹介参照

現代社会と憲法学

2015（平成27）年11月30日　初版1刷発行

| | |
|---|---|
| 編著者 | 佐々木弘通・宍戸常寿 |
| 発行者 | 鯉渕　友南 |
| 発行所 | 株式会社 弘文堂　101-0062 東京都千代田区神田駿河台1の7<br>TEL 03(3294)4801　振替 00120-6-53909<br>http://www.koubundou.co.jp |
| 装　幀 | 後藤トシノブ |
| 印　刷 | 港北出版印刷 |
| 製　本 | 井上製本所 |

Ⓒ 2015 Hiromichi Sasaki, George Shishido. Printed in Japan

JCOPY ＜(社)出版者著作権管理機構　委託出版物＞

本書の無断複写は著作権法上での例外を除き禁じられています。複写される場合は、そのつど事前に、(社)出版者著作権管理機構（電話 03-3513-6969、FAX 03-3513-6979、e-mail:info@jcopy.or.jp）の許諾を得てください。
また本書を代行業者等の第三者に依頼してスキャンやデジタル化することは、たとえ個人や家庭内での利用であっても一切認められておりません。

ISBN978-4-335-35653-7

好評発売中　　　＊表示価格(税別)は2015年11月現在のものです。

## 憲法　戸松秀典　　A5判　4200円
憲法秩序の形成の様相がもっとも憲法らしく展開している平等原則と法定手続の原則とを詳述するなど日本国憲法の現状を正確に描くことに努めた、実務に資する憲法概説書。

## 憲法裁判権の動態【憲法研究叢書】　宍戸常寿　　A5判　8000円
立法者との関係での限界画定論の動態についてドイツを素材に精緻な史的分析を行った上で、憲法裁判権の判例傾向や現在の問題状況に多角的な検討を試み、その再構成に挑む。

## 表現・教育・宗教と人権【憲法研究叢書】　内野正幸　　A5判　3800円
言葉で表現したり教育したりする側の自由や利益と、それを受け取る側の気持ちを害されるおそれとを、どのように調整していくべきか。長年、思考を重ねてきた著者の集大成。

## 現代国家における表現の自由【憲法研究叢書】　横大道聡　　A5判　5000円
国家の規制手法がますます不可視化・巧妙化する現代、表現の自由はいかなる意味を持つのか。従来個別に論じられてきた諸法理の関係を整理し、憲法理論に新たな風を吹き込む。

## 憲法とリスク【憲法研究叢書】　大林啓吾　　A5判　5800円
監視、犯罪予防、公衆衛生、情報提供、環境問題について、リスク対策をめぐる三権の動態を考察しながら「リスク社会」にふさわしい憲法秩序を探究する。

## 危機の憲法学　奥平康弘・樋口陽一 編著　　A5判　4100円
東日本大震災を契機に顕在化した困難な原理的テーマに挑み、もって「危機」における憲法の対応力を問うことで〈ポスト3.11〉の憲法理論の方向性を示す、珠玉の論稿集。

## 現代社会と憲法学　佐々木弘通・宍戸常寿 編著　　A5判　3000円
「憲法的に考える」とはどのように考えることなのか。現実の様々な政治的・経済的・社会的な諸問題について17人の憲法学者がその考察を論じる、今、求められる憲法読本。

## 論点探究 憲法[第2版]　駒村圭吾・小山　剛 編著　　A5判　3600円
教科書等では記述が平板な箇所、あるいは判例・通説を覚えるだけでは意味のない箇所を中心に33のテーマにつき設問を設定。知識・情報を活用できる力が身につく骨太な演習書。

## アメリカ憲法【アメリカ法ベーシックス】　樋口範雄　　A5判　4200円
自由の国アメリカの根本にあるものを理解するための基本書。連邦最高裁が変化する社会の現実を背景に無数の憲法訴訟を通して作り上げた創造物＝アメリカ憲法の全体像を描く。